郑裕彤传
——勤、诚、义的人生实践

王惠玲、莫健伟 著

生活·讀書·新知 三联书店

Simplified Chinese Copyright © 2024 by SDX Joint Publishing Company.
All Rights Reserved.
本作品简体中文版权由生活·读书·新知三联书店所有。
未经许可，不得翻印。

郑裕彤传：勤、诚、义的人生实践
©三联书店（香港）有限公司2020
本书简体字版由三联书店（香港）有限公司授权生活·读书·新知三联书店有限公司在中国内地独家出版发行。

图书在版编目（CIP）数据

郑裕彤传：勤、诚、义的人生实践 / 王惠玲，莫健伟著.
北京：生活·读书·新知三联书店，2024.9
ISBN 978-7-108-07795-0

Ⅰ.①郑⋯ Ⅱ.①王⋯ ②莫⋯ Ⅲ.①郑裕彤–传记 Ⅳ.① K825.38

中国国家版本馆CIP数据核字（2024）第 044161 号

选题策划	何　奎
责任编辑	马　翀
装帧设计	陶建胜
责任校对	曹秋月
责任印制	卢　岳　孙　明
出版发行	生活·讀書·新知 三联书店 （北京市东城区美术馆东街 22 号）
网　　址	www.sdxjpc.com
邮　　编	100010
经　　销	新华书店
印　　刷	天津睿和印艺科技有限公司
版　　次	2024 年 9 月北京第 1 版 2024 年 9 月北京第 1 次印刷
开　　本	720 毫米×1000 毫米 1/16　印张 22.5
字　　数	296 千字　图 74 幅
印　　数	000,001—112,000 册
定　　价	88.00 元

（印装查询：010-64002715；邮购查询：010-84010542）

守信用，重诺言，做事勤恳，
处世谨慎，饮水思源，不应见利忘义。
这二十四字真言是一个整体，缺一不可。

——郑裕彤

序一

黄绍伦教授
香港大学社会学荣休教授

今年 1 月中旬，王惠玲给我电邮，邀请我为本书作序。那时我身在日本京都，打算静度农历新年，心中挂念武汉和香港的疫情。我考虑了几天，看过电邮附上的作者前言，便在除夕早上回复惠玲，答应写一篇短序。

王惠玲及莫健伟的前言，有两处触动我的地方。第一是作传的难处。两位作者提及郑家成员委托他们为郑裕彤作传的时候，要求他们不要歌功颂德，不要炫耀个人成就或家族财富。这个要求令我想起在我开始做社会学研究的年代，流传甚广的一本书——《我们现在赞扬名人吧》(*Let Us Now Praise Famous Men*)。这本书记录在经济大萧条期间美国南部赤贫农民的生活，书名是一个反讽：苍生困顿如此，还是赞美贵胄巨贾去吧。念社会学的一群，大多倾向以苍生为念，不愿颂扬精英。选择以传记形式来反映社会变迁的话，也应该以农民或黄包车夫等为素材。王惠玲及莫健伟，一个念社会学，另一个念历史学，都未曾撰写过个人传记，虽然他们已经有不少著作。为黎民或精英作传的矛盾，有没有困扰他们呢？作为普罗大众，我们得承认，帝王将相、富商大贾的故事，总是引人入胜、牵动人心的。革命样板戏《沙家浜》或《白毛女》，总没有《雍正王朝》和《延禧攻略》好看吧。原因是帝王或巨贾，往往具备过人的魅力 (charisma)。郑裕彤在书中，便有魅力没法挡的一幕。他在北京重建旧区，红笔一挥，便把崇文门大街扩阔拉直，为常人所不能，因为他积聚了财富、人脉、眼界等资本。不过常人亦有可观的地方。书中以外篇故事形式，记录了何伯陶的学徒生涯，反映出他如何学晓人情世故，令我们对传统学徒制度，另眼相看。富商与常人，牡丹与绿叶,在书中互相辉映。

作者前言触动我的第二点,是抢救记忆的急切。王惠玲与莫健伟接受委任时,郑裕彤已经卧病在床,不能接受访问,未几便与世长辞,故此书中没有主人翁自己的声音来细说平生。这是一种遗憾,令我想起两段往事。在2014年,本书还未起步,我和朋友往潮州旅行,住在一幢旧宅改建而成的旅馆内。晚上梦回,和逝去多年的姨丈打个照面,但见他面上披着薄薄的"蟛蜞丝网",真个是"尘满面,鬓如霜"。他静静地看着我,没有说话。我醒过来,只记得他送我的纯钢墨盒,是他在飞机维修厂工余之间造的,我在小学时经常携带在藤书篮里面。除此之外,我对他几乎一无所知。随着这段记忆再往前推,回到我中学会考那年,在粉岭田心村的木屋里,一个晚上醒来,听到母亲饮泣的声音。她从来不在我们兄弟面前落泪,总要我们逆境自强。但那个晚上她凄然泪下,诉说她的哀思,诉说她内疚之情。翌日我和大哥才知道是外婆在南海乡下去世,母亲未能奔丧,只能遥遥哭别。我们兄弟自小没有见过外婆,只知道外公在民国年间带领大部分家人来港定居,外婆则留在南海乡间,从此两地分隔。外婆去世后,母亲不再提起,我们两兄弟亦没有追问,任凭记忆消逝。我们只知奋力向上,父母的陈年往事,可说是旧梦不须记了。

看过前言,触动以上感想,便向王惠玲要来全书书稿,浏览一遍。浏览过程中,颇有意想不到的发现,例如郑裕彤的钻石情缘。他在战后便开展钻石生意,眼光独到。但他是怎样和以色列犹太商人搭上关系的呢?这些商人和香港犹太教堂或者沙宣家族有没有关联?再如郑裕彤的早茶聚会。他和冼为坚、杨志云在中环金城茶楼每天饮早茶,十多年如一日,其间他们地产生意的运筹帷幄,都在一盅两件之间进行。茶楼的经济枢纽作用,不可小觑。无怪乎我们这些偶然生客,往往在旧式茶楼受到冷待,因为我们闯进炽热商战阵地之中而不自知，弄得碍手碍脚。惊喜发现之外，书中一些内容亦令人联想翩翩。好像它为我再次印证创意无关学历、企业精神往往激发于迁徙流离之中的道理。又好像它重展华资家族企业的活力，显示郑裕彤如何善用现代股票市场，创立新世界发展，上市融资，使周大福这老字号脱胎换骨。这些联想，在他人看来，可能是老生常谈，书生之见。不过没有问题，我们展书而读，各自领悟，希望各有所得便好了。

序二

李兆基博士
恒基兆业地产集团创办人

我与彤哥（郑裕彤博士）相交相知数十载，情同手足，要为这位挚友的传记写一篇序文，百般思绪涌上心头，倍感忆念故人。

我俩识于微时，大家年纪相若，且喜好相近，非常投契，在故乡顺德之时已经常相约一起游玩，多年以来，不时把臂同游，称兄道弟，无分彼此。有好些年时，更经常相约一起打高尔夫球，每星期总会打一两次之多，要数难忘之事，真是太多！如今友人已逝，惦念手足情深，倍感孤单。

几十年以来，我和彤哥可谓"同捞同煲"，无论做生意，还是做慈善都会一起行动。彤哥也是我的良师益友，众所周知，彤哥交游广阔，生平结交良朋好友甚多，这跟他乐于助人、有情有义的性格不无关系，在朋友有难之时，总义不容辞，伸出援手，因此广受尊崇，令人敬重。

彤哥一生英明逸事多如星数，今其儿孙为他立传，望能将他一生好事铺陈，让大众尤其是年轻人，得以学习到彤哥待人和善、对朋友交心、处事公正持平等优点，以德处世，贡献社会。

序三

李嘉诚博士
长和系创办人、李嘉诚基金会主席

友谊是世界上最难解释的事情，要拥有一个朋友，先要知道如何成为一个朋友。

彤哥与我 40 载友情，性格相差，虽不至于天地之大，却有极多不同之处，奇妙的是我们在迥异的事业间结谊，在不同的轨迹上相知，见证人世的缘分，乐在不同中。彤哥与我的友谊，始于合作，我和他俱行稳重诺之心，至终未尝稍有争执。

彤哥待人诚恳、宽和、豪爽、不计较。一众朋友聚首，常常见证彤哥能设身处地，如何以好朋友立场论事释理，一件复杂的事情经他条分缕析，他必竭其所能，调停说项，奔走化解，当真情深义重。

彤哥常笑我是个傻热心人。犹记得 40 年前，我们相遇于一次卖地会，毗邻而坐，我早已停投，却见他还一直积极举手叫价。眼见价位节节攀升，远高于合理回报，我急按其手，低声问他："这样的英尺价，为什么你还要追下去？"他低声叫我别担心，说有幕后大合作方想投此地建酒店，买家有长期投资打算的计划，让新世界负责兴建以及管理。我恍然大悟，舒一口气，替他焦急而出手相劝，原来他早有运筹用谋之远。虽然那次投地终未成功，亦见交情坦率无隔之处，真朴难忘。

故人已远，脑海里不时泛起片段回忆。有一事令我啼笑皆非：有一天在办公室听闻他急病入院，我立即放下工作，赶赴养和医院探望，岂料推门进病房，见穿上病袍的他，竟与几位牌友兴高采烈地在麻将桌上打扑克，我放下心头大石，笑说："见你这模样，替你高兴，证明你没事，那我先走了。"彤哥率真、开朗，人前不事矫饰，更且为人乐观，无论何时，遇事均能以简驭繁，冷静沉着，其乐天智慧过人。

彤哥与我皆是两心自闲的人。他喜欢广交朋友，活力充沛，不拘于一格一端，我则较喜往寻平处，但我们经年周末牌戏相逢，世事人生，最终都化作一抹青山夕阳，都能尽付笑谈中。彤哥对人能默然体谅，他是著名夜神仙，我是习惯日出打高尔夫球，他知道我总得日入前离席。后与友人闲聊始悉，彤哥爱与友侪晚上继续谈天耍乐，兴之所至，通宵达旦，周六下午与我共聚，于我的作息程序，实为刻意相就，得悉后我深深感动。

彤哥爱与亲友一起遨游名山大川，尽尝佳肴美酒。今彤哥先往仙游，牌局不再，点点往事只能留在记忆中。

感谢彤哥家人，让我在他离去前和他道别。我走进房间，脑海泛起他在病房牌局消闲的那幕快乐，而离别在眼前，相视竟而无语。佛教于往生无惧，境界所在，坦然相忘，然而彤哥处世之道，待人之专，日落江湖白，潮来天地青，珍友宝谊，永藏心臆。谨以此序，遥送故人。

序四

冼为坚博士
万雅珠宝有限公司董事长、
协兴建筑有限公司荣誉主席

我和彤哥相识70载，识于微时，两个年轻小伙子，很奇妙，好像心有灵犀般，很快便成为非常投契的好朋友。

我们于1946年结识，当时我是大行珠宝公司的职员，大行入口钻石，彤哥来买钻石，我们就这样认识的。后来我夹份（参股）入彤哥的地产投资，我只占一个小股份，5%、10%，之后成立协兴建筑公司，再下来成立新世界发展，并将公司上市。我们一直是合作无间的伙伴，那时彤哥太太亦曾开玩笑说："你们两个好像车头灯一样。"她的意思是我们两个经常走在一起。

为何我们会形影不离？由周大福投资地产起，至新世界成立，我们每天都到金城茶楼饮茶倾生意。那个时候，我住大坑道宏丰台，彤哥住渣甸山，他驾车出门，一定到楼下接我一起去金城。杨志云长期在金城留一张台饮早茶，这是专门用来倾生意的"茶档"，方便接收市场消息。于是，杨志云、彤哥、我、郑家纯，后来杨志云的大公子杨秉正亦加入，十几年来每天如是，新世界发展就是这样倾吓、倾吓诞生的。

工作以外，我们经常一起娱乐。晚上我们一起出席行家的喜宴；每年的鲁班师傅诞，商会例必举行贺诞宴会；在这些喜庆场合，我们最喜欢一起打麻将、十三张，后来"锄弟"。我和彤哥两个做拍档，旁边的"啦啦队"有何添、胡汉辉、潘锦溪等，大家夹份，赢输都一人一份；如果有周大福的伙计在场，都一样可以夹份，无分老板伙计的，总之又高兴又热闹。后来我们成立私人俱乐部，由一班喜欢打牌的行家做会员；不过大家年纪愈来愈大，自彤哥离开后，我们渐渐解散了。

我非常敬佩彤哥的为人，他做生意处事公道，跟他合作的人有赞无弹。恒生银行的何添先生亦曾经讲过："周大福彤哥是顶呱呱的，数目清楚，钱到手一定立即分钱。"彤哥曾经跟我讲过，他做生意喜欢以"夹份"的方式，这样才可以把生意做大，遇上好的生意机会他总会找朋友一起夹份做。有些人做成了生意赚到钱，喜欢把钱留起再投资；但彤哥是数目清楚分明的人，赚到钱一定立即与有份的股东分钱，这样做让人觉得账目透明，所以他在商界有很多朋友，大家都喜欢跟他合作，从不会闹出商业纠纷来。

彤哥的 IQ 和 EQ 都很高。他做生意很爽快，决断英明，我们两个心算都很快，不像年轻一代的要依赖计算器或电脑。我们一起做心算，差不多同一时间得出结论。我记得那年我们一起上干德道地盘视察，看过周围的环境后，一起心算到这宗生意值得去马，于是当场跟对方成交。后来瑞士花园等其他地盘，都一样即场成交。彤哥做事爽快利落，眼光准确，我们做的生意极少会蚀钱的。

彤哥 EQ 也很高。商场上有很多小道消息和四处流传的是非，彤哥听到关于人家的是非，他不会回话，只会微笑点头，绝不会再向别人搬弄，所以我只知彤哥广结朋友，未听闻过他与人结怨。对待犯错的员工他最多一句："唏！"我从没见过他拍案大骂的情景。

我们两家人都是好朋友，无论到内地或海外旅行，甚或出席行家或朋友的宴会，我们都带上太太同行，两位夫人都一样是好朋友。闲时我和太太会带孩子到郑家大宅，让两家的孩子们在大宅的泳池游水嬉戏，乐也融融。

我和彤哥之间有一种奇妙的缘分，好像能互通心意的，他明白我做人的宗旨是以诚待人，我答允过的事一定会谨遵承诺；我做生意一定以"稳阵"为原则，一宗生意未完，绝不会贸然兴起新的投资，以免出现银根短绌堕入困境。彤哥了解我的为人和心意,所以我们之间特别投契。

那天收到彤哥病重的消息,第二天大清早我便赶赴养和医院探病,郑家安排了保镖在门外谢绝访客,我通知郑家纯想与彤哥见面,他明白我和彤哥的交情,五分钟便赶到病房陪伴我入内探望。日后彤哥回家休养,我是少数可以与他见面的好朋友。

我相信郑家的子孙都明白这个父亲、这个爷爷,做生意方面是一个很聪慧的人,待人接物方面亦是一位值得学习的榜样。他们为父亲、为爷爷出版传记,是一件非常值得支持的美事。

序五

冯国经博士
冯氏集团主席

我希望借着分享三件逸事,以表达我对郑裕彤博士的尊敬,以及纪念我们之间的情谊。

第一件事发生在1997年香港回归前的过渡时期。我从1991年起出任香港贸易发展局主席,那时候,位于湾仔的香港会议展览中心(亦即现在的"旧翼")已由前任主席邓莲如爵士及郑裕彤博士监督建成。因贸发局举办的大型展览和会议都在会展中心举行,我当时负责督导会展中心的管理安排,经常与郑博士见面。这些执行层面的工作,郑博士其实可以交给下属处理,但他仍然亲力亲为、劳心劳力,足见他对会展中心的重视。

1997年回归之日临近,中英联合联络小组商讨举行政权交接仪式的地点,最后落实在会展中心举行,政府亦决定兴建会展新翼以进行这项盛大仪式。兴建新翼的工程庞大,贸发局只有三年四个月去完成,时间仓促是一大压力,世界各地对香港前途问题亦密切关注,甚至有外国杂志以*The Death of Hong Kong*为题撰写封面故事。如此情势,我们必须竭力向大家展示,政府对香港前途和"一国两制"充满信心,因此,会展新翼工程能否如期落成,极具象征意义。

作为贸发局主席,我必须监督这项只许成功不许失败的工程,这是我人生中一个重大挑战。建造工程一直遇上重重障碍,余下的时间不多,眼看将无法如期落成,在关键时刻,郑博士的新世界发展旗下的协兴建筑工程公司,愿意在目标日期前完成工程。这时,我做出了一个非常决定——撤换承建商,将工程交给协兴建筑工程公司,完成整个工程。如大家所见,举世瞩目的香港回归交接仪式最终于会展新翼顺利完成。郑博士临危受命，协助我完成作为贸发局主席的任务，为香港回归顺利过渡做出贡献，我一直心存感激。

第二件事发生在北京。大概在1993年，郑博士和我同时获邀担任北京市政府的国际事务顾问，我们经常一同出席会议。因座位相邻，我们时常有倾有讲。由于我俩的普通话都是普普通通，开会遇到听不懂的时候，有时由我给他翻译发言者的意思，有时由他给我翻译。我们可说是互相帮忙、互相扶持，因而建立了亲切的友谊。

第三件事则与教育和公益有关。我在2001至2009年担任香港大学校务委员会主席。当时香港大学校长郑耀宗教授刚离任不久，校内的气氛比较低沉，时任特首董建华先生邀请我出任校委会主席，希望我可以稳定大学全体师生和教职员的军心。于是，我大胆提出新的发展方向——让香港大学跑上全世界大学的前列。我很高兴在大学同仁的努力不懈下，香港大学在《2007年泰晤士报高等教育专刊》的世界大学排行榜上，由第33位跃升至第18位，代表大学在学术和教育上取得长足进步。

为激励港大朝这方向发展，我们需要投入更多资源，进一步提升大学在学术、科研和教学上的水平，其中一个非常重要的计划是兴建教研设备齐全的百周年校园。当时我和徐立之校长经常一起四处为大学筹款，首先当然向相熟的"老友记"包括郑博士"打荷包"。郑博士毫不犹豫，非常慷慨地捐助4亿港元予香港大学。我们将法律学院大楼命名为"郑裕彤教学楼"，我亦非常感激郑博士对港大的鼎力支持。

郑家为郑裕彤博士出版传记，让读者可以从郑博士这位传奇人物丰盛的一生中得到启迪，我认为极具意义，祝愿出版工作顺利和成功。

序六

廖烈智先生
廖创兴企业有限公司主席兼行政总裁

郑裕彤博士与世长辞，匆匆已三载。在这段时间里，每当我路过由他一手策划筹建的著名地标性建筑物和富丽堂皇的商铺，或重临昔日大家常聚之地，踏足过去数十年来我们常常在一起挥杆切磋的高尔夫球场，我都会想起这位可亲可敬的好朋友。他的音容笑貌和充满智慧的幽默话语，还有对我的亲切教言，仿佛就在眼前耳边，令我久久不能忘怀。

郑博士长我十余岁，我叫他彤哥，想起来，人与人的关系，正如俗语所说，真是人夹人缘。回首往事，从四五十年前彼此初相识，他就一直对我真诚相待，仁义相济，自始至终对我特别关心和看顾。而我对这位老大哥也一直发自内心地由衷敬佩，心怀感激。

彤哥一生的奋斗经历充满传奇色彩，在过去半个多世纪的时间里，他几经努力开创，精心策划，励志经营，终于在事业上取得了辉煌的成就，在世界各地享有"珠宝大王""地产界巨擘"和"酒店业大亨"的美誉，创立了规模宏大的多元化企业王国，成为有口皆碑的商界风云人物。

彤哥在事业上取得的巨大成功，绝非幸致。首先，是他对事业持之以恒的勤勉不懈，可谓数十年如一日。"勤"字是其事业的成功秘诀之一。另一方面，彤哥确实具有非凡的经营天才，在投资项目上，可谓眼光独到，估算精准，洞烛先机，而且具有过人的胆略和气魄，往往能在适当时机采取果断的决策，在商界自树一帜，取得十分丰硕的成果。

1980年代之交，内地开始实施改革开放政策，其时百业待兴，急需引进大量资金、技术和人才。彤哥的企业集团顺应时势，最早大规模投资内地，业务遍及北京、广州、上海、天津、武汉等大城市。除酒店和房地产业务外，他投入庞大资金于公路、大桥、水电及机场建设上。实事求是而言，彤哥对内地的交通发展及城市建设，实在功不可没。所以，他先后被多个城市授予"荣誉市民"的称号。

彤哥的事业做得很大，但为人谦和，生活简朴，穿戴从不讲究名牌。他广交朋友，不分老少，不论贫富，其适意从容的处世态度历来为大家所称道。至于在生意场上，彤哥自具胸襟，大事坚持原则，小事绝不斤斤计较，总以"诚"字作为待人接物的宗旨，他乐于助人，而又得道多助，广结善缘。所以，我认为彤哥事业成功，是因为其做人成功，这一点尤为难能可贵。

彤哥于事业成功之后，不忘回馈社会。他在香港生活数十载，事业根基在香港，对香港自然有一份深厚的感情。他取之社会，用于社会，对香港的慈善公益事业的贡献是多方面的。他尤其重视教育与医疗事业，香港各大学都受过他慷慨的捐赠，他捐建教学楼、医学楼、大讲堂、校舍乃至捐赠学术研究基金，可谓无所不至。所以，香港特区政府为表彰他的贡献，授予其大紫荆勋章。

彤哥爱国爱乡，内心有浓厚的家国情怀，改革开放后，他心怀桑梓，十分关心家乡人民的健康，所以捐建设备精良的医院，并聘请医术高超的医生以救死扶伤，获得社会的高度肯定和民众的赞誉。

彤哥很早就有"教育兴邦"和"科技兴国"之念，十分关怀青少年的教育，多年来，从香港到内地，从大学、中学、小学乃至特殊学校，先后已慷慨捐建教育楼近百座，其眷眷以"兴学育才"为念的精神，实在令人感佩！

彤哥的事业成就巨大，事功和贡献多不胜数，上面所言，只是一鳞半爪而已。

2016年9月29日彤哥不幸因病辞世，享年92岁。中央政府和特区政府都为他的逝世发了唁电，送了花圈；香港商界巨贾云集，各界人士前来致唁，送彤哥最后一程。丧礼庄严隆重，备极哀荣。

彤哥的一生，可谓传奇的一生、成功的一生、精彩的一生。他在世时确实活得很有价值，离世也可谓完全无憾。他的事业后继有人，在以家纯、家成两兄为首的一众子孙的领导下，目前集团业务发展更加迅速，成果更加丰硕，蒸蒸日上，发扬光大，足堪告慰老人家于泉下。

在《郑裕彤传——勤、诚、义的人生实践》一书即将出版之际，家纯、家成、丽霞、秀霞诸位联名具函邀我写序。自思何德何能，敢为彤哥的传记题弁？因此再三辞谢。但郑家四兄弟姊妹素来了解我与他们的父亲相知数十载，交谊匪浅，因此一再坚邀。乃就个人所知，撰成小文，略述彤哥过往的一些行状事功，并表达我对他最诚挚的敬意和深切怀念。

是为序。

给爸爸的信

敬爱的父亲,您远去了。

在这段日子里,我们不时忆起父亲昔日的容颜、做人处世的态度。回想过去,我们才猛然发现,与您相处共聚的时光,原来是那么不足,以至父亲与子女间欠缺深入的沟通,无奈至今已成一憾事。此刻,我们要表达对父亲的思念之情,只好寄以笔墨,传达给在彼岸的您。

想起年幼时的生活,兄弟姊妹们是在物质条件不缺的环境下长大的,虽说不上是大富大贵,但却从来没有一刻需要为衣食担忧。我们心里明白,是您在工作上的默默耕耘,为我们创造了安稳的生活,让我们的童年岁月,过得既丰足又愉快。

犹记得1950年代至1960年代,当时您的事业尚在起步阶段,您时刻都投入到工作中去,即使是星期天早上,您一样穿上整齐的西装,结上不衬色的领带,说是要返公司上班,几乎每周如是。即使如此,您仍然抽空安排家庭活动。令人印象最深刻的,是周末的新界郊游乐,您总是兴高采烈地驾着汽车,经过迂回弯曲的道路,载着我们游遍元朗、沙田等地。兄弟姊妹们挤在车上,雀跃地观看窗外的景色,有时因为回家时间晚了,还要在车厢里完成学校的功课呢!周末没有余暇的话,您总会找到一个空闲的晚上,带我们去看电影,记得您喜欢看西片,也喜欢看大戏,虽然年幼的我们不懂得欣赏演出的内容,但一家人能够外出活动,已是值得兴奋的事。还有很多很多难忘的片段,例如,到餐厅拿着刀叉"呼呼唪唪"地吃西餐。每逢祖父母的生辰,您定必宴请亲朋,有时甚至安排剧团演出粤剧,我们

全家福,约摄于1958年

一班堂兄弟姊妹则四处追跑跳玩，乐趣无穷，至今仍记忆犹新，历历在目。

这些欢乐时光虽然不多，但现在回想起来，足教我们学识感恩，感谢您带给我们天伦之乐、家庭和谐的美好回忆。

父亲的身影亦深深刻在我们的心里。您乐于助人、刻苦耐劳、重视诚信的做人态度，是我们学习待人处世的好榜样。对祖父和祖母，您尽显子女的孝义；对家族成员，您时刻顾念亲情，对有需要者总乐于施予援手。记得我们小时候，家里经常有亲戚共住，父亲记挂着初来埗的人生路不熟，必定让他们在我们家里暂住，且安排工作使能自立谋生。记忆里，家里总是热热闹闹的，小孩子们要睡在客厅中的帆布床上。所以，我们总不忘昔日曾与哪位亲戚长辈共处的情景。

在家庭以外的圈子，父亲人缘极佳，在朋辈眼中，您是个凡事亲力亲为、性格随和、豪迈乐天的人，大家都赞赏您为人低调、勤奋、诚实和重情义的特点。我们从没见过您向外炫耀财富，亦深知您的营商经历不乏艰辛，从小便要"由低做起"，负责清洁打扫、斟茶递水、侍奉客人等劳动杂务；此后，您努力创业成功，在商场上面对颠簸艰途、风雨磨炼，需要承担沉重的责任和压力，但您以一贯乐观的态度面对，从您的口中不曾听到过半句怨天尤人的言语。

从您的言行，我们学习到敬业乐业和刻苦奋进的精神；从您待人的态度，我们学晓对人定必以挚诚、与人为善和重诚信的态度待之。今天，兄弟姊妹们已长大成人，各有自己的家庭，兼且儿孙满堂，我们的生活仍然过得丰足。念及父亲做人处世的精神，我们深受感动，将会继续发扬您一生谨守的价值观。定必遵循您重视家庭的精神，叮嘱下一代成员，务必世代保持家庭和谐、友爱团结的相处之道；您设立的慈善基金，是以赤诚之心促进社会进步和帮助有需要者，我们会继续使它发扬光大，行善于世，践行公益，为社会做出贡献。谨此报谢父亲的恩德。

父亲，永远怀念您。

家纯、丽霞、秀霞、家成　敬禀
2019 年冬天

鸣谢（以下名字以繁体字笔画顺序）

感谢两位作者，王惠玲博士及莫健伟博士，对郑裕彤博士的生平、人生经历、事业发展及公益贡献等事迹进行深入研究，并撰写成富深度的《郑裕彤传——勤、诚、义的人生实践》专书。

我们深感荣幸，得黄绍伦教授写序，分享学者的敏锐触觉和学术心得；并得郑裕彤博士的至交好友李兆基博士、李嘉诚博士、冼为坚博士、冯国经博士及廖烈智先生应邀赐序，述及与郑博士相处时的逸事和难忘的友情，使传记内容生色不浅。

这传记得以成功出版，实有赖以下各方人士和机构的慷慨支持和协助。

各位受访者参与口述历史访谈，分享个人的珍贵记忆，使传记能立体地呈现郑裕彤博士的成长背景、生平事迹和处世态度。受访者包括左筱霞、何伯陶、何钟麟、李金汉教授、李杰麟、林淑芳、周建姿、周桂昌、周翠英、周耀、冼为坚博士、陈志坚、陈晓生、陈应城教授、孙杏维、孙耀江医生、郭俭忠、郭宝康、梅景澄、许爵荣、梁志坚、梁智仁教授、黄大杰、黄志明、黄绍基、冯国经博士、冯汉勋、邓培文、郑玉莺、郑志令、郑哲环、郑锦超、郑锡鸿、刘遵义教授、黎子流、薛汝麟、谢志伟教授、罗国兴、苏锷。

以下人士给予各种指导及协助，包括提供背景知识、联系相关受访者和安排访谈：古堂发、李婉清、吴钧雄、何炎鸿、汪嘉希、林柱燊、纪文凤、陈美华、高君慧博士、高添强、张振宇、张倩华、梁述光、梁敬昌、黄佩咏、黄德尧、傅作和、冯汉勋、曾惠贤、叶少崖、赵国经、郑本、郑秀霞、郑明智、郑盛汉、郑裕伟、郑锦标、郑翼群、郑丽霞、潘亦真、卢执、邝玉英、谢绍燊、罗国兴、罗锐潜、苏炜丰。

特别感谢：高君慧博士、纪文凤小姐及林柱燮先生细心审阅文稿内容，提供了专业指导；黄佩咏小姐担任高级研究助理，除查阅旧报章和整理档案记录外，以无比耐性将所有访谈录音逐字誊写成访谈稿；汪嘉希先生、潘亦真小姐、罗锐潜先生及苏炜丰先生查阅旧档案、旧报纸和旧书刊，并编整档案记录；何炎鸿先生联系顺德的访谈和资料搜集；邝玉英女士联系广州的访谈；罗国兴先生安排大松坊祖屋的探访；郑锦标先生一直供给我们所需的支援。

图片方面，高添强先生整理了地方旧照和提供说明，加强了书中有关1920年代至战前广州和澳门的商业地区的景观；邓培文先生提供了他的画作。以下机构亦提供珍贵旧照片：地利亚教育机构、协兴建筑有限公司、周大福历史及文化管理部、南华早报出版有限公司、星岛日报、香港大学、香港公开大学、香港政府新闻处、伦教小学、无止桥慈善基金、新世界发展有限公司。

在检阅旧档案方面，以下机构的人员为我们翻查及移动沉重的文件档案，并提供各种协助：香港大学图书馆特藏部、香港政府档案处、顺德档案馆、广州市档案馆及广东省档案馆。

我们特别向冼为坚博士伉俪的挚诚支持表示谢意。冼博士是郑裕彤博士的一生挚友，对本传记的研究和出版工作一直不遗余力，提供宝贵资料和指导，为传记写序，协助联系重要的相关人士；再者，冼博士及夫人亦分享私人照片珍藏和照片内容说明。

研究和出版工作得以顺利进行，有赖周大福慈善基金有限公司办事处诸位工作人员的努力，尤其陈美华小姐，由项目的构思、规划至完成，一直提供宝贵意见及联系相关人士和机构。

最后,繁体版的出版工作,感谢香港三联书店编辑部,尤其李毓琪小姐及宁础锋先生,使本书得以面世。

简体版方面,感谢以下机构和人士的热心襄助,使本书顺利出版:中国图书进出口广州有限公司、生活·读书·新知三联书店有限公司、周大福人寿保险有限公司、周大福企业有限公司、周大福珠宝集团、周大福(控股)有限公司、周大福慈善基金有限公司、协盛建筑有限公司、净缘慈善基金有限公司、惠保(香港)有限公司、新世界中国地产有限公司、新世界百货中国有限公司、新创建集团有限公司、瑞信德慈善基金会、亲子头条有限公司、K11 Concepts Limited、SF Express 顺丰速运、Verdant Foundation。

特别感谢:王卫、朱达慈、宋志军、何奎、李婉清、林宏雄、郝玉娟、马珊、陈美华、陈观展、莫夏星、黄少媚、黄绍基、叶文杰、蔡汉平、郑建源、卢英杰、刘明燕、刘璞、邝玉英、苏国亮。

如有遗漏,请多多包涵。谨此对各位的慷慨支持,致以深切谢意。

目录

- 001　序一　黄绍伦教授
- 004　序二　李兆基博士
- 005　序三　李嘉诚博士
- 007　序四　冼为坚博士
- 010　序五　冯国经博士
- 012　序六　廖烈智先生
- 015　给爸爸的信
- 019　鸣谢

- 001　前言：我们是怎样完成这部传记的

{第一章}　家乡伦教

- 014　伦教与郑族
- 016　祖屋与家族
- 022　外篇故事
  　　　林淑芳：媳妇眼中的祖屋生活
- 026　乡村经济与郑家的生计
- 032　外篇故事
  　　　郑哲环：顺德男孩的成长经历
- 036　离开家乡和乡情联系

{第二章}　与金业结缘

- 048　忆说周大福由来
- 052　广州金业与周大福
- 058　从广州到澳门
- 068　外篇故事
  　　　黄志明：澳门金饰师傅忆述

{第三章}　珠宝大王的成长路

- 083　战后初期的香港金饰业
- 085　黄金管制下的周大福
- 090　商界人脉
- 094　商业品德
- 098　外篇故事
  　　　何伯陶：老伙计与郑裕彤亦师亦友
- 102　涉足钻石批发
- 108　多元化的金铺生意

{第四章}　整合珠宝金行一条龙

- 125　接手周大福
- 129　香港制造
- 132　首饰工场
- 138　珠宝金行
- 142　外篇故事
  　　　郑志令：第一代分行经理

146	南非钻石厂	242	北京故事
150	1980年代以后的珠宝大王	246	武汉故事
152	外篇故事	250	外篇故事
	郭宝康：周大福人远赴南非		苏锷：老员工眼中郑裕彤的中国情怀
158	外篇故事		
	黄绍基：新一代管理层的成长	254	"与祖国同行"

{第五章} 地产江山

{第七章} 公益与教育

169	战后至1970年代初的地产市场	266	接办私立中学
174	牛刀小试	269	在内地兴学
178	地产路上启航	273	中大 MBA
186	外篇故事	280	外篇故事
	冼为坚：好友知己谈郑裕彤的地产人情网络		李金汉：商学院教授谈郑裕彤的商业伦理与触觉
190	新世界发展的诞生	284	培训医学人才
199	协兴建筑	288	内地基层医疗人才培训
201	兴建香港地标	290	澳门的高等教育
210	外篇故事	294	香港的高等教育
	梁志坚：郑裕彤的得力伙计	299	典礼致辞

{第六章} 郑裕彤在中国内地

310	跋一：写在传记之后
227	重返顺德	314	跋二：怀念老总郑裕彤先生
231	愿做领头羊	317	附录一：口述历史受访者
234	外篇故事	319	附录二：参考资料
	黎子流：广州市市长遇上郑裕彤		
238	参与改革开放		
239	广州故事		

前言：我们是怎样完成这部传记的　　　　　王惠玲、莫健伟

2016年初，我们接受周大福慈善基金主席郑家成先生委托，为其父郑裕彤博士撰写传记。郑先生提出的要求是切勿炫耀家族财富和个人成功，不要歌功颂德，他希望传记以学者角度叙述郑裕彤及其家族的人和事，不单在事业上，还有在社会上，传扬郑博士待人处世的正向意识。

郑裕彤出生于广东顺德伦教，并非来自大富之家，事业上由低做起，凭个人的毅力和才干逐步迈向成功，使周大福和新世界发展成为香港的著名品牌集团，个人则位列香港十大富豪之一。其事业征途横跨大半个世纪，经历过第二次世界大战、战后复员、香港经济腾飞、中国开放改革、社会动荡，以至香港回归等重大历史转折。我们两个作者，一个是社会学背景，另一个素有历史学训练，对于为这位传奇人物立传，深入探究其人生轨迹及相关的社会历史脉络，都觉得是一项有意思的挑战。

过去四年，我们与58位受访者共进行了70次口述历史访谈，追查郑裕彤本人、郑氏家族、企业等相关的记忆；几次到访郑裕彤的家乡顺德伦教，与当地的老居民访谈，亲身到郑家祖屋、伦教的街道、纱绸晒场等地方实地考察；从香港历史档案馆找到香港金业的旧档案，从广东省档案馆找到广州市金铺的旧档案，从顺德档案馆找到顺德丝绸业档案和珍贵的郑家历史档案。

我们尝试在这里，将过去四年由收集资料、整理、分析、组织至撰写的经过，与读者分享这个探索之旅的一些经验和想法。

首先是收集资料方面。郑家成先生告知，当时郑裕彤正卧床养病，不

宜打扰，我们是无法与他面谈的。现代的人物传记多由主人翁自述、旁人执笔的方式产生，可说是介乎传记与自传之间；历史人物传记则以主人翁的私人物品如日记、书信、笔记、备忘录，再加上家谱、族谱、政府记录等文献档案，以及与亲友的访谈为素材，由作者综合编织为主人翁的人生故事。无论前者抑或后者，传记的故事都必须以主人翁的人生轨迹为基本脉络。

我们无法以口述历史方式为郑裕彤记录个人的生平经历，而他亦没有写日记和家书的习惯，更谈不上笔记或备忘录，跟许多华人企业一样，周大福的旧档案经过搬迁和人事更易，大部分已经散失。在这些限制下，我们如何追查、重溯郑裕彤的人生轨迹？可幸的是，郑裕彤的三弟郑裕培于2005年编写了一本名为《郑裕安堂：缔造与繁衍》的书，综合了父亲郑敬诒、叔伯长辈及乡间亲友述及的零散记忆而写成，可视为郑家的家谱，在了解郑家历史方面，这是重要的资料来源。

在这个小小的基础上，我们使用口述历史、旧档案文献、报章和杂志等媒体的报道，作为撰写传记的素材。

与传记主角进行口述历史访谈可以直接重构其本人的人生轨迹，然而，旁人的口述历史如何发挥效用？开始时，我们与郑裕彤的一生好友冼为坚进行访谈，计划是请他忆述郑裕彤生平的种种。结果是，直述的形式无法构成完整的人物图像，例如"彤哥"（郑裕彤的昵称）头脑精明、擅长计数、做生意诚实，从冼为坚的角度，这是最精准的描述，但对于没有接触过郑裕彤本人的读者，这些抽象的词语无法产生实质的理解。可是，当冼为坚忆述每天与彤哥在茶楼倾生意、决定买地起楼、筹建新世界发展等往事时，通过忆述具体的人和事可以让我们产生有内容的想象，在当时香港的时空下，作为新兴四大地产商之一的郑裕彤是如何冒起的。

我们从这次"访谈实验"得到启发,所谓人生轨迹,可以由主角本人的忆述重构,亦可从身边人的忆述重构,两种做法由不同的视点出发,前者是本人的视点,后者是身边人的视点。大多数传记表达的是主角本人和作者的视点,而本传记则以众多身边人的视点构成,这做法是本传记的局限,也可说是独特之处。

在访谈形式上,我们决定以受访者本人为忆述的主体,意思是请受访者先谈自己本人的生涯历程,由个人的背景开始,逐步转入与郑裕彤相关的交往内容。在忆述与郑裕彤的相处和接触的片段时,有时可能只见到郑裕彤一个身影。例如与周大福钻石部主管陈晓生访谈,他忆述到一次打磨一颗80多克拉的南非钻石的小事件,这是他工作中一件难忘的事情。故事中有郑裕彤出场的一幕,他的角色是一个对钻石充满兴趣、不符期望时会直斥员工、但明白个中因由后则表现出宽容的珠宝集团老板。对于郑裕彤,这个故事可能是他人生中一件无关痛痒的小事,如果由他本人自述人生轨迹的话,恐怕不会在他的叙述中出现,但放在陈晓生的人生经历中忆述,郑裕彤这身影则联系着一个有人物、情节和时代的故事。

有些片段甚至没有郑裕彤的身影,但我们从故事的情节和时代中可以寻回郑裕彤的角色。例如,曾任职于周大福青山道分行的员工薛汝麟和黄大杰,忆述1956年该分行所提供的汇兑、找换、存金等类似银行的服务,是当年在银行未普及时金铺吸纳社区街坊顾客的手法,这小故事一改我们对金铺的固有认知。故事中没有郑裕彤出场的机会,但我们知道郑裕彤当时是周大福司理,开始接手其创办人岳父的股份,这小片段间接引证了郑裕彤主理下的周大福正在发生的创新变革,间接地展示了郑裕彤的生意触觉。

我们通过口述历史访谈，搜集了许多大大小小的故事，放在郑裕彤的人生轨迹中，有些是重要片段，有些是小片段。重要片段可帮助我们重构郑裕彤的人生转折，但小片段亦有重要价值，视其如何诠释和理解。微观角度可折射出郑裕彤的人物个性，如陈晓生所讲的钻石故事；较大的角度可侧面地观察到郑裕彤做事的方式，如上述的青山道分行故事；更宏观的角度可看到金铺在香港社会民生中扮演过的角色。

口述历史常被人诟病之处是，记忆是不可靠的，人的主观经验是片面的。我们在诠释和理解众多口述历史片段时，的确遇上众说纷纭的情况，有时是与文字档案有冲突，有时是不同的口述内容互不衔接，各说各话。对于口述历史的可信性，我们不会因为口述内容与文字档案不吻合，便判断口述内容不可信，只要所述内容是来自口述者的亲身经历，或口述者的身份是与事情密切相关的，我们都视为合适的素材。无论是文字资料抑或口述资料，我们都一样通过互相对照和反复论证，最终得到最合理、平衡和立体的诠释和叙述。

我们在发掘周大福金铺起源的时候，遇上了这种文字档案与口述资料之间众说纷纭的情况。我们考虑过，若没有确实完全可信的资料，不如避而不谈或轻轻带过，最稳妥的做法是坚守周大福珠宝集团已有的官方说法。我们没有选择这样做，而是在细心地反复对照不同的说法后发现，一个最后的定论并非最重要的，反而在梳理众说纷纭的资料时，能够找到更立体和更丰富的内容。再者，无论历史抑或人生，的确有许多含混、断裂、矛盾的地方，把这些暧昧之处保留下来，希望可让大家尝试体会片碎记忆所呈现的暧昧。这种暧昧性的可贵之处，不在乎历史叙述的准确性，而是它的开放性，让读者及后来的研究者继续思考和探索未及明确之处。

关于重构郑裕彤的人生轨迹，常见的人物传记是叙述由出生至死亡的一条连贯完整的人生路，有些可能以编年史的方式表达。但我们的现状是，缺乏当事人自述，实无法重构出一条连贯完整的人生路，连编年史的方式亦谈不上。我们收集到的大小片段，经过整理和诠释后，逐步形成若干面向（dimensions）和主题（themes），本书各篇章便利用这些面向和主题，重构成郑裕彤的人生故事。

第一个面向是个人与地方的联系。郑裕彤于1925年在广东顺德伦教出生，这地方正是郑家的家乡；约于13岁离乡前往澳门，加入周大福金铺做后生，在澳门学习从商；和平后从澳门到香港开拓事业。这段在坊间耳熟能详的"郑裕彤个人生平"提示了广东、澳门、香港之间，由地理以至经济、政治、家庭、人脉网络的紧密联系，同时反过来呈现个人人生与大时代、大历史之间的互相磨砺。

因此，我们决定以郑家家乡伦教作为探索郑裕彤人生故事的起步点。我们探访伦教大松坊，追查郑家兄弟以外仍然健在的郑姓亲戚，与郑裕彤的多位堂侄进行口述历史访谈，发现以惯常的祖爷孙三代去追踪郑家的历史，是过于狭隘的家族观念。事实上，伦教大松坊是郑家祖屋的所在，聚居了几代、几房由堂叔伯兄弟组成的郑氏家族，族人之间的联系带动了郑家人口流动，也是日后香港周大福企业发展的人脉基础。

我们亦追踪周大福和周家的历史。郑裕彤在周大福学习从商，将周大福发扬光大以至被誉为珠宝大王，周大福的历史是郑裕彤成长的背景之一。郑家与周家早有联系，郑裕彤的父亲郑敬诒和岳丈周至元是莫逆之交，两人在广州识于微时。1920年代中，郑敬诒回乡发展，周至元则留在广州从事金铺生意，此后创立周大福金铺。1930年代周家由广州搬到澳门，周至元亦分别在澳门和香港开设周大福分行。1938年，郑裕彤离开家乡到澳门周大福金铺开启人生新一页。几段本来各不相干的人生片段都发生在民国时期至日本侵华的背景之下。事实上，粤港澳的人口、经济和社会联系早有脉络，日本侵华战争和1949年中国政权更易，改变了这三个地方之间的经济政治关系，战时和战后的人口和家庭流动模式亦发生变化，促使周大福考虑相应的企业策略，郑裕彤的青年人生便在家族、企业和时代交错的大环境下磨砺而成。

于是，我们决定探索郑家和周家家族历史、企业发展和相关的地方与时代背景，从这几个面向重构郑裕彤的人生经历。

58位受访者中有15位郑家和周家的成员，忆述了家乡和家族的历史；29位受访者忆述周大福企业史；5位受访者忆述新世界在香港及内地的难忘故事。我们通过企业员工的口述历史，追踪企业集团的人脉、始创经过及一些重要的阶段转折，配合客观环境和时代背景进行分析，建构出郑裕彤在珠宝业和地产业的从商之道。另外6位受访者忆述与郑裕彤在社会公益上的接触和沟通，分享他们对郑裕彤参与社会公益的观感；10位受访者提供地方的背景资料和生活经验，包括伦教的老居民及澳门金饰业的老师傅。书中曾被引述过的受访者共38位，见附录一。

我们没有选择将私人生活纳入为其中一个面向。委托人曾安排我们与郑裕彤太太、两个女儿、郑裕培太太、曾在郑家大宅照料家务的女佣、与郑家有亲密关系的非家族成员见面和访谈，当中谈到不少家庭生活的片段，例如郑裕彤爱吃顺德家乡菜，尤其是传统家常菜"老少平安"，水果方面爱吃榴梿，等等。我们与郑裕彤的生意朋友和企业员工的访谈，亦谈到不少关于郑裕彤的私人片段。例如，年轻时与好友冼为坚"搭膊头"一起往雪糕屋买雪糕边行边吃，戏弄岳丈的淘气举动，通宵与好友"锄大弟"（打扑克牌），热爱高尔夫球运动，关于商业和社交上的应酬活动，关于星期日经常让太太煲粥炒面以招呼员工在家谈公事，为人节俭，喜欢捉弄身边的亲人，甚至关于一些绯闻。这些私生活的内容或可发展为家庭关系、社交和朋友网络、余暇生活与兴趣等生活化主题。可惜篇幅和时间所限，未能整理成有系统的内容。

最后是有关书写的体会。郑家成先生的要求是，切勿炫耀家族财富和个人成功，不要歌功颂德。常见的名人传记会走向传奇和英雄式的叙述，郑裕彤的后人却拒绝这种书写方向，我们觉得是非常难得的。然而，除去这框框后，作者应以什么作为书写方向？社会学和历史学都惯以宏观图像的探知为研究方向，个人经验都必须联系到宏观的、更高层次的意义，所以学者们每书写到一个段落，都隐约觉得停留在个人人生或企业的描述是不足够的，总觉得需要归纳出一些较宏观的观点或结论。

我们的取向是，尽量避免走向传奇和英雄式的叙述，亦不愿利用人物传记来引证宏观意义。因此，书写的方向是尽量细致地描述个人、家族和企业的经历，把人生历程置于时代和地方的脉络中进行交互叙述。至于社会学与历史学惯常以个人事例折射宏观社会形态或趋势的思考方向，我们则尽量避免。例如，香港回归前的过渡期内，香港经济急遽转型，这阶段亦被视为新兴华资集团取代英资中流砥柱地位的转折期，而郑裕彤的事业王国亦在这个时期崛起，他的事迹是否可被视为新兴华资冒起的标记之一？老牌英资从香港政经舞台退出，是否预示新兴华资不独取代其经济地位，还取代其政治影响力？作为研究者，我们当然对这些课题感兴趣，亦想过从郑裕彤的事迹中论证有关说法。不过，作为一部传记，主角人物的经历和个性才是本书的主轴，对于他的历史角色和影响力，还是交由读者各自诠释好了。

另一方面，在当事人已无法自述的局限下，书写时该如何呈现传记主角的人物个性？我们采取了一些策略：大胆地做出假设和想象，在大环境与个人之间的空白，注入分析性的假设，甚至利用相关的口述历史提出虚构式的想象，让大家带入其中。例如，在顺德伦教乡下出生长大的郑裕彤，年少时独自来到澳门加入周大福，1938 至 1945 年间在澳门做事，这段由 13 至 20 岁的少年青春期是怎样度过的，事实当然只有郑裕彤知道。我们以分析性假设，周至元在广州河南起家，先扩展至广州西关，再到澳门和香港设分行，澳门的分行设在草堆街和新马路。草堆街是民生商业街，新马路则是新兴商业区，战争时期吸引了从香港、广州、珠三角等地的人过来，商业区一带有各种商铺，也有当铺、赌场、茶楼、酒馆等消遣场所。我们大胆假设，在周至元积极经营的氛围下，在新马路这条繁荣、混杂的商业街上，郑裕彤的见识和眼界已有相当成长。我们亦借黄志明的"外篇故事"把读者带入其中，设身处地地想象郑裕彤的成长经验。

各章的正文以外有一至三个"外篇故事"，这是部分受访者的个人短篇故事，目的是从身边人的故事，折射传记主角的人物个性。有些故事是直接讲到郑裕彤的，例如，冼为坚和何伯陶是郑裕彤的亲密伙伴，他们的故事表达了郑裕彤待人处事的态度；梁志坚和苏锷是郑裕彤的得力助手，他们活泼地描绘了工作环境下的郑裕彤；其他人则接触到郑裕彤的另一面，广州市原市长黎子流为郑裕彤当年的一些举动注入中国观点，香港中文大学商学院原院长李金汉教授为郑裕彤的一些言论和行为赋予学术诠释。另一些外篇故事里没有郑裕彤的身影，如前所述，我们通过郑哲环和黄志明的故事，让大家设身处地地想象郑裕彤年少时的成长和生活。郑志令、郭宝康和黄绍基是周大福的资深员工，虽然没有正面讲及郑裕彤，但通过这些员工故事，我们可以想象郑裕彤是一个怎样的生意人。

我们将郑裕彤的人生轨迹分为七个主题。第一章记述伦教地方经济和氏族文化，以及郑家历史、家乡生活和家族观念；第二章从周大福的起源和广州至澳门的金业特色看郑裕彤的成长背景；第三章写郑裕彤在战后香港金业展露拳脚；第四章写郑裕彤主理下的周大福从传统金铺蜕变为珠宝金行；第五章讲述1950年代至1960年代郑裕彤开始涉足地产买卖以至1970年创立新世界的发展经过，及以后的一些重要发展；第六章写郑裕彤在中国内地并展现他的中国视野；第七章回顾郑裕彤的社会公益活动，这些活动的社会意义及其宣扬的道德伦理和社会价值观。

家乡伦教

〔第一章〕

到傍晚，一天的轰炸完毕之后，除出几缕黄灰色的火焰之外，广州的天空依旧恢复了她原有的澄澈与清明……

5月28日起，敌机大规模地向广州市区轰炸了，来的飞机最少是12架，最多的时候是52架，掷的炸弹都是300磅至500磅的巨弹，一天投下的弹数最多的日子是120个，每天来袭最少3次。

5月29日、6月6日，整日在轰炸中，全市民众简直没有喘息的机会。

投弹，全然是无目标的，商店、民家、学校、幼稚园、医院，甚至于屋顶上铺了法国国旗的韬美医院，全是他们的目标。……

这是一种人间地狱的情景！……广州最繁盛的街道，全被炸成瓦砾场了。[1]

——夏衍，1938年6月8日

1938年6月8日刊登的剧作家夏衍《广州在轰炸中》一文，记述了日军空袭下他耳闻目睹广州的悲惨景况，当时他38岁，是广州《救亡日报》的总编辑。广州城内外的居民心情同夏衍一样，对时局都感到恐慌，担心广州的前途命运。1937年上海、南京相继失陷于日军手中，硝烟弥漫至广东，1938年10月12日日军从广州湾（今湛江市一带）攻入，21日广州便告失守，接续的日子就如夏衍预示，广州人要承受更多的苦难。[2]

　　广州沦陷未几，在顺德伦教的泥路上，乡人郑彪带着一个13岁的孩童一同赶路。郑彪是"巡城马"，这种职业在现代邮递制度还未建立前，扮演着联系城乡的角色，为乡民提供代送口信、信函和汇款的服务，有时还会带乡民子弟到城镇找工作或与家人重聚。郑彪熟悉往返澳门与广东佛山顺德伦教镇的路线，这趟上路，是受郑敬诒所托，把小孩送到澳门一间金铺打工。

　　孩童名叫郑裕彤，是首次离乡到陌生的澳门打工。年幼的郑裕彤或许从父亲郑敬诒及长辈亲友的口中，已听闻广州和澳门是繁华之地，是伦教郑氏族人向外谋生找机会的好地方。不过，富饶繁华的广州商埠已经失陷于日军手中，在这动荡不安的时局下，广州不会是寻找机会的好地方。那么，为何往澳门去？据郑家流传的家族故事，父亲郑敬诒收到好朋友周至元的来信，告诉他自己正在澳门营商，郑敬诒可以派一个儿子来学做生意。于是，郑敬诒把长子送到澳门。当时郑裕彤年纪尚小，在父亲的安排下，离乡踏上外出谋生之路。

　　这位13岁的小子在战火下离开家乡，在澳门长大成人，战后在香港大展拳脚，成为香港商界传奇人物之一。这一章，我们由传奇的原点起步，由郑裕彤的出生地顺德伦教讲起，探索伦教这地方、郑族的传统、郑家在乡下伦教的生活，以追溯郑裕彤的成长背景及离乡的因由。花笔墨来探究郑裕彤乡下伦教的状况是必要的，借此可帮助我们理解"地缘"及"血缘"关系对郑裕彤的人生所带来的影响。

　　地缘既指郑裕彤出生的乡下伦教的社会和经济环境，也指伦教当地跟广州、珠三角地区，包括澳门和香港在历史上紧密的联系。由于地缘条件，郑家的先辈和子弟奔走乡下伦教、广州和澳门等地谋生，郑裕彤也是在这样的背景下成长的。血缘指宗族和家族的血脉联系；这种联系既是抽象的观念，例如对宗族谱系和文化的认同，同时也是实质的存在——亲族之间密切的往来、共住祖屋的生活、由血缘纽带所形成的人际网络等，都是影响郑裕彤成长的一部分。在以下的故事中，我们将看到这两个面向对郑裕彤人生经历的影响。

伦教与郑族

中国有句谚语"一方水土养一方人"，意思是一处地方的人总可以靠山食山，靠水食水，以当地自然资源养活自己；谚语的另一个意思是指由于环境和生活的不同，会塑造出不同的人格特征。我们不完全同意这个说法。郑裕彤于 1925 年在顺德伦教出生，当时正值民国时期，他虽然生于伦教这种乡镇地方，但最终没有囿于一方，反而跑到澳门和香港来开展他的人生。不过，童年时的生活环境、乡间孕育出来的文化内涵，始终在他的人生里留下烙印。故此，要了解郑裕彤的经历，要先从他的家乡环境说起。

今天的伦教是广东省佛山市辖下的市辖区，前身属于顺德市辖下的一个区。在不同的历史时期，伦教所属的行政管辖区名称屡有改变，例如清代它属于顺德县辖下其中一个"堡"（伦教堡），在民国时期被编入第二区，又曾称为乡或镇，同区还有羊额、北海、仕版、黎村、熹涌、上直、霞石、大洲、鸡洲、乌洲等乡。

尽管名称历代屡有变更，但地理上伦教邻近顺德县城，清代咸丰年间编修的《顺德县志》指县城与伦教相距只有 20 里，乡民步程可达。[3] 顺德于 1452 年设县，以大良（古时称太艮）为县城，该县位处珠江三角洲中部，南面靠近中山市，北面接广州市，西北方毗邻佛山市，故当地俗称三地作"南番顺"、"三乡"或"三邑"。顺德全境被西江、北江两条主干江流斜贯，境内水道共有 16 段，主要过境水道有顺德水道、顺德支流。由于水网交织，境内交通运输也以水路为主。[4] 伦教在顺德中部偏东，东临顺德水道，与"番禺榄核隔江相望"[5]，区内大大小小的河涌贯通各村落，形成一片水乡的模样。水乡乡民都懂得利用河涌的便利，引水灌塘养鱼、种植桑果林木、乘舟出入，这些是日常生活的形态，这也是顺德县不少地区常见的人文地理特征。

在伦教，郑氏是其中一个主要的姓氏。[6] 郑姓族人什么时候移居到顺德伦教，这段历史已难以考据，但估计时间甚早。清咸丰《顺德县志》指"伦教开村最早，烟户亦最稠"，入清以后顺德伦教已是人口聚居较多的地区之一。较肯定的是，郑姓在伦教的人口不少，而且都追认彼此共同的先祖早已聚居于此，并以筑建宗祠、祖祠、家祠标记着族人聚居伦教的悠久历史。

根据郑裕彤的三弟郑裕培所编撰的《郑裕安堂》一书所载，郑氏族人在 1949 年以前在伦教建有多间分祠，估计有 20 间之多，各有独自的名称，相信是以不同先祖的子孙所兴建的祭祀中心，如平原祖、邵斋祖、和玉祖、爱周祖、湛源祖、昊天祠等。其中建于大松坊附近晒地旁的昊天祠，郑裕彤的家族视之为家祠。[7] 对以一个同姓的族群而言，郑家成员相信南湖祠才是郑氏族人的宗祠，以祭祀最早落户伦教的郑汉章为郑氏先祖。

在华南宗族文化较盛行的传统乡村，祠堂是宗族的活动中心，族中事务、喜庆活动如祭祀先祖、提供义学等活动都会在宗祠进行。郑族南湖祠也扮演着相类的角色，依《郑裕安堂》所记，郑敬诒曾经担任过南湖祠值理，负责管理祖尝[8]、每年分猪肉、记录族中男丁增减等任务。南湖祠也是族中举办喜庆活动的所在，郑敬诒迎娶媳妇入门时，曾在祠堂设宴；长媳妇周翠英（郑裕彤妻）和三媳妇林淑芳（郑裕培妻）仍记得，一天里数度燃放鞭炮，广邀郑氏族人一起庆祝。

南湖祠原址位于今天伦教解放路 52 号的伦教小学所在地，在民国时期或更远的年代，它既是郑族的活动中心，也是乡村私塾教育的场所。此祠堂早年建有南湖书室（私塾），1946 年才改建成南湖小学；到了 1956 年当时的教育部门将小学重建,只有6个教室的旧校改建为有12个教室的新校。这些变迁说明南湖祠原址上的私塾及后来的小学一直是伦教地区的教育中心。

孙杏维是原南湖小学的老师,1953年他从中山来到伦教时,见到周围长满了桑树,所谓"桑基鱼塘",这正是典型的顺德乡村景色。[9]从正门进入南湖小学,中间便是祠堂,侧旁有一间俗称"孖祠"的房屋,是附属于南湖祠的小祠堂,背后还有一间名"八世祠"的小祠堂,供奉着祖先的灵位;祠堂的房屋已打通用来做教室。当时南湖小学约有400名学生,主要是郑氏及其他姓氏的子弟,附近村落包括北海、荔村、霞石、熹涌的学生走路来就读五年级和六年级。

祖屋与家族

从宗族的共同活动说到南湖祠的教育功能,这些一鳞半爪的例子朦胧透射出传统华南社会特殊的社会文化氛围——当地乡民习惯以宗族姓氏建立彼此的身份认同,并在密切联系的环境下共同成长和生活。宗族血缘关系随着世代的繁衍,往往以分支、分派、分房来辨别血缘亲疏,但同时,乡民却喜欢以"同一个伯爷(祖宗)""祠堂关系""宗族兄弟"等说法来确认彼此的共同身份和联系。相对于宗族关系,分支和分房的血缘关系更显得实在,通过具体的乡村生活,例如聚居形态、人际的交往和日常生活等方面,来呈现家族关系的存在。

《郑裕安堂》可说是郑家的家谱,主要记载了郑裕彤一房人的历史,书中序言有一段文字,颇能反映郑家成员对宗族文化的认同:

> ……顺德伦教郑氏源出于郑州荥阳……此后辗转南移,经南雄而达福建莆田……复西迁广东分散各地。余祖入迁顺德伦教,建有汉章郑大夫祠,定居顺德。……回溯以往,祖上曾编具族谱,详

伦教镇私立南湖小学

照片摄于 1947 年 5 月,后排中间是南湖小学创校校长郑学余,其余是学校老师。当时南湖小学仍未有新校舍,沿用南湖祠堂内旧书塾"南湖书室"的教室。郑学余是伦教郑氏族人,曾在澳门和香港教书,战时随校到桂林培正培道中学(简称培联)任教,战后在广州兴华中学任教。1946 年,应同族乡人郑公泽的邀请,并得到当时的伦教镇镇长郑觉生的支持,回家乡兴办现代式小学。惜郑校长于是年暑假离世(图片由伦教小学提供)

> 记世代子孙之繁衍，蔚然成册，一目了然……存在敬封三伯父处，奈何时势转易，无复可寻……[10]

家谱虽然是近作，但序文追溯郑氏久远的源流，认同最早迁入伦教的祖先为共同的先祖；序文也提及家族成员郑敬封早有编撰和保存族谱的惯例，说明重视家族血缘的观念一直存在于家族成员的意识里，甚至也呈现在祖屋的居住形态和日常生活中。

郑族宗祠南湖祠与郑家祖屋所在的"大松坊"之间距离，步行约需20分钟。昔日的大松坊只有房屋数间，郑裕彤一家的祖屋便位处其中，紧靠郑家祖屋居住的是源自同一个先祖的郑氏族人，所谓"同一个太公"。这分支的祖屋由并排的两间青砖瓦顶的房屋组成，屋的山墙呈马蹄形，郑家后人又称祖屋为"镬耳屋"。祖屋两侧还有两座尖瓦顶砖屋，是后来扩展的部分，两间"镬耳屋"面南前方有一口鱼塘。两间祖屋布局相同，从前门进入各有一个天井，几房人共用一个水井，屋内是一个正方形的厅，厅两侧各有一房间。两间屋内住了几房郑氏兄弟，祖屋之间有内部通道，方便几房人的日常走动，从血缘以至居住环境，几房人之间有着紧密的亲族关系。

住在大松坊祖屋的这几房郑氏族人，可追溯至同一位先祖。根据《郑裕安堂》一书所记，大松坊这分支的先祖可追溯至被尊称为丛庆老爷的永彰公，至第二十世有四兄弟：世彦、世钊、世亮、世齐；长子世彦早殁，三子世亮没有子嗣。因此，大松坊的祖屋便住了次子世钊和四子世齐的子孙后代。世钊生有四个儿子，依次序是敬立、敬命、敬封及敬谕；长子敬立早殁，敬命、敬封及敬谕均有后代子孙；世齐只有一个儿子敬诒，敬诒生有五子，即郑裕彤及他的四个弟弟（详见表1-1，见第20页）。虽然以世代而论，世齐比敬命、敬封、敬谕等长一辈，但世齐与这几位侄儿是年纪相若的；相应地，虽然敬诒和敬命同属第二十一世，是堂兄弟关系，但自世齐身故后，敬命照顾敬诒犹如父子。据健在的子孙忆述，曾经在祖屋居住过的，有第二十一世至第二十三世共三代人，至于第二十世那四位兄弟是否曾在祖屋住过,则不得而知了。

对祖屋的忆述,健在的郑家后人以第二十一世为起点,讲及三代人的诸多生活杂事。大松坊住了敬命、敬封、敬谕和敬治四房后人,这四房人之中,只有敬封、敬谕和敬治是住在祖屋内。郑家后人即使到了今天也鲜有以"分支"或"分房"的用语来描述各户的组成。相反,大家的概念是,永彰公四个儿子的子裔都共住一处,各人以叔伯兄弟等用语互相称呼,可见这几房郑姓族人是以大松坊祖屋和同一太公(永彰公)为认同基础,形成一个亲族群体。对这个亲族群体而言,许多事情如拜太公、祖坟扫墓、共用水井等,都在"同一家族"的观念下视为众人之事。

但从生活方式来看,同一家族之中仍保持着各自的家庭生活。第二十一世有四个堂兄弟,世齐只有敬治一个儿子,住在图(见第21页)中左边的祖屋;世钊有三个儿子,右边祖屋内住着敬封和敬谕的子孙,敬命和他的妻子、女儿住在再右边的别姓房屋。从吃饭的安排来看,这两间祖屋里早已分开厨灶,敬治的媳妇周翠英和林淑芳,只为自己的翁姑和小叔(丈夫的弟弟)做饭,虽然敬封和敬谕住在同一间祖屋内,但他们的媳妇也是各自为翁姑、小叔和孩子做饭。大松坊这三间房屋其实住了四个家庭,以房屋的排列看,由左至右是敬治一家、敬封一家、敬谕一家和敬命一家。

表1-1：大松坊郑氏家族世系图

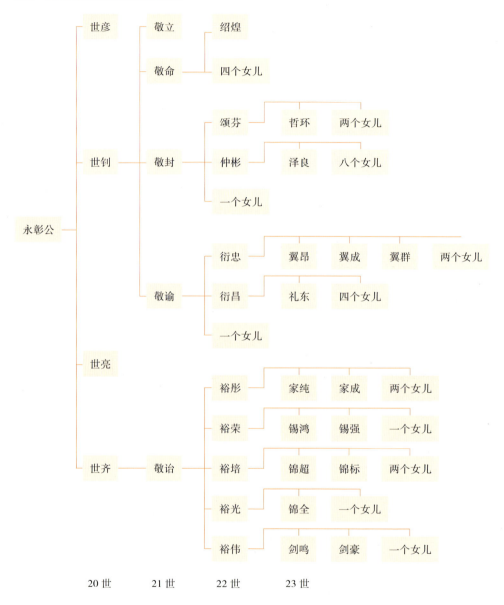

- 以上世系图资料来源：据《郑裕安堂：缔造与繁衍》的记述，祖先曾编具族谱，有世代子孙的记录，可惜已经散失。此图家族树将《郑裕安堂》书内的家族树加以延展，将第23世孙的资料纳入树中。
- 作者未能集齐各房分支的女儿名字，故统一省略。

第一章　家乡伦教　　021

顺德伦教大松坊郑家祖屋

后排一列有四间房屋，是郑家几房人昔日一起生活的地方。最左边两层高的尖顶屋，是周至元买下作为周翠英的妆奁；中间两对"镬耳"是郑家祖屋的屋顶装饰，左边一对镬耳下是郑敬诒一家居住的房屋，右边一对镬耳下是敬封和敬谕两家共住的房屋；右边的尖顶屋本是别姓的，敬命一家曾居于此处。前排池塘边一列房屋是因为人口增多，各房扩建的部分。前后两排房屋之间保留通道，方便各房之间往来走动。照片摄于1976年（图片由郑锦标提供）

外篇故事

长媳妇周翠英、二媳妇、三媳妇及四媳妇都曾在大松坊生活过,尽儿媳的孝义。左起:五弟、五媳妇、四媳妇、三弟、三媳妇林淑芳、二媳妇、周翠英、郑裕彤。

林淑芳 媳妇眼中的祖屋生活

林淑芳,是郑裕彤三弟郑裕培的太太,郑裕培被尊称为三叔,林淑芳就是三婶。三婶祖籍顺德霞石,她在霞石出生,襁褓时随父亲到香港生活,在香港、澳门、广州读过书。三婶在广州荔湾读书时,三叔正奉父亲郑敬诒之命,在广州打理三益纱绸庄。两人于1950年结婚。三婶以城市人的角度,忆述在大松坊祖屋的生活。

我从未在乡下生活过。我爸爸15岁到城市打工,他一向是在香港做事的。我在乡下出世,但我细细个(年纪很小)已经去香港了;我爸爸是做花纱布匹的,当时家中的经济环境尚算不错。后来日本仔打香港,我们就去了澳门,我在澳门继续读书。和平之后,爸爸带着我们全家人去了广州,我在广州荔湾继续读书。当时三叔(丈夫郑裕培)亦在广州做事,因为我舅母有几个好朋友也是伦教人,所以认识到三叔。舅母说有个男仔好好,不如见下啦。其实我还在求学阶段,未毕业。

我在广州生活,是城市人,衣着比较时髦;那时的三叔穿一套唐装衫裤,来我们家拜访;三叔是读卜卜斋(私塾)的,我一向在香港、广州这些城市长大,我不是在乡下长大的姑娘嘛,怎会喜欢这个老实人。大家相处半年左右,我奶奶(家姑)从伦教来到广州,她听中间人赞我是好女孩,所以想见见面,于是我们相约在广州酒家喝茶。双方父母见过后,大家都赞成这门亲事。奶奶说:"结婚后,你要在乡下住,不可以随老公在广州的。"我心想:"惨啦,在乡下住?我从未住过乡下的啊!"不知怎样的,我居然答应了。

婚礼是在伦教祠堂举行(1950年),乘大红花轿,戴凤冠霞帔,前面挂着装饰遮掩新娘面容那种,有人吹唢呐,你看电影都见过的,就是那种情景;还有三书六礼,我奶奶是老辈人,所以我们都依她指定的规矩,嫁妆方面她却没有规定,由我们随心意而行,最重要的一环是初归媳妇要随老爷奶奶(家翁家姑)在乡下一起生活。

入门后我开始在祖屋居住。房屋已经很旧了,下雨时屋顶渗水,食水是用井水的,没有自来水;真个是"无水无电",那时乡间没有电力供应,当然没有冰柜,家里有一个纱柜，柜门装了一层纱网，用来放置"隔夜餸"（吃剩的饭菜）的，第二天，即使饭菜变坏了，"酸酸宿宿"的（味道变了），我们都一样吃，是非常节俭的生活。

为人媳妇，半夜已经要起床抹地，做家务。最辛苦是抹地，以前的人把口水痰随意吐在地上，然后用鞋底抹开，负责洗地的要用铁铲用力将干硬了的痰渍铲起，即使怀了孕仍然要挺着大肚子蹲在地上抹地；还要负责洗濯几个小叔的衣服，乡下人喜欢用夹布做衣服，厚厚的，又重又硬，洗搓起来很是费力。

祖屋没有厕所，大小便用"痰罐"（小便桶）解决，每个房间都有一个痰罐。祖屋旁有一条涌（小河），媳妇要把痰罐拿到涌边清洗，再放回屋里。洗衣服、洗痰罐，全都到涌边做。食水是用水井的水，用一条竹竿，在竹竿上装一个"鼻"（扣和绳）扣着一个水桶，你要斜斜地把竹竿插进井里，再把竹竿拉上来。

乡下生活很简朴，一日两餐，只吃午餐和晚餐。顺德周围都有河涌，所以经常吃鱼，例如酿鲮鱼，将鱼骨起出来，鱼肉做成鱼胶，再酿回入鱼身，煎香后加一个芡汁；又做蚝豉松，将蚝豉、马蹄、荷兰豆、腊肉切粒，炒成一味菜；新年时煮发菜炆蚝豉加少少烧肉；煎鱼头，蒸鱼嘴，做粉皮炆鱼头煲，还有很多很多。我记得大少（郑裕彤）最喜欢吃"老少平安"（豆腐和鱼肉蒸成的一味菜）。

我奶奶负责买菜，我们做媳妇的负责烧菜；奶奶擅长烹饪，懂得做各式各样的食物，例如新年时炸煎堆，蒸萝卜糕，我还学会用石磨舂米做面粉。奶奶为人很严格，若你没依据她的方法烹调，她会很严厉地责备你；幸好我对烹饪很有兴趣，亦顺从她的说话，所以我是奶奶的好徒弟。

乡下祖屋有鬼，很恐怖的。我睡的床挂了蚊帐，隔着蚊帐见到外边有人影，只见到上半身，看不见下半身的。有一次我问老爷："这屋里好像有不清洁的东西。"他说："你傻啦，没这回事！"他当然会这样说。我在乡下生了三个孩子，每次坐月子都见到这个人影。惊也没办法，你能躲到哪里去？我是吓大的，现在什么都不害怕了。

乡下人没有电视娱乐，喜欢围坐一起闲话家常，奶奶跟隔壁衍忠、颂芬、仲彬的老婆很熟络，平日这班婶母凑在一起最爱批评媳妇，我是新人，自然是焦点，可是我们做媳妇的听到不公的批评只能哑忍。

家里还有亚太，亚太是奶奶的奶奶，即是我丈夫的祖母。亚太下巴兜兜的，很有福相，当时已经老得下排的牙齿全都没有了，不过她的人品非常好，从来没有骂过人。听亚太说，老爷（敬诒）年幼时，她老公（世齐）死了，把老爷托付给大伯敬命，她帮大伯家煮饭，又织纱绸卖布为生。

奶奶和老爷离开乡下后，亚太年纪太大，走不动了，剩下我和三个孩子一起在乡下照顾她，直到她百年归老（1961年）我才申请落香港。亚太死后100天，奶奶专程从香港返乡下为她安灵位，叫作守"一百日"。其实奶奶可以在香港安灵位的，但她坚持为了纪念亚太而这样做。

乡村经济与郑家的生计

广东蚕丝业自 19 世纪下半叶起已十分发达，其兴衰起跌对广东地区的出口贸易和乡镇的地方经济有重大影响。珠江三角洲是盛产蚕丝之地，当中又以顺德、南海、中山等地为主要产区。晚清的顺德县以养蚕缫丝著名，境内拥有水网绵密的自然环境，农民利用土地种植桑树和果树，并养殖鱼类，形成独特的"桑基鱼塘"经济生态。鱼塘里的塘泥是培植桑树的上佳肥料，桑叶用来养蚕，从蚕茧抽出的生丝可织成绸缎，缫丝后的茧壳放入鱼塘中使塘泥更肥沃，令循环系统生生不息。

工人从蚕茧抽取蚕丝再制成一捆捆的生丝，这步骤称为"缫丝"，缫丝生产的成品叫作"生丝"[11]；在传统的农村，以手作方式缫丝，后来改用木机，到了晚清更引入电动机器产丝；手作的生丝称为"土丝"，机缫的生丝称为"厂丝"，品质较土丝幼细软滑。优质的生丝大多被挑选作外销货，在美国及欧洲市场出售；部分蚕丝由于色泽和品质不符合外销市场，故多作内销，也有销往上海、香港、澳门、东南亚等省外市场的。顺德县出产的纱绸非常著名，种类繁多，香云纱、点梅纱、纺绸、绉纱、茧绸、水结布等都是广东土丝的特产，出产地以伦教、羊额、北海、黄连、勒流及逢简等地为主。[12]

踏入民国以后，蚕丝业仍然是顺德县的主要经济来源，第一次世界大战爆发后（1914 年），欧洲国家对中国的生丝和绸缎需求殷切，促使广东蚕丝业有更大发展。1920 年代是广东蚕丝业发展的高峰时期，全县桑地面积多达 66 万余亩。[13] 此时的纱绸业也同步发展，纱绸是轻工业，当中所需的工序十分仔细。一匹纱绸从原料采集到制成布匹，由种桑养蚕到缫丝、织丝、织造、漂染及晒莨等，各步骤分别构成不同的手工作业。

在纱绸业的全盛时期，顺德县的农村经济与蚕丝业密不可分：农户修筑基塘，养鱼种桑；桑叶卖给养蚕户；缫丝作坊和缫丝厂出产生丝，经丝市内销或经广州的出口公司出口至海外；规模大小不一的织造厂将生丝织成纱绸坯布；坯布经以薯莨做的染料染色，乡间旷地被改装成晒场，染上薯莨的坯布铺在晒场上经阳光照射后，变成受欢迎的香云纱或黑胶绸。小规模的作业以家庭作坊操作为主，稍大规模者添置机器和雇用工人以提升产量，至于更大规模的，以电动机器和工厂形式经营。

顺德县是广东省蚕丝业最重要的产区，兴旺时期出现地区性分工。1911年一项顺德县缫丝厂记录显示，142家工厂中有100家可稽核资料，分布多在乐从、大良、龙江、勒流、容奇等地；出口的优质生丝，以龙江竹丝、黄连丝、杏坛丝、葛岸丝、桂洲丝、容奇丝最著名；伦教只有2间缫丝厂，显然并非出产生丝的主要地区。1920年代全盛期，广东省丝织厂曾达299间，主要集中在顺德县，以大良、龙江、容奇、桂洲等地；虽然伦教没有多少具规模的丝织厂，但全镇有380家家庭作坊织造纱绸。至于属纱绸业下游的晒莨工场，全县多达500家，较集中在陈村，其余分布在县内各乡；品质上佳的香云纱和黑胶绸以伦教、黄连、勒流等乡镇为主要产地生产。纱绸业的兴旺，衍生了纱绸庄、晒莨工场、桑市、蚕市、丝市等从事采购、加工及运销买卖等相关产业。桑市、蚕市和丝市多集中于容奇和桂洲两地，市况兴旺时，当地每日有丝艇前往广州。[14] 广东蚕丝业自1930年代起逐步衰落，这将在后面阐述。

对于伦教乡民而言，上述的农村经济景貌仍然深深烙印在他们的记忆里。1920年代国民政府于伦教兴建养蚕实验场，伦教居民称为"蚕蛹场"，与伦教小学相距很近，约十分钟步程；伦教小学的孙杏维老师记得1950年初到伦教时发觉周围种满桑树，鱼塘处处；伦教的老居民仍记得伦教的蚕市、丝市位于今日中源路一带，这里是伦教旧墟市所在；三益纱绸店所在的迎金街，是中源路其中一处；环回的中源路有市集和各式商店，昔日中间是一条环回的河涌，涌旁售卖食物和日用品；大型晒莨工场较集中在伦教大涌旁，即中华人民共和国成立后称为新民大队的地方；无数的家庭式纱绸织造作坊散布于民居巷里之中，绝大多数伦教妇女都懂织造技术；闻名遐迩的伦教香云纱是当地人引以为自豪的产品。[15]

郑裕彤的父亲郑敬诒于清朝光绪二十五年（1899）出生，在大松坊的祖屋与叔伯和堂兄弟一起居住。郑敬诒的父亲郑世齐（即郑裕彤祖父）是一名银器工匠，在佛山镇打工赚钱养家，郑敬诒出生后不久他因病离世，家庭顿失经济支柱，甚至殓葬费也需要妻子吴兰女（即郑敬诒母亲、郑裕彤祖母）借钱筹措。为养活襁褓中的孩儿，吴兰女只好到丈夫的堂侄郑敬命的家中做佣工，工余时替人家织纱绸坯布帮补生计。约于1908年，年幼的郑敬诒随堂兄郑敬命到广州，由郑敬命带着读书和工作，至1920年代中回乡娶妻。这段从乡下到佛山和广州谋生的家庭历史，不单反映郑敬诒一家的经历，也反映广州、佛山是吸纳乡镇（包括伦教镇）剩余劳动力的重要经济中心，在19世纪下半叶郑世齐的时代如是，在民国郑敬诒的时代亦如是。

事实上，在大松坊的郑氏各房都有外出谋生的经验。郑家家谱和口述历史记录了部分子弟的流动足迹，除郑世齐外，郑世钊几个儿子和孙儿都曾去过广州和澳门。二子郑敬命在广州经商，据家谱记录曾受聘为广州市自来水厂董事，生意失败后回乡。四子郑敬谕及衍忠两父子亦曾在广州经营染坊，抗日战争爆发后海珠桥被毁，敬谕受惊吓染了重病，回乡不久即病逝，敬谕子衍忠被迫放弃广州的染坊，留在大松坊开设小型纱绸织造厂。[16] 三子郑敬封是文人，日常喜欢舞文弄墨，曾被委任乡公所的职位，唯没有固定收入，他的儿子颂芬自小以粗活勉强维持生计，年纪稍长时被安排到广州的金铺做后生。[17] 由此可见，郑家几房人的先辈，没有家传祖业让后代继承，子孙们各自寻求出路，伦教乡下亦没有充裕的谋生机会，于是大松坊的郑家男儿会选择到佛山或广州去闯荡。

约于1924年，郑敬诒从广州回乡结婚，时年约25岁[18]，娶顺德羊额乡何巧平（又名何义）为妻，婚后育有长子裕彤、次子裕荣、三子裕培、四子裕光、五子裕伟，另有六子未满周岁却不幸夭折。郑敬诒年幼随堂兄敬命到广州谋生，不过关于他在广州的际遇和工作，后人所知不多。一些传闻填补了这段空白。一个传闻指郑敬诒在广州认识了周至元，因为两人在同一家丝绸店打工而结下情谊，两人也是同期结婚生子，因而有"指腹

郑裕彤家族四代同堂

四代人摄于大松坊祖屋巷里,是时 1956 年。中排左起:郑裕彤母亲、祖母、父亲(郑敬诒),母亲膝前是四弟裕光的儿子,父亲膝前是三弟裕培的儿子。后排左起:妻子周翠英、四弟妇、三弟妇、三弟裕培。前排左起四个小孩是郑裕彤四个儿女,最右的小孩是裕培的女儿

为婚"的佳话;另一传闻指郑敬诒在纱绸庄工作,周至元则在金铺打工,因两店相近而结识,两人甚为投契,更一起买"白鸽票",结果洪福齐天,彩票中奖,两人以彩金开拓各自的事业;周至元随后在广州创办周大福金铺,郑敬诒则回乡结婚。[19]

指腹为婚及郑、周两人结谊之说,郑裕彤一家以至大松坊各房均接受传闻,使之成为家族记忆的一部分。至于中彩票致富之说则没有实质证据,周家后人对周至元创办周大福的资金来源,另有说法。而郑家家谱亦记述郑敬诒是失业后从广州返乡,为"乡中闲人"。家谱记载郑敬诒曾经是个小商人,经营过猪肉店、米铺、茶楼、娱乐公司、当铺、纱绸店等多门生意。家谱更指郑敬诒"不断开展业务,伦教乡亲,无有不识知者"。[20] 较明确的记录显示郑敬诒于战前已在经营纱绸庄。据1946年伦教镇商会的会员名录所载,郑敬诒是伦教纱绸晒茛业同业公会的监事长,也是伦教镇商会理事之一,年届47岁,经营一家"三益"铺号买卖纱绸,店铺位于伦教迎金街一号。[21] 这家店,据家谱所载,原名"三才纱绸店",由郑敬诒与乡人周吉堂合营。其后(估计是抗日战争后1945至1946年间)由于卢家明、曾国雄、梁景禧等乡人加入成为股东,故易名为"三益纱绸庄"。[22]

关于郑敬诒于抗日战争前后经营纱绸店一事,还有一些乡人回忆可作补充。何伯陶是顺德羊额人,1929年出生,祖父经营织布厂,祖母的家族经营匹头店。羊额乡民有桑户、蚕户从事种桑养蚕的工作,也有家庭作坊从事缫丝,把购入的蚕茧织成一捆捆生丝出售。何家在祖屋旁边搭建工作坊,装置多部木造织机,从墟市买入生丝织布。[23] 日本侵华前,何伯陶的叔父接手经营祖传的丝织作坊,母亲和受雇的女工操作织机生产纱绸坯布;坯布交给邻近的晒茛场,由晒场的工人煮薯茛、染布和晒成黑胶绸。由于伦教镇商业较羊额发达,设有蚕市和丝市,也有如三益纱绸庄的商店专门买卖布匹,故何家会把染晒后的纱绸送到伦教墟市发售。据何伯陶忆述,何家织好的纱绸布也有交付三益店寄售。三益店收买来自邻近村落的纱绸布匹,转卖给从各乡前来收购的买手。店铺地方虽小,但收集了不同款式的布匹货品出售。[24] 而且，三益店内设烟格，吸引老板们聚集一起吸食鸦片；三益店不单是一家纱绸店，还是商贩、同乡和亲友聚脚联谊的场所。

另一则补充来自郑志令的忆述。郑志令是伦教郑族人，1933年出生，与郑裕彤家族是"祠堂关系"，同属南湖祠堂。郑志令年幼时在乡下长大，与郑裕伟（郑裕彤的五弟）一同上私塾读书。和平后郑志令到广州升读中学，1949年来香港投身金饰业。郑志令的父祖辈在伦教镇经营杂货店，家族在乡下既修筑鱼塘养鱼，也有织造纱绸、晒莨的工场。据郑志令忆述，郑敬诒在广州亦设有三益纱绸店，郑志令家织好的绸布会卖给位于广州第十甫的三益店。郑志令在广州读书时，会间中到三益店代表家族领取卖布的货款。[25] 郑家家谱也提及抗日战争后，郑敬诒曾偕同郑裕培（郑裕彤的三弟）到广州做生意，相信是办理广州三益店的业务；另据郑裕培妻子忆述，郑裕培从广州返回伦教后，帮助父亲打理晒莨工场；工场隶属于三益纱绸庄，曾聘请近百名工人，从事漂染、晒莨和绸布的工作，晒好的绸布在三益店出售。[26]

综合上述来自地方志、家谱和口述记忆的资料，我们可以拼凑出郑敬诒所处时代的乡村经济的模样，以及他本人在1930年代至1940年代的经历。顺德县的农村经济活动与纱绸生产各个工序紧密相连；伦教及毗邻各乡都有种桑养蚕的农户，不少乡民都以织造纱绸、晒染、批发和买卖纱绸布匹为生。至于郑敬诒的经历，抗日战争爆发前，他早已回乡发展，而且应该薄有资产，就如家谱所言，他在乡间做过一些小生意，然后开办三益纱绸店，也曾经营过晒莨的工场。三益店是伦教镇商业中心其中一个纱绸集散处，也是联系商谊的地方，和平后郑家的三益店尝试把业务拓展至广州。1940年代中后期的郑敬诒，在伦教不单是个经营纱绸店及晒莨业的商人，更于1946年及1948年两度出任伦教商会的理事和监事，我们或许可以用"活跃于地方商会事务的绅商"来形容这个时期的郑敬诒。

外篇故事

郑哲环
顺德男孩的成长经历

郑哲环（1938—2019）于顺德伦教出生。郑哲环的祖父是郑敬封，父亲是郑颂芬，即大松坊分支其中一房，住在祖屋其中一个房间。郑哲环在乡下读书、长大，10岁被带到澳门，12岁到香港，1951年加入周大福，一直工作至退休。郑哲环从一个男孩子的角度，忆述大松坊的生活环境、郑家男孩的教育及事业路向，让我们借此想象郑裕彤这位郑氏男孩的成长之路。

我亚爷（祖父）郑敬封在乡公所做主持公道之类的工作，伦教乡民遇到纠纷会去乡公所解决，请我亚爷去主持公道。可以这样说，他没有正式工作过，还有个陋习就是吸鸦片烟。我老豆（爸爸）小小年纪就要做工，应该读过两三年卜卜斋，七八岁就要做卖粥、帮人洗碗之类的杂事。后来同村有个叔公，叫郑公泽，我们分属不同太公，不过住得近，早晚经常碰面，大家关系很密切。他说广州有间金铺是另一个叔公开的，叫我老豆去做后生，他于是跟了郑公泽去广州金铺打工，后来不知谁人介绍他去澳门天生金铺，天生的老板周炎，跟我们姓郑的也有一些亲戚关系。

我家里有亚爷（郑敬封）、亚太（亚爷的母亲）、妈妈和叔父仲彬一家。我10岁时去澳门跟爸爸生活之前，一直在伦教居住。

幼时我们有一班男孩一起嬉戏的，郑礼东和郑翼群，他们年纪较小，没有他们的份。我们这班玩伴年纪较大的，有郑裕伟；有一个叫郑本仁，他在周大福做过经理，不过我们不属于同一个太公；另外还有郑翼昂、郑翼成，他们都在周大福的石房做过工；郑家纯都有一起玩耍，他和郑翼成经常扮演武侠，两个整日"fight"。[27]（详见表1-1，见第20页）

每日下午，我们便召开"武林大会"，祖屋那边有一个很大的晒地，是用来晒纱绸的，我们这班人有约十个男孩子，吃过午饭后，便在晒地"舞刀弄剑"，我们用桑枝、竹枝当作刀刀剑剑，"打"得很痛快的啊。祖屋旁边有一条涌，可以行船的顺德人叫作"河"，水面不太宽、不能行船的叫"涌"。吃过饭后，一班男孩子凑在一起，"砰"的一声人人都跳到涌里游泳，游完爬上来，便到晒地"打架"，开武林大会。

那时候我们这班小孩的生活是

很快乐的。

日本仔时期我们都有上学，祠堂里有一个老师名叫郑寿朋，郑寿朋是晚清秀才，据我所知，我爸爸、老板（郑裕彤）几兄弟都是由郑寿朋做启蒙老师的。启蒙学校在南湖祠上课，读四书五经、孔孟之道，小孩时当然读过《三字经》《千字文》，第一天上课念"天地玄黄""秋收冬藏"这些。我们通常在启蒙老师那里读书三年，然后随个人的意向有不同选择。

据我所知，老板也去了郑碧文老师的私塾上课。郑碧文是一位非常有名望的老师，没有功名，因为那时候已经没有科举了，但他在伦教非常有名望，我上课时郑碧文的私塾是设在他自己家里，老板上课的时候在什么地方，我就不得而知了。郑碧文老师的家很大，也在伦教，离大松坊有点远。

南湖祠比较就近大松坊，我读书的时候曾经有超过100个学生，除了姓郑的子弟，也有来自各乡的子弟，各家各姓都有，100个学生坐在祠堂的大厅里，场面都几"墟冚"（气氛热闹）。郑寿朋一个人教不了那么多学生，便请了一位叫何祝三的老师，还安排自己的子女帮忙做助教。老板读书时没有那么多人，就只有郑寿朋一位老师。我们除了读四书五经，还有学习打算盘和写信这些实用的东西。

和平后，我爸爸找人带我去澳门。当时叫作"巡城马"的，是专门帮人带货、带钱，往返乡间和外边有乡亲生活的地方，又叫作"水客"。带我由伦教到澳门的水客叫郑彪，他是同姓兄弟，我叫他叔公，我们属于不同的祠堂，他是属于大太公、大祠堂的。

当时已经有公路车，郑彪先带我去位于沙头的顺德糖厂，因为糖厂那边有个大码头，我们要坐船过海往容奇那边。伦教和容奇之间有一条很阔的河，我们叫作"海"，这边岸望不到对面岸的叫"海",小孩子觉得海是很厉害的。到达容奇后,我们在客栈住了一晚,第二天才搭电船从容奇到中山石岐,是坐船时有噗噗声那种电船。听郑彪讲,未有电船之前,他是走路到中山的,那时(1938年)老板是走路还是坐船到中山,我就不知道了。到了石岐,上岸后要走路到一个车站,叫岐关车站。我们在车站搭公路车,车后面有一个大热箱那种,烧柴的,一路噗噗声不绝,走一段路要停一停,加柴加水,才可以继续走。

当时我10岁左右,第一次出门,觉得路上的事物非常新奇。公路车到达前山,前面就是拱北了,我们在前山下车,走路过拱北关,拱北代表交界,所谓关卡只是一个闸门,大人要拿证件,小孩跟着大人便可。我跟着郑彪过关无需证件。

在澳门,我跟爸爸晚上在天生金铺住宿,日间去卜卜斋读书,读了两年,他希望我将来可以去香港或者入金铺做事。那时二叔(郑裕彤的二弟郑裕荣)在澳门周大福做柜面,他的儿子锡鸿在乡下出生,我随二叔回乡吃满月酒,大约1949年至1950年,吃过满月酒本来打算返澳门,但到拱北时发现没有证件,过不了关。

我在乡下待了半年,老板申请我落香港,安排我在佑昌金铺做后生,一年后我加入周大福由后生做起。

离开家乡和乡情联系

广东丝业曾是地方经济的重要支柱,但1929年世界经济陷入萧条,市场对中国丝的需求大减,加上中国丝出口面对人造丝和日本丝的竞争,自1930年代起广东蚕丝业面临前所未有的严峻挑战。生丝出口大幅下跌,1921年及1922年,广东省的生丝出口曾高达每年5万多担,但此后颠簸起落,1932年跌至2.4万多担[28],抗日战争全面爆发后情况更差,1939年出口只剩1.7万多担。顺德伦教是纱绸织造中心和集散地[29],但在丝业出口历年萎缩的情况下,整个行业的生产链也受到牵连,直接受累的是桑户、蚕户和缫丝厂,以生丝做原材料的纱绸业也受影响,抗日战争爆发前,广东纱绸业的景况可谓如履薄冰。雪上加霜的是,1937年抗日战争全面爆发后,翌年(1938年)日军于10月21日攻陷广州,兵祸延至广东,省内乡镇早晚也难幸免战祸。顺德县及各乡镇的纱绸业此时仍未度过衰退期,全民抗战却迫在眉睫,市面弥漫着一片恐慌之相,在乡里营役谋生的乡人想必心里也惶恐不安。

此时的郑敬诒虽然在乡下伦教经营纱绸生意,但在经济不景气及战火阴霾交煎的局面下,郑敬诒对前景应该也忧心忡忡。据郑家家谱所载,广州沦陷于日军之手后不久,郑敬诒收到好友周至元来函,信中提议郑敬诒让其中一个儿子到周至元在澳门的金铺工作。或许是希望儿子在其他行业找到新的机会,或出于对纱绸业的前景不乐观,或担忧硝烟阴霾延至伦教,郑敬诒立即接受周至元的建议。长子郑裕彤于是顺着父亲的安排,由乡人郑彪带领,徒步走到中山石岐,当年,由伦教到中山一段路要走两天,再改乘自行车到澳门。[30]

当时的郑裕彤只有13岁,仅仅接受了私塾的启蒙教育便要离乡谋生。离乡在即,踏出家门回望祖屋时,郑裕彤是怀着怎样的心情呢?

我们可以想象:郑家两座"镬耳"祖屋和两边扩建的砖屋连成一体,静静地躺在鱼塘边,空气中透着乡土和湿润的气味;年幼的郑裕彤走过家

1930 年代顺德附近水道

围绕伦教的水道有顺德水道、伦教大涌和羊大河。据伦教老居民忆述,伦教人会把宽阔的水道称为"海",伦教人要到对岸的北滘,必须乘大船横渡顺德水道。"河"比"海"狭小,但亦要以小艇渡河;涌是比河更狭小的水流。昔日伦教的巷里之间便穿梭着大大小小的涌流,有些较宽阔的涌以木桥相连两岸。昔日在伦教大涌边,有不少制作黑胶绸的晒莨工场(图片由高添强提供)

乡熟悉的泥路,别过沿路两旁由鱼塘桑树构成的家乡风景,迈向无法预知的未来。但郑家的根源仍在伦教。郑裕彤的父母兄弟继续留在乡下,日后他成家立室,要回乡成亲,妻子周翠英也要从澳门到伦教与翁姑在大松坊祖屋一起生活。伦教祖屋就是有形的家,也是家的根源。但年幼的郑裕彤应预想不到,澳门之旅为他开拓了新的机遇,往后的时局也让他走得更远,家乡的景象渐渐模糊了。

郑族男儿到外地谋求经济出路,供养留在乡中的家庭,是顺德甚至广东乡镇常见的家庭经济安排方式。这种外闯文化同地缘和血缘因素有密切的关系。由于地理相近,加上水路可通,昔日的"三乡"或"南番顺",即南海、番禺和顺德三县的联系紧密,这三县覆盖的地方就是今天的佛山地区和广州市,城乡人口流动是常见的地区发展情况,因此伦教子弟去繁盛的广州和佛山,是可理解的;南番顺也是珠江三角洲的心脏地带,循水路的话可通往中山、澳门。

郑家子弟离乡外闯,主要凭这幅地图寻找机会。郑敬诒的父亲,郑氏宗族第二十世的世齐曾到佛山做银器;第二十一世的敬命、敬谕和敬诒都到过广州;第二十二世的颂芬、衍忠、衍昌、裕彤、裕荣、裕培分别到过广州和澳门。外闯亦凭家族血缘的联系,通过家族长辈、宗族兄弟的提携,乡里的介绍,才能找到可以落脚的地方。

纵使出外工作是郑家子弟的常态,但受宗族观念、家族血缘的羁绊,这些在外工作的男儿,仍然视伦教大松坊的祖屋为真正的家,娶妻后都把妻子留在祖屋,即使夫妻分隔两地,仍无减郑族男儿对家、家族和家乡的浓情,每年在家中有重要喜庆如长辈生日、兄弟娶亲、孩子满月,定必回家省亲。在这种文化传统下,离开家乡只是经济上的权宜之计,族人对家的意识仍然紧紧地联系着远方的家乡。在日本侵华时期,颂芬、衍昌、裕彤和裕荣正在澳门的金铺打工;1945 年和平后,颂芬仍留在澳门,衍昌、裕彤和裕荣陆续到香港发展事业,年纪较轻的第二十二和二十三世子弟亦陆续从伦教移居香港谋生。即使郑家的男儿在外工作,家乡的祖屋内仍保有他们名义的房间，由他们的妻子和儿女居住。

郑家真正离开家乡是1949年后。全国各地实行社会主义公有化，运动中郑敬诒被划为"公堂地主"，被指控"确实于1946年至1949年曾经担任晒莨公会监事长"，曾多次被"斗争"，吃过苦头。1958年郑敬诒获准离开家乡，这时，他的五个儿子已经全部在香港周大福工作，他和妻子一起被接到香港与儿子团聚，乡间只留下年老的母亲吴兰女，交郑裕培太太照料。1961年，吴兰女离世，郑裕培太太和三个儿女才到香港与丈夫团聚。1961年至1976年间，郑裕彤一家再没有踏足过大松坊祖屋。

不过，尽管郑家与家乡的联系因政治局势而中断，但家族血缘的联系仍发挥作用。1950年以后，郑裕彤曾于北角置业安顿家人，往后陆续来港的父母、兄弟和族人家属都曾住在同一屋檐下，除了和父母亲、妻子和子女一起住，还有郑裕彤妈妈的妹妹（三姨婆）、妻子周翠英的三妹周建姿、四弟裕光和他的妻儿、五弟裕伟等都曾在郑裕彤位于北角的居所寄住。至于不少堂兄弟子侄来到香港以后，也会被安排到周大福金铺打工。家族和血缘的联系虽然没有了祖屋做中心焦点，但仍然通过其他方式出现在郑裕彤和他的家族成员的生活里。

郑裕彤的足迹

郑裕彤的身世诉说了一个家族挣扎上游的故事。郑家的先祖植根于顺德伦教，几房人共住在同一祖屋下；伦教这个水乡从晚清到民国都依靠桑基鱼塘和纱绸业来养活乡民。不过郑家先辈并非富裕之家，郑裕彤的先辈及郑家子弟出于各种理由都要外出谋生，游走于伦教、佛山、广州、澳门等地谋求出路。这个家族的命运最终发生了巨大的改变，一则因战乱和时局变迁，加速了郑家子弟移居他处谋生的步伐，二则也源于郑裕彤到澳门打工并在香港开创一番事业，使得家族成员陆续迁到香港定居。然而，无论郑裕彤、他的兄弟抑或祖屋其他子弟，一直顾念顺德伦教为家。

注释

[1] 参考夏衍:《广州在轰炸中》(1995年),页413—417,原文刊于1938年6月8日《新华日报》。夏衍(1900—1995),中国著名剧作家,抗战时曾创办《救亡日报》,1954年至1965年任中华人民共和国文化部副部长。

[2] 抗日战争,一般以1931年9月18日发生的"九一八事变"算起,至日本天皇于1945年8月15日宣布终战投降为止,其间历时十四年。

[3] 参考《顺德县志(1853年)》(1993年),页48。

[4] 参考《顺德县志》(1996年),页1。

[5] 参考《顺德县志(1853年)》(1993年),页4。

[6] 据《顺德县续志(1929年)》显示的户籍资料,晚清时期伦教堡有174户,当中91户被编入郑姓户名之下,其余83户则编入梁姓。参考《顺德县续志(1929年)》(1993年),页1041。

[7] 郑裕培于2005年编撰《郑裕安堂:缔造与繁衍》一书,取材自父亲郑敬治、母亲及长辈乡邻的忆述,并加入他本人的所见所闻写而成,内容记载大松坊郑氏的宗族图表,郑裕彤五兄弟的家族图表,以及郑敬治的生平和一些时局状况。

[8] 祖尝是家族为筹集祭祀祖宗所需费用而留出的公产;在昔日农村社会,公产的形式多是田产、店铺或房屋。

[9] 参考王惠玲、莫健伟:《孙杏维口述历史访问》(2017年4月20日)。

[10] 参考郑裕培编撰:《郑裕安堂:缔造与繁衍》(2005年)。

[11] 所谓"缫丝",是将蚕茧放入热水中,使之膨胀松软后,将数粒茧的丝一起拉引出来连续缠绕于缫丝架的过程。生丝是丝线或织物生产用的原料,用于织造绸缎。

[12] 参考《顺德县续志(1929年)》(1993年),页950。

[13] 参考李振院:《广东丝业概况及其复兴对策》(1935年),页1—2。

[14] 参考《顺德县志》(1996年),页386—389、394—395、404;李振院:《广东丝业概况及其复兴对策》(1935年),页6—7;考活布士维:《南中国丝业调查报告书》(1925年);李泰初:《广东丝业贸易概况》(民国十九年),顺德档案馆馆藏,档号136-FZ.3-28,页27—51。

[15] 参考王惠玲：《伦教老居民访谈》（2017 年 8 月 25 日）。

[16] 参考王惠玲、莫健伟：《郑玉莺口述历史访谈》（2017 年 6 月 13 日）。

[17] 参考王惠玲、莫健伟：《郑哲环口述历史访谈》（2018 年 2 月 1 日）。

[18] 有关年份及郑敬诒的年岁，是作者依《郑裕安堂：缔造与繁衍》一书所载资料推算而成。

[19] 参考王惠玲、莫健伟：《何伯陶口述历史访谈》（2016 年 12 月 19 日）。

[20] 参考郑裕培编撰：《郑裕安堂：缔造与繁衍》（2005 年）。

[21] 根据档案资料所载，郑敬诒当时年届 45 岁；然而作者依《郑裕安堂：缔造与繁衍》一书所载，郑于 1899 年出生，1946 年应是 47 岁。参考顺德档案局馆藏，案卷级档号 1–1–0231。

[22] 参考郑裕培编撰：《郑裕安堂：缔造与繁衍》（2005 年）。

[23] 参考王惠玲、莫健伟：《何伯陶口述历史访谈》（2016 年 12 月 19 日）。

[24] 参考同上。

[25] 参考王惠玲、莫健伟：《郑志令口述历史访谈》（2018 年 10 月 29 日）。

[26] 据郑裕培太太（林淑芳）忆述。参考王惠玲：《周翠英、林淑芳口述历史访谈》（2018 年 3 月 27 日）。

[27] 除了郑本仁，这班一起嬉戏玩乐的男孩全是大松坊分支的成员，他们之间是堂兄弟、堂叔侄的关系。

[28] 1918 至 1939 各年生丝出口数目。参考李振院：《广东丝业概况及其复兴对策》（1935 年）；本室调查股：《粤省沦陷区丝业概况》（1941 年）。

[29] 战后伦教是全县丝织业最发达的地区，1946 年遍布于伦教街坊巷里的织坊共有 261 家，织造业从业者约 4,000 人，每日生产香云纱约 350 匹，是全县之冠。参考钟斐：《广东顺德纱绸织造业调查报告》（1946 年）。

[30] 参考周大福企业文化编制委员会编：《周大福与我——郑裕彤自述》（2011 年），页 248。

与金业结缘

〔第二章〕

初时，我在草堆街的大成金铺做后生，既要抹地，也要倒痰盂。

其实，做什么也没有所谓，来到澳门，

他们叫我做什么，我便做什么。

我工作十分拼搏，一天工作十多小时。

我在大成做了两三年后，调去了周大福。

由于周大福没有厨房，饭餸是在大成金铺弄的，

每天要两人用一枝"竹升"（即竹竿），把饭餸由大成担去大福。

我每天由大成担饭餸去周大福，

由草堆街走到新马路的周大福金铺，约需十分钟。

后来，年纪渐长，便可以坐柜尾，帮手做生意。

——节录自《周大福与我——郑裕彤自述》，2011 年 [1]

1938年，只有13岁的郑裕彤来到澳门大成金铺当后生，据他自述，工作两三年后就调到另一间金铺周大福，再过几年便在店面帮忙做生意。1943年，郑裕彤与周大福东主周至元的长女周翠英结婚，婚后妻子留在乡间照顾他的父母，自己则返回澳门继续工作。1945年抗日战争结束，郑裕彤受岳父所托，去打理香港周大福的业务。澳门是郑裕彤少年时的成长地，但关于这段经历我们所知甚少，上文征引的内容虽然填补了部分空白，但仍有两个问题值得深究。

　　首先是郑裕彤个人成长的经历——一个13岁的少年走到人生路不熟的澳门，生活要重新开始，由"后生"慢慢初尝"做生意"的滋味，谋生之道是要"拼搏""由低做起"，这样的生活持续了七八年，这段介乎1938年至1945年的居澳生活，于郑裕彤而言究竟增长了什么见识，累积了什么经验？

　　第二个问题，关于周大福的由来。郑裕彤到达澳门后投身的金铺，并非只有周大福一家，我们后来知道大成和周大福的关系密切，两间金铺都是老板周至元投资的，当时金业行内称这些有关联的金铺为"围内金铺"。追源溯始，我们发现周大福最初并非在澳门经营的，它的历史可追溯到1920年代的广州。据现时周大福集团的说法，周至元于1929年在广州创立周大福，至抗日战争全面爆发，1938年将金铺从广州扩展到澳门，翌年又于香港开设分行。[2]围绕着周大福金铺的起源、金铺于粤澳时期及抗日战争期间的发展轨迹，目前仍存在许多版本各异的说法，即使集团现今的官方版本也有可斟酌之处。

　　本章追溯周大福早年的历史及郑裕彤本人在澳门的经历，但故事的主角不限于郑裕彤，还有周大福的创始人周至元及他的金铺。我们把焦点放到1920年至1940年代，先追寻周大福创始及后来的发展轨迹，并尝试勾画金铺所处的社会环境及广州、澳门金业的轮廓，叙述中还会穿插郑裕彤居澳的生活片段以及他投身金业的经历。

忆说周大福由来

周大福的创办人周至元是顺德荔村人,生于清光绪二十六年(1900),原名周坤培,字厚载,别字至元。父亲周嘉祯(别字瑞农、治平)是乡中著名中医,有子女12名,当中4个是儿子,包括长子厚载(别字至元)、4子洵培(别字汉东)、9子炘培(别字植楠)及11子锷培(字锐腾),其余是8个女儿。[3]关于周至元早年在乡间的生活,及何以到广州工作,我们未能找到资料佐证;周家后人忆述,周族之中有不少从事金业的同乡宗亲,周家后来的家境也不丰裕,或许在这样的背景下,身为长子的周至元需要出外谋生。周至元什么时候来到广州,我们也不清楚,若参考周至元的好友郑敬诒(郑裕彤的父亲)的生平,可以推敲一个梗概:郑敬诒于1908年前后随堂兄郑敬命到广州谋生,当时只有9岁。周至元比郑敬诒少一岁,他或许于几年后到达广州。《郑裕安堂》记述郑敬诒于十五六岁时与周至元合购山票博彩,即当时二人已结识,由此推想,周至元于1910年代中已在广州,并与郑敬诒结为好友。[4]

当初只有十来岁的周至元于何时创办周大福?资金何来?关于周大福金铺的由来,我们综合搜集所得的档案资料及口述记忆,梳理成几种不同说法。第一个说法关于周大福金铺的创立年份。周大福集团的官方说法是,周大福于1929年在广州创立,这版本已列载于公司历史及企业刊物中,而植根于郑氏和周氏的家族记忆是,周至元在广州创立周大福。[5]不过,由于年代久远,我们无法找到周大福创立的相关文件如商业注册、营业执照或广告等资料予以引证。我们找到与广州金铺相关的文献记录,大多是1940年代的资料,相关的文件成书于1946年至1948年,包括几年间与周至元有关的围内金铺——大成金铺、裕祥金铺和天宝金铺,当中没有与周大福金铺相关的档案。故此,1929年成立之说仍有待考证。[6]

另一说法来自坊间的叙述,指周至元与郑敬诒同在广州一绸缎庄做伙计,两人结下深厚情谊,并把各自即将出生的孩子指腹为婚。两人分道扬镳后，郑敬诒回乡谋发展，周至元在广州以"炒市面"累积原始资本，几年后到澳门与另一周姓朋友开设金铺。所谓炒市面是通过买卖金、银或货币，赚取升市和跌市之间的差价，1920年代的广州是华南最大的通商口岸，商业和金融繁盛，银行银号金铺参与黄金、白银和货币的炒卖，大有大炒、小有小炒。周至元正是通过炒市面与广州金铺做买卖，因而了解金铺的营运，以至萌生开金铺的念头。[7]

这说法以1920年代广州金业为背景，从而推断周至元与金业结缘的经过，背景的叙述是否真确姑且不去论证，但有关周至元的个人生平和周大福的起源，却与相关人士的口述记忆相去甚远。首先是关于周大福成立的地点和年份，这说法指周大福是于周至元举家迁往澳门后设立的，这与周大福一位资深老员工陈祝的亲身经历全然不同。

陈祝可能是周大福金铺第一代员工，他的口述记忆是研究周大福金铺历史极其珍贵的素材。陈祝是顺德伦教人，于1911年出生，16岁时（推算为1927年）经亲友介绍，从伦教家乡到位于广州河南洪德路的一间金铺做后生，他记不清楚金铺的名字是"大福"还是"周大福"，但肯定的是老板是周至元，平日在金铺坐镇。[8]有趣的是，无论郑家和周家的成员抑或周大福的老员工，都将周至元在广州的金铺称为"大福"，因此，我们亦沿用这铺号称呼。从陈祝忆述个人的亲身经历所见，周至元是于广州创立大福金铺，相信是在1927年或以前。

若以这记忆推算，当时周至元是一位27岁的青年，他如何有资金创立金铺，亦如何认识金铺的人脉和运作，以至晋身金铺老板？另一位周大福资深员工何伯陶有不同的说法。何伯陶是顺德羊额人，生于1929年，比陈祝年轻得多，他提供的资料是根据他对老板周至元的认识而来的。何伯陶闻悉周至元年轻时是在一间小金铺做后生，因此自小已涉足金饰业，由此可以想象时年27岁的周至元已熟悉金饰业的运作；资金方面，虽然何伯陶和《郑裕安堂》都提到周至元与郑敬诒年轻时合购彩票中奖，但这彩金是否足以开设一间金铺，实全无事实佐证。

郑裕彤和夫人周翠英

郑、周两人是双方的父亲指腹为婚定亲的。在旧社会,婚姻虽然是长辈安排的事,但后生一辈也会争取机会彼此培养感情。郑裕彤不时到周家探望,借故亲近未来的妻子;据周翠英回忆:"他(郑裕彤)一入屋,我便跑到天井处,害羞嘛!我怕见到他。"郑裕彤则大胆邀约周翠英一起看电影,为免尴尬,便带同妹妹周建姿一同前往

彩金之说亦被周至元的后人推翻。[9] 周至元的女儿周建姿凭家族内流传的说法，认为周大福的资本是来自父亲第二任妻子的娘家。周至元第一任妻子卒于1929年，留下只有4岁的长女周翠英；周至元的二女儿于1932年出生，我们推算周至元于1930年至1932年间续弦。第二任妻子韩氏是番禺人，其母擅于针黹女红，以"顾绣"和"大衿"赚钱[10]，储存了一些私己钱，后来为周至元提供资金开办金铺，据闻本金有一百两白银之多。[11] 郑裕彤和周家后人又指周大福有另一位合股人，即周至元的同族宗亲周仲汉。[12] 综合周家后人的忆述，周大福的资金来自岳母的支持及同族兄弟的合股资金。

若周大福的资金来自周至元第二任妻子的母亲，创办年份应该在1930年以后，与陈祝于1927年的见证有几年的距离。前者源自亲族内的流传，后者是早期金铺员工的记忆，孰是孰非实难判断，有趣的是，两个信息分别指周大福是1927年以前或1930年以后创立的，刚好把1929年之说排除了。即使创立年份上无法定夺，周家女儿周翠英和周建姿都肯定父亲战前已在广州经营金铺，至1930年代中或后期举家迁到澳门，陈祝及周家女儿都指当时广州大福金铺仍然运作。

周大福几位资深员工都曾忆述，周至元在广州不单只有周大福一间金铺，另外几间金铺都与他有关，称为围内金铺，包括大福金铺、裕祥金铺、天宝金铺、大南金铺，可惜各围内金铺的创立和经营年份一样有不同说法。围内金铺之中，天宝和大南与周至元的九弟周植楠有关。周桂昌是周植楠的儿子，1942年于广州出生，以周桂昌所知，父亲于1945年与人合股开设天宝金行，1949年从广州到澳门开设大南金铺，与新马路的周大福相隔一个铺位。但周桂昌的所知，与围内金铺老员工的亲身经历和见闻有明显出入。澳门金铺员工黎棉忆述自己于1941年至1942年间加入澳门的大南金铺，据他所知，大南是于广州沦陷后由周植楠搬到澳门的；有关天宝金铺的来历亦有出入，何伯陶于1945年到广州天宝金铺做后生，铺头员工吃的饭菜是从另一间围内金铺裕祥送过来的，他听闻两间金铺于战时都没有关闭。[13]

对于围内金铺的来历，家族成员与老员工的记忆存在差异。唯一相同之处是周至元在各金铺都有份，而且大家都称他为老板，可见他是联系广州围内金铺的关键人物，抗日战争、战争结束和中华人民共和国成立，分别被视为促使金铺从广州搬到澳门的理由。

澳门亦有与周至元相关的围内金铺，草堆街有一间，新马路有两间，综合不同的忆述，草堆街的金铺叫大成，似乎开业时间比新马路的两间金铺较早，一份广州的档案记录显示，大成金铺的老板是"周仲元"，于1947年在广州复业，究竟大成是最先在澳门抑或广州启业，却是无从稽考；周至元举家搬到澳门后在新马路开设周大福，稍后再在新马路开设大南金铺。后来大成金铺和大南金铺分别歇业，新马路的周大福金铺则一直营业至今。

综合周大福集团的官方记录、周至元女儿和周大福资深员工的忆述，虽然对于周至元创立周大福的年份和资金来源没有明确答案，但细心梳理之下，却可重构周至元与金业结缘和发展之路。只有十来岁的周至元从顺德荔村的家乡来到广州，在一间小金铺做后生，或许他以中奖的彩金，也或许得到妻子娘家的支持，在广州河南洪德路开设属于自己的第一间金铺，名为"大福金铺"。1930年代，周至元继续投资其他金铺，或许是个人全资，或许与同族兄弟或亲属合股，在广州有几间围内金铺。至1930年代末，周至元在广州、澳门和香港都有金铺。战前时期周至元较集中在广州大福金铺，战争时期较集中在澳门周大福，和平后初期他曾经巡视过广州和香港的情况，当时他已经委派郑裕彤去打理香港的周大福了。

广州金业与周大福

广州的金铺行业历史悠久，行内不乏老字号，这些金铺的"业务主要为接造金饰，收购金砂、金饰、大金（美金）、英金镑及各国金币、熔炼金叶等。第一次世界大战前，全市有金铺20多家。多集中于小市街一带"。[14] 大战结束后，时局动荡加上黄金价格持续上升，黄金成为避险保值的工具，

第二章 与金业结缘 053

1930 年代广州市面

在这时期,周至元在广州经营及参股多间金铺,包括设于河南洪德路的大福金铺(图片由高添强提供)

金铺行业因而兴旺。西关的上九甫、下九甫、十七甫等地陆续有金铺和金饰铺开设。业内店铺分为"金铺"和"金饰铺"两类，是广州金业的特点。前者如"何西盛""北盛""南盛""东盛""吉昌隆""天祥""信兴"等老店，实力较雄厚，而且掌握冶炼的技术，能开炉熔炼享誉中外的金叶，也兼营买卖金饰的零售生意。金饰铺资金较薄弱，主要业务是接造金银首饰，店内有手艺纯熟的师傅打造首饰，兼买卖金饰，但不会开炉熔炼黄金。它们的招牌呈长方形，故行内通称为"长招牌"。[15]

这两类店铺的区别在于，金铺是做行货的（即与金业行内商户做生意），主要从事黄金贸易，熔炼金叶、金条和金块，供银行和贸易商作大额交易，同时也充当金饰业的批发商，把纯金售予金饰铺用作打造金饰。金饰铺主要做零售生意，虽然也会收购来自民间的各色金器重新熔炼，但用途多在于打造金饰供店铺销售。两类金铺都受政府规管，需要申领牌照营业，民国政府将两种业务合称为"银楼业"。[16]

周至元于广州经营的金铺应该是金饰铺一类[17]，而且不止一间，如上文所述，广州共有四间，我们尝试从围内金铺的特点、经营方式及地理分布，重构周至元在广州经营金铺的一些面貌。

"围内金铺"是指东主之间有联系的金铺，东主或许以独资拥有某金铺且参股到别的金铺，亦可能在各金铺都有一些股份，又或者只有一间金铺的股份但与别的金铺有相熟关系，总之围内金铺会形成小圈子；东主或会兼任司理之职，安排可信赖的亲友在围内金铺任职，有时会从一家店将员工调到另一家店做事，但各间金铺有自己的运作方式，例如，账目是独立的，而且店铺各自经营，并按本身的股份比例分配利润。例如，周大福是周至元和周仲汉合股的，两人是同族兄弟，估计他们各占50%的股份[18]；据周至元的侄儿、周植楠的儿子周桂昌忆说，天宝金铺是周植楠做主要股东的，他本人也在店内任职司理[19]，而周至元亦有参股。又如员工的调迁，郑裕彤最初在位于澳门草堆街的大成金铺做后生，几年后被调到位于大马路的周大福；黎棉最初在大南金铺做后生，曾升至头柜，大南结束后被调到周大福做二柜；何伯陶本来准备到澳门周大福做后生，路经广州时被安排到需要人手的天宝金铺工作，因被周至元赏识，由郑裕彤从广州带到香港周大福。

这些各自有铺号、账目及店铺经营独立、个别股东成员重叠、员工在围内金铺之间交替流动的情况，是当年广州和澳门一些金铺的特点。[20]

至于金铺的经营，陈祝忆述周至元坐镇广州河南洪德路的大福金铺时，"他（周至元）是老板，不用做生意，生意是柜面做的"[21]。大福金铺当时的司理是周少伟，他是周至元的亲戚，同铺有五个师傅，都是做金饰的，陈祝是后生，在铺内学做文匦和柜面[22]，即金饰记录和柜面销售的工作。金铺打造的金器都是供本店自用的，铺头以买卖金饰为主，也有卖金条，但珠宝只占很小的部分。[23]

当年金铺的经营模式比较简单，陈祝忆述金铺自己会打造金饰，买卖金器和金条，生意算是平淡。忆述中，广州有金业商会，它的其中一项功能是报金价、派行情纸。1920年以后，黄金价格持续上升，金价波动亦大，金铺主要参考美国的金价，然后再折算出每两黄金的价钱。金铺要"每天看电报美国八九大金价，调整买卖的金价，同一日的金价上上落落，早上与下午已有不同的价钱"。相信在当时金价波动的年头，位于广州河南的大福金铺会向广州城乡居民收购金饰，以低收高卖赚取差价。[24]

传统金铺的管理文化较保守，老板、司理、头柜、打金师傅都是店内有权威和地位的人物，管教员工、后生和学徒规矩甚严。一个有趣的例子是，何伯陶于1945年从乡下到广州，在天宝金铺做后生，当时周至元间中坐镇店内。某天早上开铺后何伯陶打扫柜台玻璃上的尘埃，但立即换来周至元一顿责备："伙计坐在柜台旁，用鸡毛扫来打扫尘埃，岂不弄到别人一脸灰尘？"周至元要求何伯陶日后要用湿抹布来清洁柜台，"鸡毛扫就只能用作打扫酸枝台凳，还要待没有人在场时才使用！"[25]这个例子发生在1945年，可看到周至元对工作细微之处态度严谨，对员工的要求也高。

我们再回头看与周至元相关的围内金铺的地理分布。几间围内金铺，有四间能确认地址。大福金铺在河南洪德路，裕祥金铺在六二三路（即民国初年的沙基马路），大成金铺在梯云东路，天宝金铺在第十甫。[26] 据民国时期广州市的城区布局，沙基马路、梯云东路和第十甫位于当时广州市商业地带之一的西关（见第 57 页图），西关位于广州省城西城墙以外，明、清两代已是广州市商业中心区，到了民国时期仍是一个商业旺盛的地区。西关南面有沙面岛，西南方靠珠江（今属荔湾区），即裕祥、大成和天宝是在热闹兴旺的商业中心区设铺的；至于河南洪德路，当时属于广州市的边陲，与西关商业中心被珠江分隔。

位于河南的大福金铺，相信是周至元在广州最早开设的金铺，由此隐约可见他在金饰业发展的一条轨迹：在广州城近郊起步，其后以参股方式把金铺业务扩展至位于西关的围内金铺。早年的大福金铺员工只有六七人，经营模式是买卖金器、金条，主力做金饰零售，若要在金铺草创阶段便进驻西关商业中心，所需的本钱和客源的要求会更高，这并非一件容易的事。故此，选择于城郊开业，大福金铺的业务方向是吸纳城乡居民零散的金器，以满足广州近郊乡民买卖金饰的需求。

1930 年代，我们看到周至元在广州的金铺业务逐渐成长，从早期的大福金铺，发展到裕祥、大南、天宝，即使 1938 年日军进犯广东，广州陷落，位处城郊地区的大福金铺仍然继续做生意。综合资深员工陈祝、黎棉和何伯陶所述，广州沦陷后，大南结束，裕祥曾关门一段时间，但战时的裕祥和天宝继续营业，若这些记忆没有错，估计战争时期的周至元并没有打算放弃广州的金铺业务。和平后，周至元更尝试恢复广州的业务。抗日战争结束后一份 1948 年银楼业登记名册上[27]，列出 239 家注册营业的金铺，当中与周至元有关的金铺有大成和天宝，名册显示大成的司理是"周仲元"，应理解为周至元与周仲汉合股的意思[28]；天宝金铺的司理是周植楠。这份档案值得注意的地方有两点。

第一，1940 年代中后期广州市内的金铺，以数量计仍然相对集中在西关，位于第十甫、上九路、下九路及梯云东路的金铺达 88 家，呈现了一幅

旧广州市街道图

图中央所标黄色显示 ❶ 中华南路的位置,是靠近广州旧城区的一条笔直大街,有不少金铺在此处经营;左边所标黄色显示 ❷ 上下九路、❸ 第十甫、❹ 梯云东路、❺ 六二三路,也是金铺的集中地;周至元经营的大福金铺则位于珠江对岸 ❻ 洪德路(廖生民编制,年份不详;图片来源:Wikimedia Commons)

以西关为中心的金铺布局图。名册上中华南路及惠爱东路的金铺合计共79家，数目不下于西关地区，中华南路和惠爱东路两处在地理上较靠近旧城城墙，是旧城的商业区。[29] 大成金铺地址在梯云东路156号，天宝金铺地址在第十甫，两间金铺都位于西关地区，相信周至元当时正计划在广州原来的商业中心卷土重来。

第二，依名册所载，和平后与周至元相关的围内金铺只剩下两间，可见抗日战争对周至元的金铺生意确实造成打击。关于其余三间围内金铺，名册上没有大南金铺的记录，但有裕祥金铺和大福金铺的记录，但从登记地址和司理名字所见，已无法确认是否属于战前同一家旧店（详见第61页表2-1）。曾在广州金铺工作的陈祝于战时在澳门周大福工作，和平后返回广州周大福，但忘记了什么时候从广州移居香港，至此我们再没有搜集到其他有关广州大福金铺的忆述了。

从广州到澳门

依上文综述的发展轨迹看，广州的金铺业务是周至元于战前的生意重点；那么他为何在澳门开业？究竟是因广州战乱，还是早有扩展金铺业务的决定才到澳门发展？

据周家后人的忆述，周至元于1930年代中开始在澳门草堆街经营金铺，第一间是大成金铺，其后在新马路开周大福金铺，其弟周植楠经营的大南金铺是稍后开业的。[30] 引人疑问的是，1930年代中日军尚未占据广州，广州金业仍然兴盛，周至元正在拓展他在广州的几家围内金铺的业务，是什么原因促使他去澳门经营金铺？

就周至元于广州和澳门两地经营金铺的事迹，坊间有三种说法：一、避战乱。1938年日军攻占广州及入侵珠江三角洲各县，不少城乡居民要逃离家园避祸，当中不乏到澳门避战乱的人士。今天周大福珠宝集团也采纳此说，指"广州时局不稳，1938年，周氏遂将周大福金行从广州迁往澳

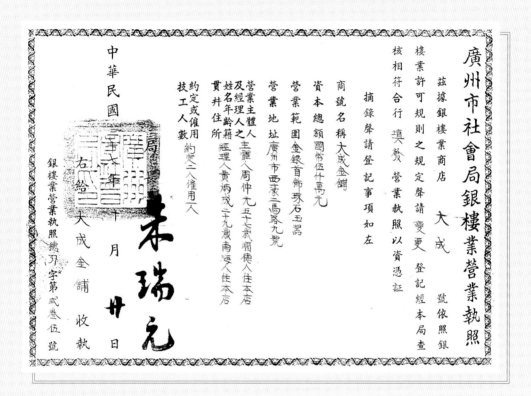

大成金铺营业执照

1948年,周至元和周仲汉合股的大成金铺在广州复业,向市政府取得营业执照(图片来源:广州市档案馆馆藏,档案编号10-4-255)

门"。[31] 二、广州苛捐杂税繁多，营商者经营日益困难，故周至元于战前转到澳门发展。三、1930年代的金市颇为兴盛，广州金铺与香港、澳门金铺结成粤港澳三地的联系网络，有利开拓金铺的生意。[32]

我们认为第一和第二种说法都有商榷之处。依据周至元长女周翠英的成长经历，我们推算周家约于1930年代中搬到澳门，三女儿周建姿忆述举家移居后在新马路开设周大福，再者，草堆街的大成金铺比新马路的周大福更早成立，由此推论日军进犯并非周至元在澳门开铺的理由，时间上也肯定不是1938年。苛捐杂税之说虽然符合民国时期工商时局的状况，但若然周至元顾虑广州的苛捐杂税繁重，应不会于1948年申请大成金铺和天宝金铺复业。

第三种说法，即粤港澳金业市场的潜力，吸引周至元扩展业务到澳门，此说比较合理。香港和澳门在中国近代的商业领域和金融领域一直扮演着重要的转运、交付和结算的角色。就黄金贸易而言，来自境外的各色金银货品，有不少是经港澳转运到中国内地的；反之，当黄金在海外市场价格高企时，从内地流出的黄金也经港澳两地出口，而且参与其中的商贾会利用香港金银贸易场、外资银行、华资银行及银号买卖金银货，也会利用各地金银比价、汇价的差异，从中赚取溢价。[33] 故此，作为黄金买卖和出入口的中心，澳门和香港是较有利的选择。

除以上宏观环境的条件外，周至元选择澳门应该也跟家族的联系有关。据周至元的三女儿周建姿的忆述，周至元的六妹周惠勤的丈夫是广州的军人，于澳门南环一带有不少房产，周家迁到澳门时，抵埗之初就在周惠勤的大宅暂居，直至周至元在凤顺堂购置住房安顿家人才搬离。[34] 故此，不排除周至元的亲族早已到澳门定居和发展，这样的脉络正好便利周家把金铺业务延至澳门。

1930年代的澳门虽不及广州繁华，但却是一处生机勃勃的地方（详见下文）。周至元或许认为在这里可以找到新的机会，扩展本身在广州的金铺业务。故此，选择到澳门草堆街经营金铺，这不是迁离，也不是转移，较

表 2-1：1948 年获准登记银楼的分布

广州街道	注册家数	与周至元相关的金铺铺号（司理姓名）/ 地址
第十甫	39	天宝（周植楠）/ 第十甫 145 号
梯云东路	17	*裕祥（张兴）/ 第十甫 43 号
洪德路	14	大成（周仲元）/ 梯云东路 156 号
上九路	27	*大福（岑伯銮）/ 梯云东路 170 号
下九路	5	
中华南路	60	
惠爱东路	19	
总数	181	

○ 资料来源：广东省档案局：《广东省建设厅关于银楼业登记名册的公函》，1947 年 2 月 26 日。

○ "*"为未确定金铺是否与周至元相。

恰当的说法应是扩展业务。

今天沿着草堆街向西北方向走，过了横亘的十月初五街便抵达康公庙前地，再往前便进入美基街，前方是靠海的澳门十六甫度假村，民国时期该处是滨海码头，是渔船货艇靠岸之处。狭长的草堆街今天凋零冷清，街道两旁只保留了一些几层高的战前建筑物，然而，昔日草堆街在澳门未开辟新马路之前，是一条"商店咸集，四方行旅由经，车水马龙，熙来攘往"的历史悠久的街道，与澳门大街、关前街合称为三街，繁华景象可谓盛极一时。草堆街曾是繁盛的布市，专卖黑胶绸、熟纱等布料，据称"差不多整条街道的两旁都是匹头铺"，在此经营的布贩多为中山隆都人；1930 年代草堆街还有酱厂、印刷厂[35]；金铺杂混其中，东兴金铺（1873 年开业）、天盛金铺（民国初年开业）更是其中历史悠久的老店。[36]

可以推想周至元在澳门草堆街开设大成金铺时，该地仍然是一条兴旺的民生商业街道。

与草堆街相距不远的新马路长 620 米，是澳门政府于 1918 年修筑的大街。[37] 1920年代以来,新马路是澳门最繁盛的街道和商业中心,原因与当时的娱乐事业不无关系。选址新马路的"总统酒店"于1928年落成开幕,酒店大厦原来只有六层楼高,是当年澳门最高的大厦;其时,投得赌牌专营权的源源公司,以俱乐部形式经营濠兴娱乐场,吸引大批粤港客人来澳。不过,由于该公司经营不善,1932年酒店易手,赌商傅老榕、高可宁将酒店收购并改名"中央酒店",成为泰兴公司的赌业旗舰。[38] 由于酒店业、博彩业兴旺,也带动其他消费场所的发展,新马路金铺林立,据《澳门游览指南》报道,1939年新马路便新增了十余家金铺。[39]

周至元显然也察觉到新马路巨大的商业潜力,于是在新马路54号开设大南金铺,并与周仲汉合资在新马路58号开设周大福。[40] 曾于澳门大南和周大福打工的黎棉忆述,大南金铺由周植楠打理,周至元坐镇周大福。"每天,周至元都会走过来大南巡视两三次。"[41] 周至元是个严肃的老板,对员工的要求也严格,员工若有错失便会遭责骂,加上其体格高大,声若洪钟,员工私下为他安了"轰炸机"的诨号。

1938年10月21日广州沦陷后,日军开进广东省其他县镇,促使更多国民逃难。由于葡萄牙政府与日本于战前签署条约,葡国保持中立,故澳门未受日军侵扰,因而令澳门成为战时的避风港。1927年澳门人口只有157,175人,广州沦陷后翌年,1939年澳门人口增至245,194人,到了1940年及至香港沦陷时,从邻近地区涌入澳门避难的人激增,估计总人口激增至数十万。[42] 抗战时期澳门的社会经济环境恶劣,郑裕彤忆述"在澳门仍有饭吃……因为澳门的铺头仍可做生意",但"每天出门,都会听到哪里有人饿死,谁在板樟堂饿死,草堆街又有人饿死等消息"。[43] 战乱阴霾笼罩下的澳门,当地某些行业却反而受惠,"酒店旅邸亦几租赁一空,而饭店食馆则其门如市,旺市十倍。酒楼茶馆亦相当畅旺……";其他行业如金融业、运输业、故衣、药房和娱乐事业,也因人口激增带来更多生意。[44]

陈祝曾到过澳门周大福工作,他忆述战时金铺的生意十分畅旺:"当时,有很多人涌去澳门定居,其中有不少发国难财的人,买金卖金的人都

澳门周大福旧貌

在新马路上的周大福金铺,曾与广生行是邻居。有一个传闻,广生行太子爷曾向周翠英提亲,然周至元已属意郑裕彤为婿。参考这传闻,这幅照片应摄于1940年代。图中可见周大福的葡文名称

有。在澳门有些是做行货的金铺，即买卖金条的。我们收到金后，主要是卖给做行货的金铺。我们可以将收回来的金饰，熔成金条，卖给他们；亦可以直接将收回来的金饰卖给他们。"[45] 相信澳门周大福金铺对收买金器、熔铸金条并卖予行家的经营方式并不陌生，广州河南的大福金铺早已有此经验。

厘清了周至元的澳门金铺的面貌，我们把焦点放到另一位故事主人翁身上。郑裕彤于1938年来到澳门，在大成金铺当后生，做的都是粗活，如抹地、倒痰盂、收拾店铺、每天来回大成与周大福之间负责送饭，后来还要负责派金价行情纸。澳门金业公会当年在周大福楼上，行会每天收到的金银汇兑资讯，都会印制成行情报纸供属会金铺参考。或许是地利之便，周大福最容易取得金价的行情，故由它来派送给各金铺也有便捷之利。[46] 这项工作当时由做后生的郑裕彤负责，不料竟为他提供机会了解金饰业的状况，让他有机会跑到其他金铺观察市况，还可广结人缘。周大福资深员工何伯陶表示，郑裕彤借此机会观摩其他金铺的做法，了解别家金铺卖什么金饰、款式如何，又或做出怎样的新款设计；何伯陶指郑裕彤会把观察所得告知周至元，由是得到老板的赏识。[47] 当了两三年后生的郑裕彤，开始有机会接触生意，据他自述是做"柜尾"，帮忙接待客人、买卖金饰及开发单据之类的工作。晚间，郑裕彤会到由金业公会筹办的会计班上课，学习新式簿记，即西方会计原理及记账方式。[48] 日后郑裕彤打理香港周大福的业务时，这些知识都曾派上用场。

前面我们详述的广州金铺运作方式，相信搬到澳门后周至元仍大致沿用，可以想象郑裕彤自小学习的金饰业操作，大致是战前广州和战时澳门的模式，后面的篇章将会叙述郑裕彤如何将旧模式变革，使旧金铺蜕变为新式的珠宝金行。说回他年轻时的经历，从做"后生"到做"柜尾"，于郑裕彤而言是一段难得的历练，从中体验刻苦耐劳的工作，感受金铺行业的变化，增长个人的知识及对金铺业务的了解，这些阅历使年轻的郑裕彤成长，为日后的事业发展提供了滋润的土壤。和平前的郑裕彤在澳门周大福

1930年代的澳门新马路

右边较高的是中央酒店,当时有六层楼高,是新马路的地标建筑。沿街有各种商店,图中可见传真影相、富有银业、均昌电器、淑贤学校等,其他有写字楼、照相馆、电器店、杂货店、牙科诊所、押店等。照片约摄于1935年(图片由高添强提供)

已晋升至"掌柜",但在周至元麾下,他仍然是助手角色,尚未有独当一面的机会,这个机会要留待抗日战争结束后才出现。

在工作以外,郑裕彤的人生经历也有重大变化,1943年与周翠英结婚。郑敬诒与周至元早年许下指腹为婚之约,随着郑裕彤来澳工作,人事渐长,周至元也信守承诺,安排女儿周翠英嫁予郑裕彤。周翠英回忆当年往事,坦承起初对郑裕彤没有好感,主要是出于对父亲指腹为婚的抗拒心理,也害怕婚后要返伦教夫家与家公家姑同住,更为此被父亲责备。周至元为安抚女儿,承诺晋升郑裕彤做掌柜,又买下大松坊郑家祖屋旁的一座两层楼高房屋,作为周翠英的妆奁,甚至每月储蓄3元,存周大福金铺收息,供周翠英在伦教乡下生活时使用。[49]作为父亲的周至元,一脸严肃的背后有眷顾和爱惜女儿的一面。

在旧社会,婚姻虽然是长辈安排的事,但后生一辈也会争取机会彼此培养感情。郑裕彤不时到周家探望,借故亲近未来的妻子。周翠英回忆:"他(郑裕彤)一入屋,我便跑到天井处,害羞嘛!我怕见到他。"郑裕彤还邀约周翠英一起看电影,为免尴尬,便带同比周翠英小十岁的周家三女儿周建姿一起去。周建姿笑言当时自己年纪尚小,到电影院看戏不用购票,她做"电灯胆,剥花生,坐在两人中间"观赏电影。[50]婚后周翠英搬到伦教居住,郑裕彤则返澳门继续金铺的工作,1943年至1949年间二人分隔两地生活,1943年至1945年郑裕彤在澳门,1946年至1949年在香港,夫妻俩只在节日和庆典时方能团聚。

外篇故事

黄志明
澳门金饰师傅忆述

黄志明，1923 年于香港出生，辗转在广州、香港、石岐、澳门读书，日本侵华时辍学，1938 年到澳门福兴金铺做学徒，1946 年在澳门周生生金铺做足金师傅，曾被调往广州周生生金铺。黄志明忆述与郑裕彤年少时相识、学徒工作的艰辛、战时的澳门市况和金铺的情况等。

我做学徒的时候，每天要担饭经过康公庙，郑裕彤呢，他由周大福担饭去草堆街大成金铺。他是后生出身，我是学师出身，中午12点钟一定碰面，我出草堆街，他入草堆街。我们还一起读过书，在澳门金业行公会上会计班，哈哈，那时由李志强老师教会计，十多个人一起上课。当时澳门只有10间金铺，后来从广州搬来更多金铺，澳门才有30多间铺。

郑裕彤的人品很好，说话比较大声，所以他有个花名叫"大炮彤"，哈哈哈。我真的很佩服他，他很有本事，一路扶摇直上。战后香港环境很复杂，要发达很容易，但需要有胆识，有眼光，有头脑。我自己无胆量，行桥过路都要"跐跐脚"，先敢踏出一步（形容做事保守），哈哈哈。所以我现在是知足者贫亦乐。

日本仔时代，无办法只能放弃学业。继母有朋友介绍我入福兴金铺做学徒，我想："有一门手艺好啊，可以找到稳定的工作和收入。"那时十五六岁，金铺学徒是很优越的工作，但却很辛苦，头三年只做"煎倾化炼"。

"煎"是煎银。以前澳门用"双毫"做钱币，一个双毫重一钱四分四，内含六成银和四成铜，换言之一个双毫可以煎出八分多纯银。金铺收买双毫回来，做学徒的负责煎成纯银。用一个盆，将双毫混合白灰、牙灰和铅一起烧，用火水气炉烧至银熔化，熔出来的银是纯银，铜和其他杂质沉在底层，然后趁热将银"倾"入容器，做成银条。

"化"是化金。以前的金表托是西金做的，即含有杂质的K金，金铺收买金表带和其他金饰可化成纯金。化金必须把金和银放在一起煎，银会熔成液体状，金熔成黄泥状，来回煎三次便可"炼"成纯金。化金要使用药水，黄镪和硝镪，黄镪即硫酸，硝镪即硝酸。日本仔那时没有硝镪，要用黄镪，真惨呀，黄镪的气味很浓烈，刺眼刺鼻，好辛苦。煎银也是很辛苦的，很热，煎完几盆银出来照照镜，哗，两只眼红红的。

化金化银是学徒的工作，根本没有机会学镶凿技术。于是我用自己的方法，用自己的钱买银，没有工作时到功夫座位又捶又锄。福兴金铺分为凿口师傅和光素师傅，我很佩服凿口师傅严九，每天偷偷留意他的工作。凿口即是凿花，梅兰菊竹、龟鳖、龙凤等花式，严九凿得很精巧漂亮。我捶完锄完便依严师傅的方法凿花，就这样自己练习，我又学师傅那样自制工具。一年多后，我可以凿到"出入平安""长命富贵"字样，那个做光素的师傅让我为他凿花，请我到远来茶楼喝茶当作报酬。

学师三年，第四年叫作"挨师"（准师傅），可以正式做凿花、镶玉、镶石等工作。我在福兴金铺七年，新马路的周生生金行邀请我过去。我初时没有信心，以为对方是开玩笑，对方答应每月人工150元，我在福兴只有70元。直至金业行公会副主席覃桂鼓励我："你真是傻仔，如果你没有这手功夫，人家怎会出这个价钱？"想了一个星期，我终于答应过去周生生。

当时是和平后，在周生生做足金师傅。新马路的生意比草堆街兴旺很多，我终于明白新老板为何出价150元。另外还有花红呢，每个月计的。哪天卖到100件金饰还会劏鸡加𩠌。

我做学师大约是1939年至1942年，最惨是1941年至1942年那段时间，无钱买米，300多元一担米，就算是师傅，月薪也只有16元，我们吃番薯饭、粟米饭。金铺靠什么维持呢？靠收金，叫作"老鼠屎"（细金粒），收到几分重的老鼠屎后，炼成纯金再卖出去。不久之后，广州、香港的金铺搬来澳门，人口增多了，澳门也旺了。

战时什么人来买金呢？那些叫作"大天二"的，专收银水，有人从水道偷运米呀什么的，扒艇扒到半路，这些人便喊他过来交买路钱。那个时代局势混乱，"冇王管"的（没有警察维持治安）。有人在福隆新街"开厅揼艇"，即是烟花之地，福隆新街、骑楼街、宜安街一带变成了花街柳巷。

酒楼也是很旺的，1944年、1945年我已经是师傅了，跟谢利源那几个师傅很相熟，我们喜欢到万香酒楼打麻雀。打完麻雀，叫伙计拿一张花纸去福隆新街，请一个姑娘过来唱歌，唱完歌之后我们吃饭饮酒，姑娘在后边斟酒，饭后付钱给姑娘，大伙儿便散去，很便宜的，一张花纸只要2元。那时我已经20至21岁，哈哈哈，一个人没有家室。

旧时澳门是渔村，下环街是鱼栏，金铺在草堆街专做水上客（渔民）生意，谢利源、福兴、天盛是澳门的老字号，现在草堆街只剩天盛了。老字号做事比较呆板，只从自己能力看，客人提出要求，居然答："你有这种要求？唔得㗎。"但新字号如周生生就不同，知道客人喜欢什么，会想尽办法去满足，可能因为外来的字号有联号，可以灵活运用吧。

1947年至1948年，我被派往广州周生生，那时金圆券、银圆券贬值厉害，足金师傅的工资以黄金计算。市民都买黄金保值，我们专做重头金器，例如一条金链十两重，一只牛鼻圈鈪三两重。师傅工钱很高，光身首饰计黄金二厘，凿口计四厘，三两重的话，凿几个字便收一分二厘。所以我一个月收入有八九钱黄金。

广州未解放前，我便返回澳门周生生继续做足金师傅。

1945年8月15日，日本宣布无条件投降，和平曙光在望，周至元再次面对时局要做出选择。从档案资料判断，和平后周至元重返广州为旧店申请营业执照，显示他有意维持广州的业务；员工也返回广州金铺复业，老员工陈祝是其中一员。陈祝忆述和平后广州河南的金铺仍有生意，"和平后几年，广州的生意也是一般。当时货币没有价值，金当然贵，个个都想买金，金价一直上升，我们卖出金后，立即便买入，只是做套现，左手卖出，右手买入。当时也有由澳门运金入广州卖的，是买金条入广州"。[51]但这种在社会动荡下飙升的金价并不长久，未几内战爆发，国币在国民缺乏信心和政府准备金不足的情况下全面崩溃，货币大幅贬值，金融行业跌入紊乱失控的局面。在动荡的时代，周至元于广州复业的金铺也不能幸免，广州裕祥、大成、天宝陆续歇业，员工大多遣散，陈祝及一位资深玉器师傅韩丽洲则调到周大福任职；至于河南的老店大福金铺，相信也于1949年前歇业。

同一时候，周至元亦嘱咐郑裕彤前往香港，重开周大福金铺。香港的金铺是未沦陷前开业的，地址在皇后大道中148号B，是间只有几百英尺的小铺。当时由何启光打理，另一员工是周炳，但开业不久香港即告沦陷，铺头未几也要歇业。周至元在1930年代末的部署，或许是要开展香港的金铺生意，拓展周家在粤港澳围内金铺的业务。可是战后的局势急转直下，广州金业面临崩溃，市面疯传物资及金银贸易受管制的消息，香港作为南华地区的贸易转口港和金银贸易中心，地位变得更加重要，当时甚至被形容为迅速冒起的金融市场，不单与全国公认的上海金融市场建立密切联系，而且信息流通迅速，能把握"世界金融市场消息之盈虚"。[52]现实的情况是，民国时期港币于华南地区已广泛流通，而且随着金融局势混乱、法币急速贬值，甚至出现港币代替法币的现象。[53]在抗日战争后期，大量资金逃离中国；把手上资产包括黄金转换成港币，相信是当时其中一种转移资金的方法。在此背景下，周至元于香港重开金铺，或许是把握良机，以金饰套现港币，不失为应对时代变局的做法。

1945年和平时刻，香港的前景亦未可料；经过三年八个月沦陷期，香

澳门周大福广告

左上:刊于1942年11月15日的澳门《大众报》;左下:刊于1942年1月20日的澳门《华侨报》;右上:刊于1952年《澳门工商年鉴》;右下:刊于1962年《澳门工商年鉴》。1942年,香港已被日军占领,一些主要街道被日军重新命名,如皇后大道中改称"中明治通",从是年11月《大众报》的广告(左上)所见,周大福铺址"香港中明治通"。无论战时或战后,澳门的广告上有"省港澳"或"粤澳港九"等字样,可见澳门周大福的地缘身份意识

港这个城市已受重创,1945年香港人口只剩下不足60万人,战争期间近百万人逃难离开;日军占领时期香港对外贸易中断,金融行业被日军勒令停业,货币被废。[54] 不过,和平重临,毕竟社会还是充满期盼。香港《南华早报》1945年9月1日的社论传神地表达了这种社会气氛:

> (我们)死去多久?一千多个沉闷的等待和渴望、饥饿、祈祷和艰辛忍耐的日子。我们仍活在其中,并没有真正死去,只是活着被埋葬,意识到远处的骚动,期盼着所有的谵妄幻象。现在对我们这些被遗忘的人来说,生活再次开始。(译文)

和平重临,社论寓意香港市民大众重新开始生活,各行等待复业。对郑裕彤来说,这亦是个新机遇——背负着岳父周至元的嘱托,带着于澳门成长所得的经验和识见,到香港出任司理之职,负责重整香港周大福的业务,面前是可以独当一面、施展身手的机会。

郑裕彤的足迹

周大福金铺由顺德荔村人周至元创立,周至元从小便到广州谋生,并与郑裕彤的父亲郑敬诒结下深交。周至元的经历同样是一个顺德男儿外闯创业的故事:他在广州创立周大福,经营几家围内金铺,面对时局挑战,又把生意拓展至澳门及香港。周、郑两人的乡谊和友情也为郑裕彤创造了机会,1938年郑裕彤听从父亲安排来到澳门给周至元打工。澳门是郑裕彤成长之地。其间他成家立室,在澳门学习经营金铺,增长金业的知识,由"后生""柜尾"晋升至"掌柜"。在旧式金铺模式浸淫下的郑裕彤,和平后到香港帮岳父重整周大福业务,这使他日后有了大展拳脚的机会。

注释

[1] 郑裕彤早年接受访问时，曾较详细地讲述自己的成长经历，而且访谈中会称"周大福"为"大福"。参考周大福企业文化编制委员会编：《周大福与我——郑裕彤自述》（2011 年），页 248—249。

[2] 参考《源远根深：周大福珠宝的早期发展》，周大福珠宝集团网站，https://www.ctfjewellerygroup.com/tc/group/history/story-1.html。

[3] 参考《周家族谱》；王惠玲、莫健伟：《周建姿口述历史访谈》（2017 年 10 月 4 日）。

[4] 关于郑敬诒及周至元两人的友谊和交往，已在第一章《家乡伦教》有相关叙述。

[5] 参考周大福珠宝集团有限公司官方网站；学者马木池引述相关访问内容，指何伯陶亦持此说。何伯陶是周大福资深员工，与老板郑裕彤情谊深厚，也是其好友兼左右手。参考周大福企业文化编制委员会编：《楔子》（2011 年），页 247。

[6] 广州市档案馆馆藏两份大成金铺的文件，一份是 1948 年发出的营业执照，另一份是同年的登记金铺事项表，内容记录了金铺的资本额、营业地址、店主、经理姓名等资料，参考周大福企业文化编制委员会编：《华：周大福八十年发展之旅》（2011 年），页 252。我们于广东省档案馆找到大成的同类资料，文件成书的时间稍早一点，约于 1946 年，参考档案编号 006-002-2299-053, 055。此外，广东省档案馆另一份档案保存了银楼业名册及一些金铺呈交保证书的文件，都是 1947 年的，内容提及天宝、裕祥及大成金铺，这几家金铺周至元都有股份，可惜档案中没有与周大福相关的记录，参考档案编号 004-001-0235-112~113, 15-140。此外，1942 年报刊广告列出澳门周大福的地址在新马路，香港店在皇后大道中，参考周大福企业文化编制委员会编：《华：周大福八十年发展之旅》（2011 年），页 274。

[7] 参考蓝潮：《郑裕彤传（上）》（1996 年），页 7—9。

[8] 参考周大福企业文化编制委员会编：《战前在广州及澳门的生活——陈祝的回忆》（2011 年），页 257—260。

[9] 参考王惠玲、莫健伟：《周建姿口述历史访谈》（2017 年 10 月 4 日）。

[10] 顾绣是一种传统刺绣技巧，源于明朝江浙上海地区；"大衿"，此处指配有刺绣的中式婚礼服，如裙褂。

[11] 参考王惠玲、莫健伟：《周建姿口述历史访谈》（2017 年 10 月 4 日）。

[12] 参考周大福企业文化编制委员会编：《周大福与我——郑裕彤自述》（2011 年），页 248—255；王惠玲、莫健伟：《周建姿口述历史访谈》（2017 年 10 月 4 日）。

[13] 参考周大福企业文化编制委员会编：《战前在广州及澳门的生活——陈祝的回忆》（2011 年），页 257—260；《澳门新马路上七十年——周大福旧伙计黎棉的回忆》，页 263—267；《广州的生活——何伯陶的回忆（一）》，页 269—272。

[14] 小市街后来改建成中华路，植子卿：《广州的金铺和十足金叶》（2005 年），页 627。

[15] 参考同上，页 628。

[16] 参考广东省档案馆馆藏，档案编号 004-001-0235-086~088 及 004-001-0235-053~062。

[17] 我们没有找到直接与广州大福金铺相关的资料，但从一份大成金铺申请营业证的档案中，我们看到广州金业过往区分金铺类型的传统。位于梯云东路 156 号的大成金铺，于 1946 年重新注册及申请营业执照时，金铺报称资本额达国币 100 万元，司理人是周仲元。该店的化验设备报称只有"硫酸、电油、火水、风球、灯吹"等基本熔炼设备，技工也只有两人，经营业务仅限于"金银首饰"。参考广东省档案馆馆藏，档案编号 006-002-2299-053、055。

[18] 参考周大福企业文化编制委员会编：《周大福与我——郑裕彤自述》（2011 年），页 253。

[19] 参考广东省档案馆馆藏，档案编号 004-001-0235-112~113,15-140；王惠玲、莫健伟：《周桂昌口述历史访谈》（2018 年 12 月 18 日）。

[20] 关于围内金铺的资料，参考周大福企业文化编制委员会编：《华：周大福八十年发展之旅》（2011 年）一书刊出的老员工忆述，作者亦参考多位接受本书访问的人士，包括何伯陶、周翠英、周建姿、周桂昌及黄志明。

[21] 为便利行文，广州河南洪德路的金铺一律称作"大福"，以区别日后的周大福金铺。参考周大福企业文化编制委员会编：《战前在广州及澳门的生活——陈祝的回忆》（2011 年），页 257。

[22] 匾文本指横匾上的文字、书法作品，但陈祝所言的学做"文匾"泛指金铺内的文字工作，例如誊抄记录、写单据等。至于金业行内所指的"柜面"，指销售及买卖金饰的活动。

[23] 参考周大福企业文化编制委员会编：《战前在广州及澳门的生活——陈祝的回忆》（2011 年），页 257—258。

[24] "八九金"又称"花旗大金"，指面值美币 20 元之硬币，每枚重量等于华两 0.8933，参考姚启勋：《香港金融》（1940 年），页 104。关于金铺金价与经营情况，参考周大福企业文化编制委员会编：《草创时期：抗战胜利前后的周大福》（2011 年），页 258、262。

[25] 何伯陶在天宝工作的时间很短，只有四个半月，应于 1945 年 1 月随郑裕彤到香港周大福工作；王惠玲、莫健伟：《何伯陶口述历史访谈》（2016 年 12 月 19 日）。

[26] 大福的地点参考陈祝、周翠英访谈资料；天宝、裕祥的地点参考何伯陶及周桂昌的访谈资料；大成参考广东省档案馆所存文献，陈祝也提供证言。参考周大福企业文化编制委员会编：《战前在广州及澳门的生活——陈祝的回忆》（2011年），页257—260；《广州的生活——何伯陶的回忆（一）》，页269—272；广东省档案馆馆藏，档案编号006-002-2299-053, 055；王惠玲：《周翠英口述历史访谈》（2018年7月26日）；王惠玲、莫健伟：《周桂昌口述历史访谈》（2018年12月18日）。

[27] 参考广东省档案馆馆藏，档案编号004-001-0235-112~113, 15-140。

[28] 据郑裕彤解释，"周仲元"是各取周至元及周仲汉名字中一个字而成，既作登记注册之用，也包含两人合股的意思。在广州和香港的档案文献中也有周仲元签名的文书。郑裕彤的说明参考周大福企业文化编制委员会编：《周大福与我——郑裕彤自述》（2011年），页253；香港的档案文献参考香港历史档案馆馆藏，档案编号HKRS163-1-309，文件编号130；广州的档案文献参考广东省档案馆馆藏，档案编号006-002-2299-053, 055。

[29] 民国七年（1918）起广州拆城墙建马路。民国十八年（1929）原大北门直街、四牌楼、小市街分别扩建为中华北路、中路、南路；1951年以后改称解放北、中、南路。

[30] 参考王惠玲：《周翠英、林淑芳口述历史访谈》（2018年3月27日）；王惠玲、莫健伟：《周桂昌口述历史访谈》（2018年12月18日）。

[31] 参考《源远根深：周大福珠宝的早期发展》，周大福珠宝集团网站，https://www.ctfjewellerygroup.com/tc/group/history/story-1.html。

[32] 这三种说法可参考周大福企业文化编制委员会编：《草创时期：抗战胜利前后的周大福》（2011年），页260-263。

[33] 参考 Kann, 2011, pp.277-279。

[34] 参考王惠玲、莫健伟：《周建姿口述历史访谈》（2017年10月4日）。

[35] 参考黄德鸿：《澳门新语》（1996年），页67至68、137；王文达、刘羡冰、伍华佳：《澳门掌故》（2003年），页183至184；汤开建：《二十世纪二十至四十年代澳门工业的街区分布》（2013年），页34—35、40。

[36] 东兴金铺是澳门最老字号的金铺，于清朝光绪年间开业（约为1873年），今已歇业。

[37] 参考利冠棉、林发钦：《19—20世纪明信片中的澳门》（2008年），页132。

[38] 郑棣培编，傅厚泽记述：《傅德荫传》（2018年），页88至90；吴志良、汤开建、金国平：《澳门编年史》（2009年），页2511。

[39] 黎子云、何翼云编：《澳门游览指南》（1939年），页37。

[40] 澳门大南及周大福的开业年份虽未能确定，但澳门《华侨报》1942年1月20日的一则广告，内容刊登"省港澳周大福"的地址，澳门的地址在新马路，香港的地址则在皇后大道中148号B。

[41] 黎棉，约于1926年出生，顺德乐从人，1938年日军进占乐从，黎跟随家人乡里走难，当年12岁。黎抵达澳门后于陶英小学上学三年，后经长辈介绍入大南金铺做后生。参考周大福企业文化编制委员会编：《澳门新马路上七十年——周大福旧伙计黎棉的回忆》（2011年），页263—267。

[42] 参考傅玉兰编：《抗战时期的澳门》（2002年），页29。

[43] 参考周大福企业文化编制委员会编：《周大福与我——郑裕彤自述》（2011年），页248。战争期间，粮食严重短缺，澳门甚至传出"人相食"的传闻。葡国政府的文献也证实："1942年4月，澳门总督汇报说，极度的贫困造成了三起食人惨案。这发生在来澳门的难民中……这样的惨案仍然不断发生，甚至在中央酒店这样的公众场合都有发生。"引自金国平：《抗战期间澳门的几个史实探考》（2008年），页301。

[44] 参考傅玉兰编：《抗战时期的澳门》（2002年），页26至29、40至41。

[45] 参考周大福企业文化编制委员会编：《战前在广州及澳门的生活——陈祝的回忆》（2011年），页260。

[46] 参考王惠玲、莫健伟：《黄志明口述历史访谈》（2017年6月20日）。

[47] 参考王惠玲、莫健伟：《何伯陶口述历史访谈》（2016年12月19日）。

[48] 参考王惠玲、莫健伟：《黄志明口述历史访谈》（2017年6月20日）。

[49] 参考王惠玲：《周翠英、林淑芳口述历史访谈》（2018年3月27日）；《周翠英口述历史访谈》（2018年7月26日）。

[50] 参考同上。

[51] 参考周大福企业文化编制委员会编：《战前在广州及澳门的生活——陈祝的回忆》（2011年），页260。

[52] 参考姚启勋：《香港金融》（1940年），页9、13。

[53] 参考伍连炎：《香港英籍银行纸币流入广东史话》（1992年），页32—34。

[54] 参考 Braga, 2008, pp.53, 55。

珠宝大王的成长路

〔第三章〕

1945年12月,香港战后百业正陆续恢复,
时年20岁的郑裕彤身穿唐装衫裤、手提藤箱仔,
在中环码头登岸,往皇后大道中148号方向走去。
他的藤箱仔内有2万港元和20两黄金,
是奉老板兼岳父周至元之命,以周大福掌柜的身份,
从澳门来复兴周大福在香港的业务。[1]

时光荏苒，镜头转到 1971 年的香港大会堂。大会堂低座正举行"珠宝金饰展览会"，由三个珠宝商会合办，冯秉芬爵士主礼，政府官员、社会名流、社团领袖及商会会员等逾 5,000 位嘉宾出席开幕酒会。会场展出珍贵珠宝千余件，当中最瞩目的，是一粒被公认为 60 年来罕见的南非钻石，由周大福珠宝金行入口，名为"周大福之星"[2]；展览会主席是郑裕彤，可见当时他在珠宝业的地位备受尊崇。1977 年，一篇传媒专访以"珠宝大王"来称呼郑裕彤[3]，这个专访是 12 个"香港亿万富豪列传"其中之一。[4]

由手持 2 万港元和 20 两黄金到成为亿万富豪，的确是一个传奇。坊间对这位传奇人物的报道从没间断过，"眼光独到""沙胆大亨""胆大心细"是常见的形容词，这些赞许都针对郑裕彤的商家特质而言。[5] 郑裕彤曾向上述的专访记者透露，1976 年，香港进口钻石约值 9 亿港元，其中约 3 亿是周大福购入的，约占整体 1/3。[6] 由此可见，除了个人特质，郑裕彤的成功还建基在企业的成功上。此外，他个人的成功是以香港珠宝业的发展为背景的，战后的香港珠宝业有长足的发展，其间的进出口贸易虽然因世界政局或经济波动而起落，但总的趋向是向上增长，至 1980 年代中，香港更位列世界珠宝出口中心之一。

究竟是时势造英雄，抑或英雄造时势，甚或是个人与环境相辅相成所使然？

我们将郑裕彤由 1946 年至 1977 年这 32 年的发展，分为两个阶段来叙述，第三章回顾 1946 年至 1960 年的成长阶段，第四章讲述 1961 年至 1970 年的扩张阶段。我们将会从三条脉络——个人特质、企业发展和社会条件来审视这位珠宝大王的成长之路，以及珠宝大王成功传奇的主观和客观因素。

战后初期的香港金饰业

1941 年 12 月 25 日至 1945 年 8 月 15 日，香港沦陷，战乱时不少人离港逃难，大部分商人弃守物业财产，市面上百业萧条，但仍有一些商家继续经营买卖。据郑裕彤忆述,香港周大福在沦陷后仍然继续开业,由周炳和何启光两位员工打理。[7]

战后未几,香港的金铺纷纷复业,根据1947年《港九珠石玉器金银首饰业联会会员芳名录》的记载,当时有205间珠宝行及金铺在营业,主要集中在中环和油麻地,中环皇后大道中有96间金铺,油麻地上海街有59间,是战后香港金饰业中心;其他分布于德辅道中、摆花街、弓弦巷、文咸东街、皇后大道东、庄士敦道、筲箕湾东大街、深水埗北河街、大南街等。[8]

究竟香港的周大福是何时开业的?说法有二,据郑裕彤忆述是1939年[9],一份档案文件则显示是1941年[10],无论是1939年抑或1941年,相信开业是在香港沦陷之前。另一份档案文件显示,1941年周大福输入黄金5,984两,战后1946年则输入7,082两,可见郑裕彤抵埗后,周大福的业务立即恢复,使用黄金的数量,比战前开业初期增加18%;这份文件显示,1947年周大福输入黄金11,070两,1948年输入22,460两,由1946年至1948年这三年间,周大福输入黄金的数量平均每年增长72%。[11]从文件所见,1946至1948年周大福所输入的黄金,其中71%至80%经熔炼后用来铸造金饰,并和其余的黄金一起在门市出售,只有不多于10%的输入黄金转卖给其他金铺。[12]文件中所列的金饰销售数字反映这三年间的生意不错,1947年比前一年增长56%,1948年比前一年更增加1.56倍,可见周大福复业后的金饰生意增长迅速(详见表3-1)。

表 3-1:周大福进口和售出黄金量 / 两

	购入黄金	增幅 / %	售出黄金	增幅 / %
1941	5,984	—	5,980	—
1946	7,082	18.3	7,081	18.4
1947	11,070	56.3	11,070	56.3
1948	22,460	102.9	28,388	156.4
1950	15,356	-31.6	15,345	-45.9

○ 资料来源:1941—1948年:香港历史档案馆馆藏,档案编号HKRS163-1-309,文件编号130。1950年:《香港区甲等金饰商购入及沽出黄金数量表》。香港历史档案馆馆藏,文件编号HKRS41-1-5107及HKRS41-1-6708。

从老员工的记忆亦印证了当时周大福门市买卖的兴旺情形。周大福珠宝金行董事会名誉顾问何伯陶，于1947年至1949年间是香港周大福金铺的后生，对于这段时间的门市生意，他有这样的记忆：

> 周大福的铺面得16英尺宽，跟"大陆金铺"各分租半边铺位，生意非常好，香港仔那些渔民来周大福买金，我们有金出售嘛。我做后生，又兼做交收，什么也要做。后来又有上海人，那些上海人来香港，带着很多金来大马路卖，金条呀，金粒呀，视乎哪个铺头老实、出价较高便卖给它，我做称金老实，很多上海人来光顾。后来又做珠宝，做下做下生意愈来愈多。[13]

"交收"即是把从门店接获客人定制首饰的图样和订单送往工场，让金饰师傅进行镶凿的工序，又或从工场把做好的首饰取回并送往客人处。

何伯陶的忆述中提到上海人到金铺卖金，相信这是1949年前后的现象。1949年上海解放前夕，大批商家带着财富从上海移居香港，到皇后大道中的金铺包括周大福，变卖黄金以换取港币，用作生活所需或在香港投资的资本。

黄金管制下的周大福

日本侵华战争完结后未几，中国国内便发生国共内战，社会经济混乱，法币贬值严重，市民纷纷换取黄金，以求财富保值[14]；1946年至1949年之间，黄金价格暴升暴跌，视乎上海、广州金价的升跌及香港对黄金的供求情况而定[15]；投机者希望可以从中获利，结果当然有不少人损失惨重。[16]

黄金不单是制造金饰的原料，更与货币稳定有密切关系。第二次世界大战之后，国际货币基金组织将黄金价格定于每盎司35美元，各国以黄金储备平稳货币价值，黄金市场受到严格限制。香港受英国殖民统治，于

吸引途人驻足的金铺橱窗

位于中环华人行的周大福珠宝金行总行。布置橱窗是分行经理的职责,这橱窗并不以传统婚嫁喜庆用的金饰为卖点,而是以设计新颖的首饰吸引途人目光。对面是位于兴玮大厦底下的安乐园雪糕

1947 年依循英国指示实施黄金进出口禁令；初时香港的黄金市场仍然自由运作，但在英国的持续压力下，香港政府终于实施黄金管制法令。[17]

1949 年 4 月 15 日，香港政府公布禁止黄金进出口、买卖、抵押和持有的法令，政府解释此举目的是遏止黄金的黑市炒卖，以稳定货币价值，防止疯狂的炒卖拖垮国际金融秩序。[18] 社会舆论质疑这法令将会扼杀香港的黄金市场，金银贸易场派出代表向政府请愿，要求容许部分有银行牌照的金商输入黄金。至同年年底，政府同意金银贸易场可恢复买卖成色调低至 945 的工业用黄金。

代表金饰业的商会则决定全港金铺停业四天，等待与政府商讨放宽限制，几天后，政府接见金饰业商会。[19] 政府向商会解释，法令所管制的黄金，定义为纯金比例 95% 或以上的黄金，而低于 95% 的"K 金"则不受限制。然而，香港金铺出售的是足金金饰，正是法令所管制的范围之内。6 月 21 日，政府公布补充法令，容许获发牌照的金铺可持有及买卖黄金，并准许金铺与香港居民及注册牙医交易。[20] 牌照分为甲、乙、丙三个等级，由财政司决定可持有的黄金数量，甲等为最高，可持有的黄金数量最多，丙级为最低，容许持有的金量较少。

补充法令同时列出各等级金饰商的名单，甲等金饰店共 13 间，全部位于中环皇后大道中，乙等 55 间，丙等 154 间，主要在九龙上海街，三个等级总计共有 222 间金铺获发牌。周大福获得甲等牌照，可持有 260 盎司（约 195 两）黄金。管制令下，1950 年周大福买入的黄金数量比 1948 年减少了 31.6%，沽出量亦减少了 45.9%（详见第 84 页表 3-1）。

管制黄金法令实施头几年，香港的黄金进口量大幅收缩。1950 年至 1953 年间，政府的贸易统计数字显示，1950 年即法令实施后第二年，黄金进口量比前一年大跌 90.1%，1950 年至 1953 年间的黄金进口量，每年平均量只及 1949 年的 11.6%，直至 1954 年的进口量才恢复至 1949 年的水平（详见第 88 页表 3-2）。[21]

虽然这期间黄金进口量缩减，但金饰商的经营意欲没有减退，至 1951

表 3-2：香港黄金进口货值 / 港元

	进口	与前一年比较 / %		进口	与前一年比较 / %
1949	155,409,075	—	1953	26,585,052	223.6
1950	15,314,401	-90.1	1954	333,080,178	1,152.9
1951	21,731,473	41.9	1955	396,288,307	19.0
1952	8,214,239	-62.2			

○ 资料来源：1949–1953: *Hong Kong Trade Returns*. Hong Kong: Government Printer。
1954–1955: *Hong Kong Trade Statistics*. Hong Kong: Government Printer。

年，获发牌照的金饰店数目增加至 272 间，甲等金饰店增至 23 间，商人仍然争取获发牌照，以便可以继续营业。[22]

在黄金供应紧绌的情形下，金铺如何获得黄金原料铸造足金金饰？答案是各施各法。香港金铺若与澳门金铺有联系，如属于同一东主的联号或东主间合作联营，东主或员工便走私黄金进入香港，报章上时有偷运黄金的新闻。[23] 此外，当时香港有三家公司由政府发出特别牌照，合法垄断黄金入口，从伦敦输入黄金再转运至澳门出售；坊间传闻澳门金商再将黄金以非正式途径运回香港出售，以赚取差价。[24]

周大福在澳门和香港都有门店，澳门周大福是否向香港的联号走私黄金，现已无从稽考。坊间有这个说法：周大福香港分行所需金条要么由周至元带来，要么由郑裕彤到澳门后再携带到香港。[25] 若这说法属实，或许是 1949 年前的事，1947 年已加入香港周大福的资深员工何伯陶亦提及香港周大福的黄金来自澳门。不过，在管制黄金法令下，郑裕彤有否继续从澳门周大福带黄金过来，实不得而知。

然而我们从何伯陶的访谈中搜集到更多小故事，讲述在黄金短缺的时期，郑裕彤如何渡过难关。从这些小故事中，我们开始见到郑裕彤的生意及从商之道，以下将细加说明。

郑裕彤与合作伙伴

1959年油麻地分行开张,郑裕彤(中间)的好朋友前来祝贺

商界人脉

第一个方法是"借金"。金是用来铸造金饰的纯金。

> 郑裕彤认识吕明才,吕明才的儿子是经营银号的,在三角码头(位于上环,现已填海),铺头名叫吕兴合长记银庄。他愿意借金给我们,每次借十两。我们晚上去借金,明早还钱,就是这样,每次都这样有借有还的。我跟郑裕彤讲:"每天都要去借,为何不借长些时间?省却每天要来来回回。"他说:"你傻的吗?人家愿意借给我们,不计利息,这是莫大的帮忙,你借的时间长了,人家便要计利息了。"我明白了,我们根本没有周转的资金,那个时候,借钱的利息很重的啊,几十厘利息,根本没有人够胆去借钱。[26]

据何伯陶记忆,借来的黄金交给店铺工场的师傅造成如俗称"牛鼻圈鈪""光卜戒指"等简单首饰,即没有凿纹或装饰的手鈪和戒指;然后由一个柜面售货员做打磨,打磨之后,由何伯陶称重量和做记录,郑裕彤会把首饰收入小夹万中保管妥当,到第二天放在饰柜待售。

第二个方法是"借货"。货是完成铸造和加工镶凿的金饰。

> 如果生意多,我们便走过去"双喜月金铺"那边借货,客人在我们这边付款后,我们两家拆账,工钱归工场师傅,扣除工钱后赚到的利润,两间铺头平分。有时去"佑昌金铺"借货,有时去"双喜月"借货,就这样,我们便变成好朋友了。[27]

值得我们特别留意的是,借金和借货的故事都呈现了商业人脉关系的动态,借货是源自所谓围内金铺之间的信任,借金则是建立在两个商人之间的昔日情谊上，我们可以想象郑裕彤从澳门来香港这两三年内，已经建立了一定的生意人脉网络。

我们在第二章已谈及周大福在广州的围内金铺联系，借货故事反映了类似的围内金铺人脉也在香港运作。当时在皇后大道中144号至150号之间，连续有五间金铺：佑昌、双喜月、周大福、大陆和大南[28]，大家可谓左邻右里，若追溯这些左邻右里的人脉背景，既有地理的近便，也有族里的亲近。

五间金铺之中，以佑昌与周大福的关系最亲近，佑昌的东主周植楠，是周大福创办人周至元的亲弟，1945年至1949年间在广州的天宝金铺工作，周至元也是天宝的股东[29]，周植楠于1949年来香港后开始经营"佑昌金铺"[30]；佑昌的柜面有郑裕荣，他是郑裕彤的二弟，战时已经到澳门的金铺做后生，1949年移居香港后在佑昌工作。[31]

双喜月金铺的东主是胡姓两兄弟，胡俸枝和胡有枝，他们都是郑裕彤生意上的伙伴。1949年胡有枝和郑裕彤合股在西营盘经营西盛金铺[32]，胡俸枝亦与郑裕彤在地产上有合作关系。相信他们与郑裕彤是在战后成为皇后大道中的左邻右里后才结识的，郑裕彤曾经讲过，他喜欢到处走动，以观察别人做生意的手法，相信这样便结交了新的生意朋友。[33]

大南金铺的老板何启光是郑裕彤的包租公。郑裕彤抵达香港后，何启光将他在荷李活道的房子租予郑裕彤，郑裕彤相信周至元也是大南金铺的股东。[34]澳门也有大南金铺，设于新马路54号，毗邻位于新马路58号的周大福，第二章曾提及这是周植楠开设的。

大陆金铺在澳门也有联号，与澳门周大福只差几个铺位。在香港，大陆与周大福合租148号，两铺各占半边铺位，大陆是148号A，周大福是148号B，日后大陆的老板杨成与周大福有更多生意来往，这将在第四章详细叙述。

综合而言，这几间金铺之间的联系是建立在金铺东主之间的亲族关系、昔日的生意往来，甚至门店位置就近等因素之上，借货是这种亲近关系的

双喜月金铺

双喜月铺址是皇后大道中 146 号,毗邻 148 号 B 的周大福旧店。两店与邻店佑昌金铺、大南金铺和大陆金铺,形成犹如传统围内金铺的紧密关系,例如借出金饰,售出后互相分拆利润。双喜月的东主是胡俸枝、胡有枝兄弟,两人都与郑裕彤有不少合作生意。照片摄于 1963 年(图片由香港政府新闻处提供)

一种日常活动。

至于郑裕彤向吕兴合长记银庄借金，则是建基于何种关系？郑氏是顺德伦教人，吕氏是潮州普宁人，正如郑裕彤所讲："大家本来是没有关系的。"[35] 吕兴合长记银庄于1895年在潮州汕头创立，1930年于香港设立分店，1937年因战乱爆发，吕明才将汕头的总店迁址香港。[36] 战前的吕兴合长银庄记输入黄金及提炼成纯金金条，然后卖给批发金商或金饰店，1936年至1941年间平均每年输入 8,000 多两黄金，香港沦陷时业务停顿。[37] 战后吕兴合长记银庄复业，店址在德辅道西 12 号，即上环三角码头附近，1946年至1947年平均每年输入黄金 12 万两[38]；战时吕明才逃难到澳门，听说曾住在周大福金铺楼上，与周至元认识。郑裕彤出发往香港前，吕明才承诺，若有需要将尽力给予协助。[39] 因此，当香港黄金短缺时，郑裕彤向黄金批发商吕兴合长记银庄借金，得到吕明才儿子吕高文的襄助，让郑裕彤免息借金，可以说解决了周大福资金短缺的困难。

谈到借金的故事时，郑裕彤提到祖籍不同本应互不相干。以香港金饰业来说，有以籍贯分帮分派的说法。1930年代兴起的香港金饰业其实是承袭自广州金饰业，金铺多以家族式操作[40]，以广东人为主。1947年至1949年，不少上海商人逃难至香港，当中有从事珠宝业的，售卖款式新颖的珠宝首饰，带来镶嵌钻石的手艺，使以广东帮为主的香港金饰业有了新的景象。[41] 广东人喜欢买金保值，婚宴喜庆时亦爱穿戴金饰。战后初期，广东人尚未有以珠宝首饰作保值或装饰的习惯，上海珠宝商号的销售对象多以游客或富裕人家为主。尖沙咀也有不少金饰店，由印度籍商人所创办。[42] 有些金饰店的货品则来自潮籍珠宝制造商的 K 金首饰及从泰国入口的珠宝。[43]

战后初期，广东式的传统金铺、上海帮的珠宝行及潮籍珠宝制造商，各有特色、销售对象不同，可谓各有各做，加上方言的隔阂，正如郑裕彤所言"大家本来是完全没有关系的"，但因为生意的缘故，这种隔阂是可以打破的。郑裕彤便是这种不论差异、愿意打破隔阂的生意人。

商业品德

"服务当忠诚"是郑裕彤授予一线员工的十大服务格言中其中一句[44]，原来早于战后初期，他已经坚守忠诚的从商品德。

传统金饰业有一种惯常模式，顾客喜欢光顾老字号，特别信任相熟的柜面，一间金铺的生意，往往视乎头柜（即头号售货员）的人脉网络，在业内有良好声誉的头柜特别受到顾客的信任，原因是业内有一些销售员以不良手法欺瞒顾客。何伯陶当后生时从长辈口中听闻，广州的老金铺常用种种不良手法瞒骗客人。

> 举一个例，你想变卖祖父祖母传下来的首饰，于是拿到金铺去变卖，柜面会问你："这些首饰是哪里来的呀？"你答："我不清楚喎，我祖父留下来的。"柜面跟你东拉西扯，目的是分散你的注意力。这时柜面已开始使诈，他一面剪开首饰的焊口，挑出黄金做磅秤，告诉你这些值多少钱，让你考虑是否接受出价。他一面跟你攀谈，一面把一条毛巾放在旁边，不经意地拨弄毛巾，又不经意地利用毛巾将柜面上的金饰拨弄到地上，他弯腰把一些捡回来，但又把一些不捡回来，就是这样使诈的。[45]

以手鈪或链为例，开关的扣是以铜或合金焊接的，顾客到金铺变卖旧首饰时，柜面会拆开或剪开扣位，拣出属于黄金的部分磅秤，这时柜面上便有若干分散的金饰，不良的柜面销售员趁机将部分金饰偷偷移走，称出来的黄金总重量便缩减了，价钱便相应降低。另一种手法是使用两种量度重量的码子，一副是足秤的，另一副是不足秤的，柜面会以不足秤的一副码子对付生脸孔的客人。

周大福青山道分行

柜面员工正在用厘戥称金

有一个上海人拿了一袋金沙过来,是我负责称重量的。本来这种工作是没有我份的,应该由做账房的负责;当时生意太多呀,头柜喊道:"小子,帮我称一称这位先生的金沙。"我刚巧从邮局寄信回来,头柜吩咐下,我便照办。量了三次都是370多两,客人立即向他的同伴朋友说:"都拿来这里,这个小子靠得住呀。"立即过来了十多人,每人都放了一些金要求由我称,于是,郑裕彤跑出来招呼客人。原来其中有一位是豪华楼的老板,这是一间上海馆子,在铜锣湾豪华戏院楼上,是那些上海大亨吃饭聚会的地方,它的写字楼在南北行那边,名字叫作刘和龄,我还记得他的名字,是上海人,我们就这样结识了一班大亨,成为好朋友。[46]

1949年之前,何伯陶只是周大福的后生,他记得跟郑裕彤闲谈时,分享了他从老一辈口中听闻金铺骗人的手法,郑裕彤曾叮嘱他待客必须忠诚,不能有生客熟客之分。1947年后国共内战期间,很多上海人带着资本和技术逃难到香港,带动香港的工业发展[47],当中包括一些从事珠宝首饰业的上海人,何伯陶曾提到沪光珠宝便是由上海人开办的,他常到沪光珠宝观察橱窗内的首饰设计。由于以诚待客,郑裕彤得到当时逃难到香港的上海人的信任,生意特别好。

另一个故事表现了他对忠诚的坚持。郑裕彤接受媒体或学者访问时,总喜欢谈到他所推行的"9999千足金"制度。1949年的管制黄金法令中,所管制的是纯金度95%和以上的黄金与黄金制的器物,这法令于1974年取消,在这25年来,香港金银贸易场出售的黄金是945成色的K金,金铺买入945K金后,可以炼为99纯度再造成足金首饰,但只有持牌金铺才可售卖,而且有数量限制,限制以外的合法买卖只容许K金,于是99成色和K金两类不同的首饰同时流通市面,若不老实的商人出售K金首饰时以99成色计价的话,便可以谋取不当利润。

对于金饰业内这种乱象,市民在选购金饰时难免会有所提防。为挽回市民的信心，郑裕彤向外宣布周大福出售9999成色的足金金饰，虽然分行经理曾提出异议，郑裕彤仍坚信自己的想法。

> 那时候金铺很混乱，客人也觉得很混乱，我想，不如卖最好的四个9，因为百分之百是没有可能的。为什么我遭到反对呢？经理告诉我："老板，我们已经用99，比别人已经好很多，你用四条9，会少赚钱的。"我明白他们的意思，那时金价一两99纯金卖300几元，我卖9999也是一两卖300几元，这样我们便蚀钱了。我说不要紧，你卖广告要花钱，用四条9就等如卖广告。[48]

不出所料，刻有"周大福"字样的金饰特别受欢迎，当时市民急需周转时，会把金饰向当铺典当，掌柜见到金饰上刻有"周大福"字样的，都愿意以稍高价钱接收[49]，口耳相传下周大福的9999足金首饰特别受欢迎，郑裕彤以"忠诚可靠"为口碑便是最好的宣传。

外篇故事

年轻时的何伯陶（右）与友人摄于皇后大道中148号B周大福旧店门外

何伯陶
老伙计与郑裕彤 亦师亦友

何伯陶（1929—2018），顺德羊额出生。人称"陶叔"的何伯陶一直是郑裕彤的得力助手，是周大福珠宝金行有限公司第一代管理层，任至执行董事，亦是周大福珠宝的总设计师。陶叔的忆述内容丰富，谈及早期金铺后生的生活处境，谈及他在珠宝设计方面的成长经过，谈及与郑裕彤亦师亦友、超越东主下属关系的情谊。一次被挖角的事件，表现了上一代重视诚信的品德，同时反映金饰业内的一些生意形式。

我是在 1947 年 1 月来香港的。1946 年末郑家纯在乡下出生,郑裕彤返乡下摆满月宴,之后经过广州,把我由广州的天宝金铺带到香港周大福来,我们是这样开始一起工作的。

以前的金铺,后生和学徒都睡在金铺里。我做后生的要抹地板、洗痰罐,每晚我抹好地板后,那个学徒的鞋底踩湿了,踏上抹过的地板便弄出几个脏鞋印来,我当然不会放过他,他还要故意多踏几下,我们便打起架来,我个子小当然要输。我心里不服,我在家乡是个小少爷,为何要在这里受气?于是跑到郑裕彤跟前哭诉要辞工。他说:"你辞工没问题,不过我想问你,你既然从乡下出来了,为何轻易回去?家人问你为何跑回来,你答是跟人打架吗?岂非让家人看轻?我看你做事挺认真,你现在年纪尚轻,待你长大一些,我让你读夜校进修,将来长大了便学习做生意。"我细想,与其生气,不如化敌为友,我改变了工作程序,让大家都安睡了才抹地板,还帮助这学徒整理床铺,下午还替他买点心,不久我们变成了好朋友呢。

我幼时在学校就特别喜欢画画。有人建议我去学珠宝设计,当时我未有资格参加珠宝业文员会的设计班,于是借用了柜面何厚的名义去报名上课,六个月后考试我得了第一名,立即全行轰动。

开始时郑裕彤对我没有信心,我考到第一名都不管用,反而外边的人说:"你已经考到第一名,不如你帮我设计啦。"于是,我免费替行家(即从事同一行业的人)设计珠宝,我的条件是首饰做好后必须让我观赏。逐渐地,有经纪来买我设计的珠宝,我先设计,然后交馆口(即小工场)做镶凿。有人开始议论:"何伯陶设计的款式很美观啊,为何在周大福买不到呢?"郑裕彤才开始信任我,把周大福的珠宝交给我设计，他还跑到上海买珠、买材料供我设计，我就是这样开始的。

那年大陆金铺老板杨成找我为他开工场做首饰，当时我刚结婚不久。杨成问我："你在周大福每月人工多少？"我答："260元。""这么少！这样吧，我给你每月2,500元，交500两黄金给你，你帮我开一间工场，为我做事。"我说："世伯，你弄错啦，我不会离开周大福的，郑裕彤对我很好，凡事都交给我打理，我走了如何对得起他？"杨成说："你用一个星期时间去考虑吧。"我想来想去，始终认为不能答应杨成。

我问过老板（郑裕彤）："究竟几多岁结婚才好呢？"他说："千万不要太早结婚，起码都30岁以后啦。"那时我才二十三四岁，当然不会那么快结婚。谁知太太的姐姐打算移民，她跟我们说："我看到你们结婚后才能安心离开。"临时临急，我根本没有钱办结婚的事。老板知道了，他说："好啦，你结婚啦。"我心里不安，我原答应了他30岁后才结婚的。他给我5,000元在石塘咀广州酒家做喜宴，办了20围酒席，他是证婚人，还替我邀请贵宾，很多有钱人都来参加喜宴。之后我还有余钱在永和里租了房间与太太生活。

试问哪里可以找到这么好的老板？我怎可以见利忘义？

郑裕彤与周大福的头柜、双喜月的老板，还有一个经纪，四个人每人合股4,000元，以16,000元开一边柜面，叫作"周大福珠宝"。做经纪那个夜夜笙歌，郑裕彤为人很节俭的，不会胡乱花钱，到分钱的时候，那个人就抱怨："我应酬客人的使费，你没有计入开支中，变相你分得多，我分得少。"大家意见不合下，那个人便另起炉灶，他还怂恿其他股东一起离开。他也怂恿我离开："何伯陶，轮到你啦。"我告诉他："我不能走的呀！"他问为什么，我说："郑裕彤带我出身，你们全走了，还有谁会帮他？无论如何我是不能走的。"他说："郑裕彤懂什么？六个月后周大福一定执笠（倒闭），我敢担保他一定失败。"

翌日，郑裕彤和我两个人拿着四分之一的货，郑裕彤坐头柜，我坐二柜，就这样做生意。我们开始找人手，从大南金铺请了一个姓郑的亲戚做柜面，谁知他经常外出，整天都不在金铺里；我们又请了一个大师傅，在业内很有名气的，他的确带了很多客人来，但却经常开柜桶拿钱，我是负责管账目的，每天欠数 500 元，都算在我头上。我跟老板讲："这样下去不是办法，不如找兄弟回来一起做吧。"始终做生意要有信得过的自己人才可放心，后来我们兄弟班一起做。

郑裕彤曾经跟我讲过："何伯陶，做生意是有风险的，你如何减低风险？"我说："老板，我怎会知道？"他说："比如你有三个朋友，每人有 3 万元，有一宗生意需要 3 万元，我会去问大家有没有兴趣？有兴趣的每人夹 1 万元。如果我一个人做，输了便会蚀光，如果跟朋友合作，每人蚀 1 万元，影响不会太大。我们三个人合作，凡事一起商量，三个人都同意才'去马'（实行），大家是认识的，互相了解对方的来龙去脉，这样做风险就最小了。"赚到钱郑裕彤立即与大家分，人人都有利，周大福就是这样起家的。同行如敌国，郑裕彤就喜欢化敌为友。

涉足钻石批发

借金和借货的目的是解决困难,尚未谈到郑裕彤如何开拓自己的黄金岁月。由战后初期至 1950 年代,郑裕彤已开始经营金饰以外的生意,这段时间可视为他在商业上的成长期,上面的小故事反映了他做生意的态度,下面将详细描述,他如何开拓传统金饰业以外的业务,使周大福由传统金铺转型为珠宝金行。

战后初期,郑裕彤开始涉足钻石批发生意,正是这个时候,郑裕彤遇见他的知己良朋冼为坚。冼为坚于广东佛山出生,祖父和父亲在广州和香港经营当押业,父亲对鉴别珠宝有相当知识,因而认识大行珠宝行的老板萧杰勤(行内人称"萧苏"),经萧杰勤的带引,冼为坚于战后受聘于大行珠宝行。

大行珠宝行约于 1942 年日据时期创立,创办人是萧文焯及他的兄长萧杰勤,大行的前身是位于皇后大道中的宝来金铺,1879 年由萧氏兄弟的父亲创立。大行于战后发展迅速,从南非、英国和美国进口白金、K 白金、钻石及黄金等用于镶制首饰的原材料;进口钻石方面,1947 年大行获南非钻石商 Gem of the House 授权独家代理 Liberty Diamond Cutting Work (Pty.) Ltd. 出品的钻石,每月入口价值几十万元的已切割打磨的钻石,相信它是香港第一家进口钻石的华人商行。[50]

当时大行珠宝行位于中环东亚银行大厦 8 楼,冼为坚先学习整理会计账目,逐渐负责钻石的买卖,包括将入口的钻石分类、包装和定价。他是在大行结识到前来买钻石的郑裕彤。

> 那时大约是 1947 年,我认识到郑裕彤先生。他是我们的顾客,很长时间一直光顾大行。我深刻记得,他过来买完货之后,我们两个人搭着膊头一起去顺记吃雪糕,那时我们(大行珠宝行)在东亚银行,周大福在大马路那边,而顺记就在云咸街和安兰街的转角位,

吃罢雪糕，我们返回大马路分手，他向大马路（大道中148号）走去，我返回东亚银行。

钻石货来到公司，我们一定通知他，因为郑先生的数目非常清楚。我们的惯例是放账两个月，他一定依期结账，有时还会提早呢。我们有很多顾客，有时两个月过去了仍未找数，拖两个半月、三个月。郑先生呢，他是最准时的。有时我用电话跟他商量："我们刚巧银根较紧，你可以提前结账吗？""得、得、得！"我们有需要时他是会提早结账的。

他的生意愈做愈大，有时根本不用看货便决定整批买下来，隔一段时间后，我会问他："彤哥，这批货好卖吗？"他答："这批货几好卖。"下一次买货时，他会在价钱上自动增加一个至两个 percent（百分比）。有时一批货不容易卖出，他会说："这批货不太受欢迎啊。"于是，我在价钱上调低一两个 percent，我们是这样互相迁就的。[51]

冼为坚心目中的郑裕彤，心算快，计数精明，两人年纪相若，才智相近，互相欣赏并结成好友。冼为坚忆述两个年轻小伙子办妥事情后，结伴往顺记吃雪糕，映照出郑裕彤富人情味和个性活泼的一面。除此之外，郑裕彤也是一个通情达理、非常有信用的人，即使当时商界流行"记账"形式（即取货后一段时间，取货方才向付货方清还款项），郑裕彤绝不会拖欠账款。做生意要共赢互利，这是冼为坚对郑裕彤的赞誉。

郑裕彤向大行买入大批钻石后，生意是怎样做的？当年是陈广记珠宝行东主的许爵荣，原来曾经是郑裕彤的"客仔"。[52]

大行珠宝行坚哥（冼为坚）是进口钻石的，进口之后需要拆货，卖给行家。我们陈广记有向他买货，彤哥（郑裕彤）亦有向他买货，彤哥有时买大手一些，于是交经纪拆货给行家，我们也有向彤哥买货的，因为我们不是买很多，从经纪处挑选合适的才买。[53]

郑裕彤在鉴赏钻石

摄于 1985 年 7 月（图片由星岛日报社提供）

从许爵荣的忆述可知，郑裕彤是在经营钻石批发生意。钻石买卖可分为两层，一层是进口商与批发商之间的买卖，即如大行珠宝行与郑裕彤之间的生意，另一层是批发商与零售店之间的生意，即如郑裕彤与许爵荣之间的买卖。大行珠宝行进口一批钻石后，会依大小和颜色分拆成数量不一的小包，郑裕彤买下其中一包或多包，然后再拆开卖给其他金饰珠宝店，大家份属同业，俗称"行家"。

> 一袋之中不会只得一种货色，有大有小，不会每颗钻石都合用，如果想做拆货的生意就买大批的，买下一批大手的，再开分散卖，大颗的卖给这个，细颗的卖给那个。大行亦有散卖的货，它未必每宗都分成一袋一袋卖，所以我们跟大行也有来往，不过比例上就不及彤哥。我的做法是选择合适的来卖，因为我的对象是用家，彤哥专门买回来拆货，他的对象是行家。[54]

许爵荣所讲的"拆货"，即是批发商与门市商店之间的买卖，陈广记专注做门市，依顾客的喜好入货，买货时数量少、选择性高；郑裕彤的生意对象是行家，便买入大小不一、颜色各异的货色，以满足不同行家的需要。这在金饰业行内俗称为"做行家生意"，现代语言是做批发生意。

郑裕彤早于战后初期便涉足钻石批发买卖，当时香港的钻石商贸情况是怎样的？香港没有出产钻石，所有货品均从外地进口，观察钻石的进出口数字可以了解钻石贸易的活跃程度。

战前的香港贸易统计，与珠宝首饰相关的行业分类有黄金、银、白金、宝石、首饰及银器，所谓宝石其实只有玉石的贸易数字，当时还没有钻石这个分类。战后第一份香港贸易统计于1949年刊出，当时的分类增添了宝石、半宝石及珍珠一项，钻石仍未有独立数字，被合并入"宝石"类中。[55]
直至1952年，香港贸易统计开始将钻石以独立分项显示，相信当时的货值已有相当分量，值得于统计报告中独立呈现。

我们整理了1952年至1961年的钻石贸易数字，时间点以郑裕彤正式接手周大福为界，观察他在1950年代涉足钻石批发买卖时香港钻石贸易的状况（详见第107页表3-3）。首先，1952年至1961年这十年间，钻石的进口和出口逐年增长，进口货值每年平均增长92.5%，出口货值增长1.05倍，可见战后钻石的进出口贸易发展非常迅速。第二，出口钻石占进口钻石货值的比例十年平均是19.1%，换言之，约有八成进口钻石在本地销售，以1960年为例，本销钻石货值是1.43亿元，数额非常庞大；《香港经济年鉴》质疑以当时的香港经济水平，市民的购买力无可能消化这价值庞大的进口钻石，估计有相当数量是经"地下生意"途径离开香港，[56] 暗示经走私或偷运出境，它亦估计有不少由旅客或访港华侨，从本地购得珠宝首饰后将之携带出境。

据陈广记的许爵荣的忆述，郑裕彤买入大批钻石后，向本地的行家拆货，当时有没有卖给外地买家、游客、水货客，又或有没有亲自或派员带货到外地出售，现在已无从查证。比较肯定的是，1961年周大福珠宝金行有限公司成立后，郑裕彤正式设立钻石部，专门负责钻石进口及出口、分类、定价等工作，可以想象，由1947年至1961年间，郑裕彤已累积相当丰富的经验和客路，对专注钻石买卖已很有信心。

1947年，当钻石贸易尚未有独立统计数据，即贸易水平偏低时，郑裕彤已开始到大行珠宝行买货；1950年钻石贸易急速增长时，他专门做行家生意，在金饰业内可说是快人一步。郑裕彤由传统金铺出身，为何会涉足钻石的生意？我们可以从传统金饰业的状况和运作特色来理解他对开发新业务的兴趣。

1950年代进口黄金和黄金买卖是受管制的，金铺的生意和利润受到直接影响，除了销售量，利润幅度也受影响。一件金饰的价钱包括金价、黄金买卖的佣金（公价规定占卖价2%）和师傅做镶凿的工钱；金价是依重量计算，工钱归师傅所有，铺头赚取的是佣金、火耗和黄金买卖的差价，[57]

表 3-3：香港钻石进出口值 / 港元

年份	进口总值	出口总值	出口占进口比例 / %	本销货值
1952	27,091,773	7,856,056	29.0	19,235,717
1953	30,851,170	1,142,353	3.7	29,708,817
1954	32,803,440	4,096,325	12.5	28,707,115
1955	60,741,781	7,585,448	12.5	53,156,333
1956	85,012,658	16,112,724	19.0	68,899,934
1957	93,619,811	12,430,648	13.3	81,189,163
1958	97,785,318	19,283,702	19.7	78,501,616
1959	144,453,445	28,174,449	19.5	116,278,996
1960	185,132,026	41,815,763	22.6	143,316,263
1961	228,069,631	50,050,212	22.0	178,019,419
每年平均	增长率 92.5%	增长率 104.9%	19.1	79,701,337

○ 资料来源：*Hong Kong Trade Statistics*. Hong Kong: Government Printer。
○ 1. 钻石是指已切割打磨但未镶嵌的钻石。
　2. 每年平均是指 1952 年至 1961 年间十年来的每年平均。
　3. 本销货值是进口总值减去出口总值。
　4. 增幅是与上一年比较的增幅。

佣金是固定的 2%，只有差价有变动空间。黄金管制令推行期间，金价非常稳定，1950 年至 1971 年间，最低价和最高价一直徘徊在 250 元至 330 元之间，一年内的高低波幅最少 5 元，最多 54 元[58]；金价稳定时差价幅度窄，利润空间相当固定，挑战性较低。

相反，钻石和珠宝的议价空间很大，一颗钻石的价值，除了看本身的大小、颜色、闪亮度及瑕疵，还要视乎买家的喜好，每颗钻石各有它的特色，加上工艺师的手艺，价钱变化很大，商人可凭个人的眼光和胆识与买家议价。郑裕彤曾经向传媒讲过自己是喜欢接受挑战的人[59]，当时钻石买卖在起步阶段，市场尚未成形，郑裕彤比人快一步参与钻石买卖，正好反映他爱接受挑战的性格特质。话说回来，郑裕彤对钻石绝非门外汉，澳门周大福于战时已涉足钻石和珠宝，周至元聘用资深行家韩丽洲坐镇，专门负责鉴别珠宝玉石的品质和定价，[60]相信郑裕彤对钻石已有一些认识。因此，若周大福要拓展多一门生意，钻石买卖是合理的选择。

多元化的金铺生意

在门店销售方面，郑裕彤亦做出了新尝试，包括在传统金铺内增置珠宝饰柜，在九龙人口密集的社区开设分行，1956年深水埗青山道分行开业，1959年油麻地分行开业。各分行开始引入新的元素，并适配分行所在社区的特色，附设非金铺的服务。

根据金铺老员工的忆述，传统金铺主要售卖足金金饰，有些兼营玉器，这样的话，战后初期的周大福金铺也是一间传统金铺。郑裕彤描述战后初期的周大福金铺只有几百英尺大小，金铺只有100多两金和少量玉器，规模有限。[61]周大福的铺内陈设，与一般金铺无异，入门的右边是一个长形的饰柜，用来陈列足金首饰和玉器，另一边放置了酸枝椅和茶几，供招呼客人用。跟传统金铺一样铺头设计是前铺后工场，有几个师傅在做制造金饰、镶凿及修长补短的工作。

1948年至1949年间，郑裕彤将放置酸枝椅和茶几的一边改装为珠宝饰柜，专门售卖珠宝首饰，与对面的金饰部分庭抗礼。依何伯陶的记忆，珠宝饰柜是郑裕彤与几位行家合股设立的，[62]可谓自己生意，与周至元辖下的周大福金铺是"两盘数"。[63]两个字号共用一个铺位，以许爵荣的观察，这是常见现象，既可分担租金，更可吸引顾客注意，最佳的组合是一个做金饰，一个做玉器、珍珠和宝石，借此增加货类吸引顾客。[64]

此外，郑裕彤亦在门店销售方面做了新尝试。1949年至1959年间，周大福分别有三间门店在中环以外的地区开业。1949年他与胡有枝（双喜月金铺老板）合股在皇后大道西开设西盛金铺，后来这金铺改组为周大福西营盘分行；1956年在深水埗开设青山道分行；1959年开设油麻地分行；1967

年西营盘分行搬到九龙城太子道西,即九龙城分行。

1956年,深水埗青山道已经有几间金铺,包括老西盛金铺、东盛金铺、广珍金铺及周生生分行[65],毗邻周大福分行的是老西盛金铺和广珍金铺,据老员工的忆述,几间金铺的门面形式很相似,都是传统金铺,主要卖金饰和金粒,珠宝只占少数。深水埗青山道一带是唐楼林立的旧式社区,靠山方向有苏屋村和李郑屋徙置区,是普罗阶层居住的社区,喜庆时买金饰,平日将积蓄买金保值。因此,周大福分行设有"存金"服务。冯汉勋曾服务于油麻地分行的柜面,他对金铺的存金服务有这样的理解。

> 我们有做存金,年利率两厘。接受存金有什么用途呢?假设你经营一间金铺,需要1,000两黄金存货,如果你以存金吸收了1,000两金,你便无须用资金买货,只需要准备每年支付2%利息给存户客人。做存金对金铺的好处是将本来用作买金的资金,转到其他用途上,方便了金铺的周转,并且可以节省利息,因为当时借贷需要10%,借金只需2%。作风稳健的金铺不会将客人的存金用做其他投资,如果存户要取回存金,金铺有流动资金应付提取;即使发生如挤提的情况,有很多存户来提取存金,金铺也可以黄金存货应付。只要选择作风稳健的金铺,市民到金铺做存金是不错的保值方法。[66]

昔日一般市民喜欢买金保值,但保险箱这类设施尚未普及,寄存在相熟金铺可作保险,又可赚利息。周大福提供存金服务,既可利用客户寄存的黄金和金饰,扩充存货,亦吸引邻近坊众光顾。除了存金,青山道分行还有其他非金饰买卖的服务,包括汇兑、找换、换零钱、存款等,主要对象是区内的台山人。

据曾服务于青山道分行的员工黄大杰忆述,相信郑裕彤决定在青山道开设分行,是为了吸引附近居住的四邑人光顾,原因是四邑(新会、台山、开平、恩平）尤其台山是华侨之乡，乡民多到外埠找机会，不少人曾经在美国谋生，退休后没有回乡，随家人在香港定居，又或者香港的台山人之中有亲戚在美国。台山人兑现支票需要找相熟的、可靠的途径，所以郑裕彤找来台山人刘显仕担任柜面。

> 其实四邑人都住在附近，非常近便，每月收到支票，都会来周大福兑现，当时很少有人选择到银行做兑换。那时我们铺面有两个台山亚伯，一个叫刘显仕，他真的有很多熟客，四邑人喜欢找同声同气的倾偈，每月到时候一定过来做找换。最主要的目的是什么呢？老板（郑裕彤）希望增加客流，有客人入铺头，就有机会光顾买东西，其实做这些找换生意，不会赚到多少钱的。[67]

薛汝麟本来在青山道分行做柜面销售，后来被调入账房，负责汇款和兑换服务。

> 我转了到账房做事，做什么的呢？所谓叫作找换，当时青山道有很多四邑人，四邑人大多在美国、加拿大等地方有人寄钱、寄支票过来。如果他从那边退休后回来香港生活，每个月便会收到美国或加拿大寄来的支票。他们很少去银行，与我们的同事熟络了，便在我们那里做兑换。另外，我们亦有国内汇款的服务，广州、顺德、南海等地方最多，尤其年尾时大家争相寄钱回乡，年尾时汇款方面的生意特别多。[68]

不单青山道分行，油麻地分行和九龙城分行都设有兑换服务，由兑换服务再衍生出存款服务。曾服务于油麻地分行的冯汉勋解释支票汇兑和存款服务之间的关系。

金饰买卖票据

上面盖了弥敦道分行的印章,内容从右边读起:

"取足金 1 两 2 厘(1.002 两),时价(每两)295 元算,惠佣每元二仙
制成饰品(货号)2.F6 443 龙凤绞镯壹只,工资 25 元
连工佣共该银 326.5 元
台照
1966 年 1 月 24 日　经手人:潘"

龙凤绞镯,即雕了龙凤式样的手镯,"绞"指镯的开关,通常是在龙头前设一颗珠状的按掣,按下便可打开"绞",方便戴上或除下金镯。经手人"潘"是潘祖荫,当时是周大福油麻地弥敦道分行的金饰部头柜

> 为何做找换会吸收到存款的呢？那时最初在青山道分行先行，青山道有台山人、台山人的家属，每个月都会收到美金支票，他们拿着那张美金支票到我们金铺来兑换，换到现金未必会拿走，根本日常无须用到这笔钱，他们把支票兑换成现金后，在金铺开个户口存起，当作存款收息，我们金铺又可以增加流动资金。[69]

除了兑换外币支票，找换服务也包括"唱散纸"（换零钱），例如一个普罗市民得到一张大面值的纸币，会到金铺换成面值较小的纸币零钱，周大福收取几毫子手续费。兑换支票、美金换港币、换零钱等，都是今日银行的服务，当年银行分行未普及，政府尚未实施存款管制法例，加上1960年代香港发生过几次银行挤提，令市民选择到金铺接受类似银行的服务。银行挤提风波下，周大福仍然得到顾客的信任，原因是四邑籍的柜台员工刘显仕能安抚台山客人。

> 以前金铺可以接受存款，存款额不算少，但那次挤提，我记得当时是新年，门店那棵桃树差点被推跌。开始时是海外信托，然后是恒生银行，对我们都有一些影响，有人来提钱。不过我们应付得到，没发生问题，而且很多人都信任那个台山亚伯柜面，经他解释一下便放心了，那个台山亚伯都几有本事的。[70]

郑裕彤在金铺设立买卖金饰以外的服务，当然是从生意角度出发，但他这对"生意眼"也确实注意到社区民生的需要，所以1956年至1967年，在这几处人口密集的地区设立分行。其后这些服务陆续取消，1972年青山道分行搬到旺角山东街时，新铺不再提供兑换服务，存款服务至2011年周大福上市时才全面取消。

周大福油麻地分行旧貌

位于弥敦道341号的油麻地分行。坐于饰柜内最靠近店铺入口者,是俗称"头柜"的柜面销售员,必定由经验丰富的资深从业人员担任,有相熟顾客网络的头柜尤其受雇主欢迎,因为他会为店铺带来更多生意。右边戴眼镜的是油麻地分行第一任头柜卢祖文

1959年，郑裕彤到油麻地弥敦道开新分行，这举措令金饰业界震动。

油麻地分行位于弥敦道341号，邻近有几间老字号金铺，东记、长兴、双喜月分行、胜利、新新，这几间金铺在1949年政府颁布管制黄金法令时已获发牌照，东记和新新是甲级金铺，其余三间是乙级金铺。这一带的弥敦道上有数间戏院，大华戏院、普庆戏院、平安戏院，大华戏院专门放映西片，普庆戏院经常有粤剧上演，平安戏院是油麻地地区规模最大的戏院。[71] 金铺邻近戏院，这一带的弥敦道是逛街看戏的消闲区。

油麻地分行有一段佳话，流传于老员工之间。

> 油麻地分行那时，我觉得资金非常充裕，我听过当时开油麻地分行时，老板预算投资的资金是100万元。"哗，100万元开一间金铺呀，想炸沉九龙吗？"轰动了整个珠宝业。那个时候100万元是一笔大数目，买一个旧唐楼单位只需要几万元，100万元的珠宝行等于多少个唐楼单位？以公司雄厚的资本，无论货量、货色，应有尽有。我们的金饰手工，我们的工艺师，一向都是与众不同的，应该比油麻地的金铺品质较佳，周大福的档次是高一些的，因为我们是从中环过来的嘛，跟九龙那些老金铺是不一样的。[72]

除了货色，装修方面，与一般老金铺也是有所区别的。

> 那些金铺主要以卖金为主，所以很多都以什么老金铺命名，而且它们的装修全部都用铁栏，饰柜里面装电灯胆；我们公司在1960年代已经用射灯，1962年有冷气，用开利冷气的；射灯我猜是用飞利浦射灯，可能你未必知道，皇上皇餐厅出品的照烧鸡，就是用聚光灯胆近距离照着烧鸡的，我们也是用射灯做装饰。地板我们用胶板地，要打蜡的，老金铺的地下可能用瓷砖，细细粒那种纸

皮石。[73]

  冯汉勋形容射灯是装在天花板的,相比把灯胆装在饰柜的老金铺,周大福的新店在外观上灯火通明,比较吸引途人注意。油麻地上海街是九龙的老金铺集中地,主要是乙级和丙级金铺;郑裕彤选择在弥敦道开铺而不是上海街,而且选择与东记、新新等甲级金铺为邻,反映这个时候的郑裕彤,对周大福的竞争力已相当有信心。

郑裕彤的足迹

刚二十出头的郑裕彤来到战后的香港，为周大福香港分行复店，战后香港物资短缺，黄金更是政府严控的资源，郑裕彤不但使香港周大福复业，更有长足发展，可见其非凡的办事能力。复业同时，郑裕彤亦开始踏上其从商之路，即使身为周大福女婿，却不会死守故业，在旧式金铺里注入新元素——引入珠宝和钻石；他广开门路，凭俗称"行街"的推销工作，累积见识、经验、个人资金，最重要的是累积人脉网络。郑裕彤表现出的从商风格是谨守诚实的品德，来港十多年，郑裕彤已是一位重诚信、广结同业好友、具锐利触觉的商人，准备好迈进他的珠宝大王之路。

注释

[1] 参考王惠玲、莫健伟:《何伯陶口述历史访谈》(2016年12月19日)。

[2] 参考钱华:《因时而变:战后香港珠宝业之发展与转型(1945—2005)》(2006年),页35-36。

[3] 参考留津:《香港亿万富豪列传之八:珠宝大王——郑裕彤》(1977年)。

[4] 各专访于1978年辑录成书,书中12位富豪包括霍英东、赵从衍、李嘉诚、杨志云、周锡年、方新道、冯景禧、郑裕彤、萧明、胡仙、邵逸夫、何鸿燊。参考王敬羲:《香港亿万富豪列传》(1978年)。

[5] 参考几本有关郑裕彤的传记,蓝潮将郑裕彤描绘成"沙胆彤",穆志滨则认为郑裕彤注重细节是他的成功之道,陈雨认为郑裕彤成为香港最大的钻石进口商,是因为他看准女性喜欢珠宝的心态,眼光独到。参考穆志滨、柴娜,《"沙胆大亨"郑裕彤:从珠宝大王到地产大王》(2011年);陈雨:《黄金岁月:郑裕彤传》(2003年);蓝潮:《郑裕彤传》(1996年)。

[6] 参考留津:《香港亿万富豪列传之八:珠宝大王——郑裕彤》(1977年)。

[7] 参考周大福企业文化编制委员会编:《周大福与我——郑裕彤自述》(2011年),页250。然而,根据何伯陶的忆述,香港沦陷时,周大福停业,至和平后复业。可能的情况是,香港沦陷后周大福继续营业,一段时间后无法维持,唯有停业,战后复业。参考周大福企业文化编制委员会编:《草创时期:抗战胜利前后的周大福》(2011年),页271。

[8] 参考《港九珠石玉器金银首饰业联会会员芳名录(中华民国三十六年度)》。香港历史档案馆馆藏,档案编号HKRS939-4-57,文件编号20。

[9] 参考周大福企业文化编制委员会编:《周大福与我——郑裕彤自述》(2011年),页250。

[10] 文件记载周大福自称于1941年开业。参考香港历史档案馆馆藏,档案编号HKRS163-1-309,文件编号142。

[11] 有关周大福金铺致函财政司申请输入黄金的牌照。参考香港历史档案馆馆藏,档案编号HKRS163-1-309,文件编号130。

[12] 参考同上。

[13] 参考王惠玲、莫健伟:《何伯陶口述历史访谈》(2016年12月19日)。1950年以前,位于148号A铺位的是"新生金铺";自1950年起,该铺位由"大陆金铺"经营。何伯陶谈及周大福与大陆金铺的合作,始于1950年代中后期。1949年香港金铺资料,

参考香港历史档案馆馆藏，档案编号 HKRS41-1-6706；1950 年的金铺资料，参考档案编号 HKRS41-1-6708。

[14] 参考冯邦彦：《香港金融业百年》（2002 年），页 64—67。

[15] 黄金炒卖炽热，主因在于国民政府在国共内战中节节败退，以大量发行纸币维持国库收入，造成货币严重贬值，大量民间资金流入香港，引发市场炒卖外币、黄金和白银，上海、广州及香港的行庄之间形成套汇关系，将内地巨额资金兑换成外币、黄金和白银，在香港进行炒卖或外逃境外。参考冯邦彦：《香港金融业百年》（2002 年），页 64—67。

[16] 参考杨志云：《杨志云回忆录》（2002 年）。

[17] 参考 Schenk, 1995, pp.387–402。

[18] 香港被英国殖民统治，战后各国为了恢复国内经济，重建国际金融货币秩序，国际货币基金宣布各国政府必须采取措施控制黄金的产量、出入口及买卖流通和价格。参考 Schenk, 2001。

[19] 参考《金银首饰商会议决　暂时停止营业四天　金饰售价及来源问题待请示》，《工商日报》，1949 年 4 月 16 日。

[20] 牌照分为甲、乙、丙三级，甲级可持有 260 盎司黄金，乙级可持有 250 盎司，丙级可持有 100 盎司，持牌金铺可以向注册牙医出售黄金，每次不超过 10 盎司，向香港居民出售黄金，每次不超过 3 盎司，香港居民可向持牌金铺或人士出售黄金，每次不超过 5 盎司。参考《管制黄金令（四则）》，刊登于《一九四九年香港年鉴》，第三回中卷，《法令规章》，页 19—20。

[21] 参考 *Hong Kong Trade Returns*, 历年。

[22] 参考香港历史档案馆馆藏，档案编号 HKRS41-1-5107；档案编号 HKRS41-1-6708。

[23] 有报章分析香港黄金的来龙和去脉。黄金多来自南非和欧洲，香港商人向外商订货，货物经越南运至澳门，因澳门没有限制入口，经持牌的入口商并缴足税款便可，专造熔铸的银号将入口的 997 黄金炼制成 99 澳门金条，偷运至香港；香港金商熔铸为 945 成色黄金，向市场出货，或者以 99 金条偷运至泰国、新加坡、印尼等东南亚地区。参考《黄金的来源与销路》，《工商日报》，1951 年 5 月 15 日。

[24] 参考 *Sitt*, 1995, pp.14。

[25] 参考陈雨：《黄金岁月：郑裕彤传》（2003 年），页 39, 该书作者自称曾与郑裕彤做过独家访问。

[26] 参考王惠玲、莫健伟：《何伯陶口述历史访谈》（2017 年 1 月 6 日）。

[27] 参考同上。

[28] 佑昌金铺位于皇后大道中144号,双喜月金铺位于146号,周大福金铺与大陆金铺合租148号铺位,大南金铺位于150号。参考香港历史档案馆馆藏,档案编号HKRS41-1-6706。

[29] 1945年战后初期,何伯陶曾在广州的天宝金铺做后生,他称周至元为大老板。参考王惠玲、莫健伟:《何伯陶口述历史访谈》(2017年1月6日)。

[30] 参考王惠玲、莫健伟:《周桂昌口述历史访谈》(2018年12月18日);有关佑昌金铺的资料来自何伯陶访谈,参考王惠玲、莫健伟:《何伯陶口述历史访谈》(2016年12月19日)。

[31] 参考王惠玲、莫健伟:《郑锡鸿口述历史访谈》(2018年12月17日)。

[32] 参考周大福企业文化编制委员会编:《周大福与我——郑裕彤自述》(2011年),页248—255。

[33,34] 参考同上。

[35] 参考同上,页251。

[36] 若吕兴合长记银庄于1875年在汕头创立,创立人应该是吕明才的父亲吕祥光;日本侵华战争时,吕明才将汕头的铺头搬到香港。参考香港历史档案馆馆藏,档案编号HKRS163-1-309,文件编号47。网上资料:文林:《吕明才基金回顾》,《基督教周报》,1999年5月16日,http://christianweekly.net/1999/ta1723.htm。

[37] 参考香港历史档案馆馆藏,档案编号HKRS163-1-309,文件编号47。

[38] 参考同上。

[39] 参考周大福企业文化编制委员会编:《周大福与我——郑裕彤自述》(2011年),页250—251。

[40] 1930年代广州时局不稳,金业商人分别到葡萄牙及英国统治的澳门和香港开店从商。参考欧阳伟廉编:《流金岁月:香港金业史百年解读》(2013年),页16。

[41] 参考香港玉石制品厂商会:《香港珠宝业之演变》(1995年),页32。

[42] 参考 *Kwok*, 2003, pp.173-175。

[43] 参考同上。

[44] 参考周大福企业文化编制委员会编:《周大福十大服务格言及其注解》(2011年),页108—113。

[45] 参考王惠玲、莫健伟:《何伯陶口述历史访谈》(2017年1月6日)。

[46] 参考同上。

[47] 参考 Wong, 1988。

[48] 参考钱华:《因时而变:战后香港珠宝业之发展与转型（1945—2005）》(2006 年)，页 150。

[49] 参考同上。

[50] 参考香港历史档案馆馆藏，档案编号 HKRS163-1-309，文件编号 104；王惠玲、莫健伟:《冼为坚口述历史访谈》(2016 年 8 月 19 日)。

[51] 参考王惠玲、莫健伟:《冼为坚口述历史访谈》(2016 年 8 月 19 日)。

[52] 陈广记珠宝行于战前由陈广创立，战后许爵荣的父亲许步云从澳门来香港，与陈广合作经营珠宝行，获发黄金限制令下的丙级牌照。未几陈广因年事已高打算退休，便将珠宝行的股份转让予许步云。当时门店设于皇后大道中 210 号，店内有两条饰柜，分售金饰和珠宝。货品除售予本地客人外，还通过金山庄出口至美国等外地市场。许爵荣一直辅助父亲的生意，曾任香港钻石会主席。参考王惠玲、莫健伟:《许爵荣口述历史访谈》(2017 年 9 月 5 日)。

[53, 54] 参考同上。

[55] 参考 1949. *Hong Kong Trade Returns*. Hong Kong: Government Printer.

[56] 参考香港经济导报社:《珠宝玉石业》(1960 年)，页 118—119。

[57] 火耗是指用来固定接驳位如扣子所加入的铜或其他金属，重量算入黄金重量之中，顾客以黄金价格支付这些非黄金物料的成本，金铺便赚取了成本与价格之间的差价。

[58] 参考周大福企业文化编制委员会编:《1948 至 1984 年的九九金价格》(2011 年)，页 292。

[59] 郑裕彤于 1978 年接受《信报财经月刊》的访问，被问到为何从珠宝业转至地产业时，他的答复是地产业有较大挑战。参考赵国安、梁润坚:《郑裕彤先生纵谈地产旅游股票投资》(1978 年)。

[60] 香港钻石会前主席许爵荣，战时在澳门协助其父许步云，经营位于澳门草堆街的诚昌珠宝行。许爵荣记得韩丽洲是行内资深的钻石专家，受聘于周大福担任钻石买手，买入的钻石有时在周大福门店出售，有时转卖给行家。例如，韩丽洲买入钻石后，或会与许步云联络，若许步云认为价钱合理，会买入再转售予澳门的金饰珠宝店。参考王惠玲、莫健伟:《许爵荣口述历史访谈》(2017 年 9 月 5 日)。

[61] 参考周大福企业文化编制委员会编:《周大福与我——郑裕彤自述》(2011 年)，页 251。

[62] 当年还没有多少人做珠宝的时候,郑裕彤和胡有枝(双喜月东主)、刘绍源(珠宝经纪)合作做珠宝生意。主要是钻石的批发、拆货给行家。后来胡有枝拆了伙,只剩下郑裕彤与刘绍源,后来又与李邝合作做珠宝。郑裕彤与刘绍源合作了五六年后,刘绍源拆伙自设美时珠宝公司。参考周大福企业文化编制委员会编:《周大福与我——郑裕彤自述》(2011年),页253—254。

[63] 参考王惠玲、莫健伟:《何伯陶口述历史访谈》(2017年1月6日)。

[64] 参考王惠玲、莫健伟:《许爵荣口述历史访谈》(2017年9月5日)。

[65] 老西盛金铺设于青山道216号,广珍金铺设于218号,周生生金铺设于146号,同昌金铺设于143号。1956年东盛金铺设于146号,翌年东盛迁往佐敦道37号C。参考《香港年鉴》,1956年及之后历年。

[66] 参考王惠玲、莫健伟:《冯汉勋口述历史访谈》(2018年11月14日)。

[67] 参考王惠玲、莫健伟:《黄大杰口述历史访谈》(2018年12月13日)。

[68] 参考王惠玲、莫健伟:《薛汝麟口述历史访谈》(2018年12月13日)。

[69] 参考王惠玲、莫健伟:《冯汉勋口述历史访谈》(2018年11月14日)。

[70] 参考王惠玲、莫健伟:《薛汝麟口述历史访谈》(2018年12月13日)。

[71] 参考《油麻地社区记忆》,《香港记忆》,http://www.hkmemory.org/ymt/text/index.php?p=home&catId=787&photoNo=0。

[72] 参考王惠玲、莫健伟:《冯汉勋口述历史访谈》(2018年11月14日)。

[73] 参考同上。

（第四章）

整合珠宝金行一条龙

后来，我认识了不少做钻石生意的犹太商人，

他们都愿意给我赊账。

因为我每一次都依期付款，故他们都很信任我。

1960年后，他们从以色列寄钻石来，

由于可以赊账，我根本不用本钱。

此时，也有越南西贡的客人来买，

他们预付货款订货，故每批货到来，便立即可以售清。

由于生意愈做愈大，我觉得公司的发展要有规模，

故在1961年把公司改为有限公司注册。

——节录自《周大福与我——郑裕彤自述》，2011年[1]

1961年周大福珠宝金行有限公司注册成立，意味郑裕彤正式接掌周大福。他将1950年代所建立的业务，全部纳入新的公司架构内，将原料采购、首饰生产线、批发出口、门市零售，整合成一条龙的综合性业务。1970年代，郑裕彤大力拓展钻石业务，在南非投资钻石厂，因而得到"珠宝大王"的美誉。但为媒体所忽略的是，郑裕彤在组织管理上所推行的变革，他将传统金铺改组为有限公司，以公司模式运作，以股份吸纳人才。董事局由公司的核心管理层组成，公司业务全赖一班可信赖的员工。这些措施让周大福才有日后的发展。

郑裕彤把事业发展的重心更大程度地通过企业发展来达至，这一章让我们检视郑裕彤如何强化企业组织，发挥集体的实力，以建立周大福企业品牌，使个人的成功和企业的成功互相渗透，互相彰显。

因此，本章不单只讲述郑裕彤的故事，还有员工的故事，也就是周大福的企业故事。

接手周大福

1956年，郑裕彤开始逐步承接周大福的股份，至1960年完成股权转易。1961年，郑裕彤将周大福以有限公司注册，易名"周大福珠宝金行有限公司"，旗下有四间分行和一个工场，工场做生产，分行做零售，总写字楼做出口和批发生意，形成金饰珠宝的一条龙业务。

坊间有一种说法，郑裕彤娶得东主周至元的女儿为妻，顺理成章地继承岳父的生意和财产，说得白一点是"靠外父"发达。郑裕彤本人的说法是，1956年，岳父和另一位股东年事已高，无意继续经营，便把股份转让给他。[2] 值得留意的是，从承传的过程来看，继承和转让是两回事。

若郑裕彤是继承的话，为何周至元传婿不传子？周至元有三个儿子和七个女儿，三个儿子分别排行第四、第六及第八。四儿子树森和六儿子树堂均从事建筑业。树森已移居美国，是一位建筑师；树堂曾受雇于周大福，负责地产业务；八儿子树荣在澳门另有生意。[3] 周家的女儿们认为父亲周至元没有传统的父业子承的意识，儿子和女儿都依自己的兴趣发展。

对于郑裕彤如何接手周大福，周至元的三女儿周建姿讲了一个富有人情味儿的故事。周至元晚年逐渐减少参与周大福的日常事务，在澳门氹仔买了一个农场，起名"丽园"，醉心于耕种和饲养禽畜的事，加上身体欠佳，约于1956年起开始在农场内休养。[4] 周大福的股东除了周至元外，还有一些周氏亲族，股东们认为周至元疏于业务，要求退股，以致周大福陷入财政危机。郑裕彤不忍岳父的毕生心血毁于一旦，于是注入资金，变相买入周氏股东退出的股份。[5]

这时，澳门周大福已由黎洪和黎棉两兄弟经营。黎棉本来是澳门周大福的老伙计，眼见老东主已淡出金铺的生意，于是向周至元以俗称"买台"的方式，租赁周大福的招牌和店铺设备，继续经营。[6] 1962年，黎氏兄弟买台期满后，郑裕彤将周大福赎回。1961年周大福珠宝金行有限公司成立时，澳门的周大福被纳入旗下，作为澳门的分行，[7] 而有限公司董事名单上列有周至元的名字，占股2%。[8]

周建姿忆述父亲晚年的生活时，不忘强调郑裕彤对岳父的孝心。虽然注资解决了周至元的厄困，但郑裕彤对岳父的态度仍然是恭恭敬敬，不时从香港来澳门探望，绝无半点嚣张气焰。[9] 因此，周大福易手的经过是一个注资收购加上亲情孝义的故事，与坊间流传的靠外家的说法相去甚远。

周大福珠宝金行有限公司于1961年3月6日注册成立。郑裕彤以有限公司方式将周大福企业化，与传统金铺的模式大相径庭。郑裕彤解释他的目的是吸纳对企业发展有益的员工[10]，尤其是非家族成员，若保留传统金铺的格局，非家族员工是外人，难以全力发挥，有才干的多会另起炉灶，另谋出路。若以有限公司方式运作，资本拆成可发行的股份，员工获分配股份便成为股东，持股的员工便是公司的小老板，以老板心态投入公司的发展，对公司来说是非常有利的。

理论上有限公司容许非家族人士出任股东，不过有限公司仍然可以由家族控制股权，在家族与非家族的比例上，究竟郑裕彤进行了多大突破，我们分析了周大福珠宝金行有限公司当时的股东和董事组成，发现股东11人，郑裕彤占股58%，是大股东，有绝对决策权，父母、岳父和妻子共占10%，他的三位弟弟裕荣、裕培、裕伟各占4%，即家族成员共占股22%；其余股东是三位非家族成员：何伯陶、陈君容和黄国庭，共占股20%。可见，郑裕彤既保留个人的控制能力，亦平衡家族与非家族成员的股权。

我们再观察董事局的组成，名单上有七位成员：郑裕彤、三位弟弟和三位非家族成员，这就是郑裕彤主理下的周大福第一代核心管理层。股权加上管理权，可见郑裕彤对非家族成员非常重视。

传统金铺用人是非常注重信任的，家族关系是最常见的信任基础，因此郑裕彤三个弟弟都曾担任要职。二弟裕荣于战时在澳门金铺做后生，战后来香港仍从事金饰业，约于1950年代后期加入周大福做柜面销售，到1961年新公司成立时，裕荣已经是金饰业的资深从业人员，公司扩展时负责物色人才，做生意时熟悉行家状况。[11] 三弟裕培约于1954年来香港即加入周大福，负责管理账目和财政，有员工记述外国买家见到郑裕培签署的LC（Letter of Credit，信用状），便立即与周大福交易。五弟裕伟于1949年加入周大福后由后生升至柜面，郑裕彤全力发展钻石生意时，将钻石部门交由五弟掌管。

三位非家族企业成员的重要性亦不遑多让。何伯陶于1946年随郑裕彤来香港，先在周大福做后生，逐步成为周大福珠宝的总设计师，在金饰业内有广泛的人际网络，经常为周大福物色人才。陈君容懂日语，代表周大福与日本人接洽生意。黄国庭懂英语，负责草拟英文书信和电报，在郑裕彤的商务会议中担任翻译，甚至洽商的角色。

1968年，郑裕彤将股东的范围扩大，加入了十位股东，包括分行经理、石房、采购、贸易和会计等主要员工。十个新股东中有郑氏家族成员，包括石房的郑翼昂、负责玉器部和钻石贸易的郑翼成，是敬谕的孙儿、衍忠的儿子，即是郑裕彤的堂侄；青山道分行经理郑颂芬是郑敬封的儿子，即

1959年周大福同仁联欢大会

当时周大福已有四间金铺,另在永和街设置珠宝工场,业务正蒸蒸日上。联欢会设于上环德辅道中的大同酒家,出席者包括周大福的管理层、分行经理、柜面、金饰师傅、写字楼职员、家族成员,以及同业行家。第二排是周大福的主要成员,左起:郑哲环、何伯陶、郑裕培、郑裕彤、郑敬诒(郑裕彤父)、陈君容、郑裕荣、郑裕伟。除了郑敬诒和郑哲环,其余六位均是1961年注册的周大福珠宝金行有限公司首任董事,黄国庭董事亦出席联欢会,唯不在此照片中

是郑裕彤的堂兄，是金饰业的资深柜面；华人行分行副经理郑本，是顺德伦教人，与郑家属同一太公，郑本的父亲郑颂畲在周大福总店是负责管理账房的；万年珠宝公司经理郑志令也是伦教人，与郑家同属一个祠堂但并非大松坊的支系。

即使非家族成员，业内口碑和表现也是信任的因素，例如邓祖森、周锡禧，都是金饰业的资深从业人员，分别担任九龙城分行经理和油麻地分行经理。

周大福第一代管理层凭家族关系、同乡、同姓、业内表现和口碑等被赋予重任，获分配公司股份。郑裕彤这套组织和用人策略，可谓融合传统与现代的管理原则，既讲关系，亦重资历。

香港制造

1956年至1957年间，何伯陶接到一宗外判生意的邀请。对方是大陆金铺老板杨成，据何伯陶所知，杨成亦是另外四间金铺的老板，而周大福当时只是一间普通的小金铺。大陆金铺与周大福是邻居，杨成与郑裕彤当然互相认识，但杨成找何伯陶是看中他设计的珠宝首饰。原来杨成正安排生产珠宝出口到菲律宾，打算邀请何伯陶专门为他设计首饰，并指导工场生产。

> 杨成约我去见面。原来他有一个菲律宾的零售商，有几间铺头的，生意非常兴旺，进口意大利金饰出售，卖的意大利链是一捆一捆的。我上弥敦道平安大厦他的写字楼，上面有很多首饰材料，珠呀，玉呀，他要求我当面做设计，我当场砌好模型，配好材料，带返工场为他赶工。[12]

当时何伯陶已是郑裕彤的"助手"[13]，特别在珠宝设计方面有出色表现，

表 4-1：香港制造的首饰出口趋势（1959—1969 年，百万港元）

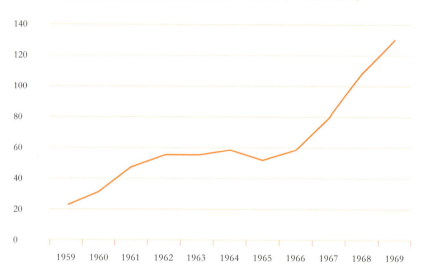

○ 资料来源：*Hong Kong Trade Statistics*. Hong Kong: Government Printer。

○ 所谓"首饰"，在香港标准行业分类中的分类码历年有所变化，1959 年至 1963 年的分类码是 673，包括 Jewellery, and goldsmith's and silversmith's wares（首饰、金匠及银匠的制品）；1964 年至 1969 年的分类码是 897，包括贵金属制的首饰、贵金属及玉石制的首饰、贵金属及其他宝石制的首饰、金器和银器、工业用或实验室用的贵金属、珍珠及宝石制的首饰、金属表带、仿首饰等。

当时何伯陶所设计的珠宝在业内开始受欢迎，通过杨成的穿针引线，他接到第一宗珠宝出口生意，于是筹建周大福工场，吸纳行内的金饰师傅。

何伯陶接过这宗委托，为周大福开拓了一个新的业务，以现代语言是 ODM（Original Design Manufacturing，原件设计制造），周大福工场依自己的设计师何伯陶的设计生产首饰，委托方经香港行家做中介，出口至委托方的国家菲律宾。与现代工业所不同的是，生产过程是人手制作，每宗产量只有十件八件，最多几十件。然而，究竟杨成与何伯陶的合作，是个别生意性质，抑或预示战后香港金饰业的新现象？

我们翻查香港贸易统计资料，发现自 1959 年起，香港政府发表货品总

第四章　整合珠宝金行一条龙　131

周大福早期品牌标志

"周大福"三字雄浑有力，星形标徽中间有"大福"二字，寓意吉祥、昌盛、国泰民安

出口的数字，其中分为港产货品出口的数字（local export），以及从海外进口再经香港转口往海外的数字（re-export）。表4-1（第130页）显示1959年至1969年间港产首饰的出口趋势，整体上是持续增加。从中可见1960年代港产首饰出口是刚冒起、不断扩展的行业。[14] 周大福可说是这个新兴行业的先锋，1956年已经开始生产出口的珠宝首饰。

何伯陶是做珠宝设计的，惯用珍珠、玉石配衬金饰，香港出口的港产首饰是怎样的？

我们从香港贸易统计的分类得到答案，表4-2（第133页）显示了1959年至1963年港产珠宝和首饰的细分出口货值，首饰的出口值比珠宝大，占港产珠宝和首饰总值七至九成。港产首饰包括仿首饰和金属表带，所占比例较大，由二至五成不等，另外较重要的是由贵金属及宝石镶嵌的首饰。本地打磨加工的珠宝，只占珠宝和首饰总出口值7%至26%。

至于出口地区，贵金属及宝石镶嵌的首饰主要出口至马来西亚、日本及美国，金器银器首饰主要出口至美国，仿首饰主要出口至英国、美国、马来西亚，金属表带主要出口至美国、英国及德国。

由此可见，何伯陶接到大陆金铺老板杨成的委托生产出口首饰，并非偶然的单一事件，反映了当时香港金饰业的新趋势。

首饰工场

为了承接大陆金铺东主杨成委托的珠宝出口订单，何伯陶开设了周大福的首饰制造工场。那时是1956年至1957年间，工场位于中环永和街一座唐楼的二楼和三楼，名叫"裕伟行"[15]，"裕"代表郑裕彤和他的弟弟们，"伟"代表另一位合股人严伟廉。严伟廉是著名的电金师傅，经他电镀的金饰特别耀眼生辉。黄金首饰的制造有几个步骤：炼、打金、挑花或凿花，最后必须经过打磨和电镀才完成整个生产程序。

表 4-2：香港制造的珠宝首饰出口值（1959—1963 年，港元）

分类码	分类	1959	1960	1961	1962	1963
672	宝石及半宝石、珍珠（包括已加工及未加工）	1,736,720	3,048,543	7,532,743	13,312,325	19,915,761
	（占所有珠宝首饰出口货值百分比）	（7.1%）	（8.9%）	（13.7%）	（19.2%）	（26.2%）
672022	宝石（已切割打磨，不包括钻石）	0.007%	0.2%	1.1%	1.2%	2.6%
672023	玉石（已打磨，未镶嵌）	6.7%	8.3%	12.0%	16.0%	22.6%
672024	半宝石（已切开打磨，未镶嵌）	0.1%	0.3%	0.6%	1.9%	1.0%
672025	合成宝石（已切开打磨，未镶嵌）	0.005%	0.015%	0.008%	—	—
672030	自然珍珠、养珠（未加工）	0.1%	0.1%	0.001%	0.003%	—
672040	自然珍珠、养珠（已加工、未镶嵌）	0.1%	—	—	0.1%	—
673	首饰、金匠及银匠的制品	22,851,561	31,325,537	47,251,118	56,114,756	56,161,915
	（占所有珠宝首饰出口货值百分比）	（92.9%）	（91.1%）	（86.3%）	（80.8%）	（73.8%）
673011	贵金属及宝石镶嵌的首饰	15.5%	14.2%	11.6%	13.8%	13.7%
673019	金器及银器	1.0%	1.1%	0.5%	0.4%	0.2%
673021	金属表带	39.2%	36.0%	19.2%	17.2%	21.6%
673022	仿首饰	37.3%	39.9%	54.9%	49.3%	38.4%
	所有珠宝首饰	24,588,281	34,374,080	54,783,861	69,427,081	76,077,676
	（与前一年比较的增长百分比）	—	（39.8%）	（59.4%）	（26.7%）	（9.6%）

○ 资料来源：*Hong Kong Trade Statistics.* Hong Kong: Government Printer。

○ 1. 百分比是该货品分类与所有珠宝首饰的百分比。
   2. 因分类码历年有更改，本表只采用 1959 年至 1963 年的数字，方便比较历年同一组分类码细项的数字。
   3. 小数点后数字采用四舍五入，各年百分比总和会轻微大于或少于 100。

严伟廉在城皇街开设电金工场，与其他小工场一样，由一个至几个师傅加几个学徒和工人操作，小的只有十人八人，较大的也只有十来人。裕伟行是由几个本来为周大福承做珠宝首饰镶嵌的"馆口"合并而成。严伟廉是其中一个馆口的老板，由于拥有过人的电金技术，所以被邀请以合伙人的身份加入工场，其余馆口的师傅则以雇员的身份加入。

永和街工场创立之初，郑哲环被调派协助管理工场。郑哲环是郑裕彤的堂兄郑颂芬的儿子，即是郑裕彤的堂侄，他于1951年在皇后大道中148号B的周大福总店做后生，1956年转到工场，1977年被调派到外勤部推销钻石。他对永和街工场的创立有如下忆述。

> 工场在二楼和三楼，门口有个招牌写着"裕伟行"，一层做坯，一层做镶凿和打磨，完成镶凿之后要做打磨，首饰才会闪亮；天棚就做熔金，工人将师傅镶凿时打出来的金碎熔成金粒，可以再用。师傅完成镶凿打磨后，首饰便送往严伟廉的工场做电镀，我们也有几个相熟的电金师傅在左近，但不及严伟廉做得闪亮。[16]

1950年代工场的订单主要来自东南亚，最初是菲律宾，后来有马来西亚和新加坡。来自外国的订单由懂英语的黄国庭接洽。每张订单的数量多少不一，少的只有十件八件，多的有二三十件，间中才有超过一百件的。货种是时兴款式，养珠、珍珠、宝石、缅甸玉、澳洲玉等各适其适。

两三年后严伟廉退出，郑哲环升任工场主管，1960年他将工场搬到苏杭街，可容纳超过80个师傅。何钟麟于1961年加入苏杭街工场，目睹工场的扩充。

> 苏杭街的工场已经不再叫作裕伟行，工场设在三楼和四楼，分为足金部和石口部。文咸东街有一间馆口专门做周大福的足金首饰和足金表带，有几个师傅，1960年并入苏杭街工场，成为足金部，

做龙凤鈪、项链和戒指等足金饰物；石口部的规模大很多，有70至80个师傅，生产K白金镶嵌的首饰。[17]

"石口部"即是在永和街工场做出口首饰的原班人马。无论足金部或石口部，每件首饰都是人手制作的。何钟麟最初是石口部的做坯学徒，学师五年后升任师傅。他指出何伯陶的摆坯技术是业内特有的。何伯陶做坯的方法是，先以手工泥将设计理念做成模型，师傅依模型的形状、方向和位置做成行内俗称的"坯"（即用来镶珍珠玉石或宝石的K金或K白金托），这样便可以保证成品符合设计的要求。否则，设计图只是平面图，师傅做立体首饰时，需要注入个人的想象力，有时做出来的首饰会走了样。因此，摆坯技术是周大福首饰的品质保证。[18]

人手工艺至1970年代逐渐被淘汰，据郑哲环和何钟麟的记忆，至1970年代中，红磡一带增设了不少大型工场[19]，以倒模方式生产，周大福亦随之引入倒模技术，产量增加，以前人手做一个款式只能做10件左右，采用倒模方式后，一个款式可以做100件，甚至1,000件。

首饰材料也有不少变化。珠宝首饰的托大多使用K金[20]，周大福是使用K白金的。镶嵌的宝石有珍珠、玉石、钻石、红宝石和蓝宝石等。1950年代至1960年代初，以珍珠和玉石为主；1960年代中起加入15至20份的细钻石（俗称碎石）配衬珍珠或玉石，红蓝宝石占极少数；自郑裕彤于南非设钻石厂后，工场开始镶嵌钻石首饰。何钟麟记得在1980年代，他经常镶嵌十克拉或以上的大克拉钻石首饰，有些客人喜欢亲身到工场观察镶嵌的过程，还向师傅打赏贴士以示鼓励。

订单来源方面，1960年代的订单主要来自新加坡，何钟麟说这叫作"坡庄货"，主要做镶钻石的吊坠；工场也做本销的货品，订单来自周大福门市的顾客。另外，周大福亦承造行家的订单，如位于皇后大道中208号的宝光珠石玉器行，曾于1960年代初委托生产不少珍珠首饰。

1966年，工场继续扩展，周大福在德己立街兴建一座五层高的新楼，

泥坯与成品

在人手镶制首饰的时代,周大福总设计师何伯陶先以手工泥捏成模型(上),再由金饰师傅依模型制造,以确保成品(下)符合原来的设计理念

表 4-3：香港的首饰制造厂统计

	厂数	雇员人数	平均每厂人数		厂数	雇员人数	平均每厂人数
1959	6	93	15.5	1964	22	358	16.3
1960	6	145	24.2	1965	24	403	16.8
1961	18	198	11.0	1966	26	538	20.7
1962	8	151	18.9	1967	44	685	15.6
1963	16	243	15.2	1968	33	763	23.1

○ 资料来源：Commissioner of Labour, *Annual Departmental Report*. Hong Kong: Government Printer。

地下和二楼是足金工场，三楼和四楼是石口部，五楼是员工宿舍，天台是饭堂。1979 年，另一个专门承接周大福足金首饰的馆口并入德已立街工场的足金部，工场定名"福群工场"。1998 年生产部写字楼及工场搬到葵涌禾塘咀街世和中心，统筹周大福旗下的首饰制造。

周大福工场有几个特色，首先是人手规模。有关首饰制造厂的政府记录由 1959 年开始，当时注册的首饰制造厂只有 6 间，共雇用 93 个员工，平均每厂 15.5 人，表 4-3 可见有记录的头十年，虽然工厂和雇员人数一直增加，但平均每厂人数不足 20 人。而周大福的裕伟行有约 60 人，苏杭街工场有约 80 人，可算是非常有规模的工场。[21]

即使到了 1980 年代，香港的首饰制造厂仍然以家庭式小作坊为主。据香港贸易发展局的报告，每个小作坊只专注于某个手艺或工序，专门承接个人或金饰店的订单。[22] 而周大福工场分为足金部和石口部，两个部门的师傅和设备足以完成整个生产流程，是一个非常全面的工场。学者钱华指出，1970 年代末大规模的珠宝金行都附设工场制造或加工珠宝首饰[23]，周大福的工场比同业早 20 年开办，而且规模和技术都绝不逊色。

珠宝金行

1961年周大福珠宝金行有限公司注册时，旗下只有四间分行，到1977年也只增加至七间，比较今日于香港和内地共有2,000多间门市分行，当然是小巫见大巫。然而，若我们微观当时分行内的变化，可知当时郑裕彤如何摆脱老金铺的传统格局，引入新颖的珠宝金行模式。

1967年，西营盘分行迁至九龙城太子道与城南道交界，附近是旧唐楼林立、人口密集的九龙城旧区，与长沙湾青山道一样，是靠近普罗市民的社区。郭俭忠于1966年7月18日入职周大福，他对当时西营盘分行的布局有这样的记忆：

> 铺面是直向的，入门左手边的饰柜卖足金首饰，右手边的饰柜是卖表的，卖表包修理服务；里面有一个横向的饰柜，是卖钻石和玉器的珠石部及西金部；再入就是账房和夹万；后面是工场。珠石部不是轻易让人坐上去的，卖珠石需要有经验，经理认为你胜任才把你调到珠石部。我是坐西金部的，卖K金、日本养珠和杂石，我们叫西冷石，即是五颜六色的杂石，有些客人负担不起红宝石、蓝宝石，我们会推荐他们选购这些杂石。[24]

九龙城分行承袭西营盘分行的格局。从郭俭忠的描述可见，1960年代中，一间周大福珠宝金行内有足金、表、西金和珠石等几个部分。周大福曾代理名牌手表例如劳力士，表带是经周大福工场镶上碎石的；西金部售卖K金、日本养珠、半宝石类的首饰；珠石部售卖钻石首饰和玉器。各部的员工所需要的知识和专长各异，足金部收买客人送来的旧金饰时，要懂得鉴别黄金成色；西金部或珠石部的销售员要懂首饰设计，不时要到工场与镶凿师傅沟通；珠石部需要掌握钻石和玉石的知识，方能取得客人的信任。

第四章　整合珠宝金行一条龙　　139

九龙城太子道分行

1967年,原来在西营盘的分行,迁至太子道与城南道交界的楼宇,地下是珠宝金饰店,楼上则用作员工宿舍

可见，1960年代中，周大福的珠宝金行已非只卖足金首饰和少量玉器的传统金铺模式，有员工估计，分行售出的货品约有六成是足金金饰，四成是珠宝首饰。1972年，长沙湾青山道分行搬到旺角山东街原琼华酒楼的位置，为服务台山人而特设的汇兑服务被取消，沿用九龙城分行的模式，销售多元化的珠宝首饰。据悉，生意比青山道时更兴旺，尤其黄金首饰和劳力士手表是热门货品。1977年，周大福在山东街对面加开一间分行，加强西金和珠石方面的首饰以作招徕。

更大程度地摆脱老金铺形象的是中环分行，第一步是从中环旧商业区迁往靠近银行、酒店和大型商场的核心商业区。

皇后大道中148号是鹿角酒店楼下，1962年鹿角酒店业主打算将酒店拆卸重建（即今日鹿角大厦），周大福需要新的铺址，以便继续营业。差不多同一时候，郑裕彤在皇后大道中有两项地产收购行动，先收购位于旧华人行的美华百货公司，在百货公司内设珠宝金饰柜台；后收购皇后大道中38至48号，重建为万年大厦；1963年，美华百货改建为周大福金行，并正名为周大福珠宝金行总行，地下是金铺，阁楼做总写字楼；1965年，万年大厦落成，郑裕彤在地下铺位开设万年珠宝公司，后来，周大福总写字楼搬上万年大厦14楼。[25]

在商业核心区的周大福中环分行，经营方式和装潢设计都以迎合中环人，甚至上层阶级的口味为目标。着重服务态度取胜的郑裕彤，引入了几个创新的模式：一、华人行总行内兼营代理Bally皮鞋，与九龙分行的经营策略一样，兼营的服务是为了吸引客流，既然位处中环核心商业区，卖Bally皮鞋可吸引在中环上班的高级消费者；二、在门口显眼位置设置橱窗，以设计独特的首饰及摆饰，吸引路人的视线；三、聘用女性销售员，并奉上饮料，让客人觉得宾至如归。光顾的还有富豪级熟客，郑志令是万年珠宝行第一任经理，他的忆述折射了中环分行的客源和营业方向，是以时尚的装修和贵重珠宝吸引上层社会的客人。

1965 年万年珠宝公司开幕

位于中环皇后大道中的万年大厦于 1965 年落成,万年珠宝公司位于地下街铺,于大厦落成时开业。开幕仪式请得邵氏影星凌波(右四)剪彩,陪伴左右的是郑裕彤伉俪。前排左起:何伯陶、司仪高亮(曾是邵氏演员)、何伯陶太太、郑裕彤、凌波、周翠英、陈瑞云、陈君容。后排左起:郑志令、郑裕彤二弟裕荣。郑裕彤、何伯陶、陈瑞云及陈君容都是周大福董事

外篇故事

郑志令
第一代分行经理

郑志令，1933年顺德伦教出生。1949年，他从家乡伦教到广州的明珠金铺做后生，1950年来香港，先后在南山珠宝行、美时珠宝行、双喜月九龙分行工作，于1958年至1959年间加入周大福做柜面，1965年出任万年珠宝公司第一任经理，至1995年退休。郑志令讲述他自学的经验，作为万年珠宝公司分行经理做生意的手法，以及培养熟客的窍门等。

我先在南山珠宝行做后生，然后转到美时珠宝行学画样和设计，之后去了一个工场做设计，老板叫何荫。以前上海帮设计的首饰，广东帮远远不及。何荫派人混入上海帮的工场偷师，一年后学到技巧，便开设工场造首饰，我去投靠他继续学首饰设计。我做过后生，又懂设计，弥敦道的双喜月分行有人来找我去做柜面，双喜月的经理何努三很用心教我做柜面的工作。

那时金铺没有懂英语的人，我晚上上夜校学英文，18时上课，20时半下课，下课后返金铺继续工作。我学到多少英语便使用来招呼外籍客人。不久，何伯陶便请我加入周大福。当时周大福有一位黄国庭，人称"教授黄"，老板供他去澳大利亚读书，我是顶替他的位置，招呼讲英语的客人。我的英文水平算是勉强应付得来。黄国庭的英文名是Thomas Wong，所以我给自己起名叫Thomas Cheng。哈哈哈哈。

周大福在大道中148号B，隔邻有几间铺头：双喜月、佑昌、大陆，另一边是大南、陈广记，再远一些有金爵。我做生意要突围而出，怎样做法呢？我经常站在门口，离远见到有熟客，我就跟她打招呼："何小姐、黄太。"吸引她们过来，以免她们走入隔邻的店铺。有人说我这是犯规。

当时有很多菲律宾游客，那是菲律宾总统马科斯时代，贪污风气盛行，游客买钻石回去笼络官员。他们进来找Thomas，"我就是Thomas，Thomas Cheng"。哈哈哈，这些客人都由我招呼。

那时有些钻石首饰是寄卖的，我卖出时立即向客人收钱，但货款则按行规，两三个月才向寄卖公司结账，变相增加周大福的资金周转；三叔（郑裕培）最欣赏我，他替我起了一个外号，叫"即刻收钱"。一来赚到钱，老板（郑裕彤）可以尽快与合股的朋友分钱，二来帮助公司增加流动资金，相信老板欣赏我这方面的长处。

万年珠宝公司吸引到很多富商和名流太太光顾。我做生意不会坐着等，我站在门口，有一次见到客人一家人去逛龙子行，我立即跑过去跟他们打招呼，"喂，有好东西介绍给你呀，过来看看啦"。当时铺头用鲜榨橙汁奉客，后面街有一个水果档，我立即派人买五杯橙汁来奉客，结果我们成交了几十万元的钻石链。客人戏谑说："这几杯橙汁真值钱呀。"

以前何伯陶会教我们看坯、摆坯，所以我们都懂得设计首饰。记得有一批绿宝石，我们做成一条心形的项链、一条方形的项链，一式两套，项链、戒指、耳环，全部由我设计，一手配石、画样、摆坯。一套卖给郭家，一套卖给赵家。两家人都赞不绝口，那个时候卖300万至600万元，非常名贵。

行家知道我销货快，经常通知我去看货，比如大行、富衡、耀记、高利、兴利，但最重要的是有好的记忆力。例如有一次，客人问有没有两克拉半钻石，员工说："对不起，我们没有货。"我说："怎么没有货？"我记得大行珠宝行有货，于是我一边招呼客人聊天，一边派员工去大行那边借货，还吩咐员工经后门若无其事地从账房出来，让客人觉得我们周大福存货充足。

我们曾经聘用了一位女性柜面——冯绮文小姐，因为她能说流利日语。那时我们有很多日本客人，由旅行社导游带客人来的，一车一车，18时打烊后游客抵达，我们下半闸招呼客人。此外，新加坡客人最多。有一次，老板计划到新加坡买一个木材厂，坐飞机视察，差不多要成交了，一位新加坡客人知道这件事，由新加坡打长途电话来通知我，他说："千万不要相信那个经纪，他是老千，专门骗人的。"所以周大福有很好的客缘，你有事他会帮你。

周大福在中环增设新店

是日万年珠宝公司开幕，剪彩仪式尚未举行，已收到友好的祝贺花篮；当日亦有不少名流贤达前来恭贺，图中可见警察驻守，维持治安和秩序。万年珠宝公司于1985年改名周大福珠宝金行中区分行

南非钻石厂

所谓业务一条龙,是指由原料生产和采购、进口、出口、批发、首饰制造、零售,一环扣一环的组合。加上南非钻石厂,周大福珠宝金行才算得上是完整一条龙。

1977年,记者留津亲往中环万年大厦14楼周大福总写字楼,约了郑裕彤进行采访,在接待处的沙发上等候通传期间,对周大福总写字楼有这样的描述:

> 正中一重嵌有钢条的玻璃门后面,就是郑君办公室所在地,门禁森严,职司警卫的印度人[26]手上的乌枪乌黑得发亮,一股寒气直迫上身。我们在客厅等候的时间,隔着玻璃门看见珠宝行的职员正在替几粒大钻石拍照片。钻石放在紫色的绒布上,银光闪闪……[27]

警卫森严,职员正在替大钻石拍照,相信这就是周大福内部称为"石房"的钻石部所在。现在已无从查证石房的成立时间,只知道约于1950年代后期成立,郑裕彤让五弟郑裕伟学习鉴别钻石,所谓学习,其实是从实践中累积知识。

老员工称处理钻石的办公地方为"石房",由郑裕伟主理,稍后加入的员工有郑翼昂、郑翼成兄弟。石房的主要职责是采购钻石,收到进口的钻石后,石房的职员便进行鉴别、分类、定价、记录存档等。分类和定价是石房最重要的职能,有经验的鉴别人员依钻石的大小重量、卡数、色泽、光度等,分门别类并定出价钱;分行的销售员经常到石房挑选合适的钻石,设计成镶钻首饰;然后,石房的交收员依订单进行交收工作,即寄运到外国买家或送到工场镶嵌成首饰。石房可说是周大福钻石业务流程的交通总部,有系统地将进口的钻石,经过各个步骤后,流通至不同的销售渠道。

除了门市分行，石房辖下有外勤部专门向行家拆货。1971年设立的外勤部，由业内资深行家何溢堂带领，据说何是周生生金行的退休员工，在业内有广阔的人际网络，通过何的联系，周生生成为周大福钻石其中一个主要买家。外勤部有几位较年轻的员工，负责到各区的珠宝金饰店推销钻石，开始时主要到油麻地上海街，渐渐地，推销范围扩展至金铺日渐增多的新市镇如荃湾、元朗等。

由石房至外勤部，周大福正在有系统地发展钻石销售业务，然而业务得以扩张，必须有充足、可靠的货源，于是1970年代郑裕彤决定投资南非，直接引入南非钻石。

1973年，郑裕彤在南非约翰内斯堡拥有了第一间钻石毛坯打磨厂。在约翰内斯堡的众多钻石毛坯打磨厂之中，只有郑裕彤这位投资者来自亚洲。更特别的是，只有他是珠宝零售商，其他投资者大多是来自美国的钻石批发商。

为什么郑裕彤会跑到南非开钻石厂？我们先要回顾郑裕彤做钻石生意的进程。

郑裕彤早于1947年开始做钻石批发生意，向进口商买入钻石，然后向行家推销。与郑裕彤合作的进口商，主要有大行珠宝行和富衡珠宝行，除此之外，郑裕彤也直接向外地出口商进口钻石。根据香港贸易统计，1960年来自比利时的钻石占进口值31.9%、南非占25.1%、以色列占23.1%，这三国一直是主要来源国。

进口香港的钻石除了在本地销售，也有不少是转口到其他国家。香港以低税制和自由贸易政策，成为东南亚地区主要的进出口市场。周大福进口的钻石，除了用于镶嵌首饰，还有不少是转口的。例如，从现任钻石部主管陈晓生叙述不同市场的口味和偏爱，可见一斑。

> 石房的货，最主要是供应周大福自己的网络，我们生产出来的

货品，并非全部都适合香港市场，有日本客人来香港，选购适合日本人口味的货品，所以我们跟日本的珠宝商有很多生意来往；日本人喜欢的钻石偏向白色的、洁净的。菲律宾人喜欢黄色的；菲律宾珠宝商也有来买货的。其他地方较少，越南也有一些买家，最主要是日本和菲律宾。[28]

虽然钻石的价格以克拉数（重量）、颜色、折射的亮度、形状、客人的偏好等因素来厘定，但总的来说，一颗完整的大克拉钻石比一批同等重量的小克拉钻石较为珍贵，并具有较大的议价空间。因此，周大福必须有充足的货源，才可满足多方面的口味和需要。以出产钻石闻名的南非，自然吸引郑裕彤的投资兴趣。

南非有原石矿，每年出产数量庞大、品质上佳的钻石，若可直接向钻石商采购，便可保证充足的货源。但从南非直接进口钻石并非简单的事，必须依据垄断南非钻石开采和销售权的戴比尔斯公司（De Beers Group）所定的规矩而行。当时戴比尔斯在南非和博茨瓦纳都有钻石矿，据闻曾经垄断全球八成以上的钻石毛坯供应[29]，郑裕彤希望直接向戴比尔斯购买钻石，便可获得充足且高质素（尤其是大颗钻石）的货源供应。

初时郑裕彤尚未有资格直接向戴比尔斯认购钻石，他先与一家名为Zlotowski's的钻石毛坯打磨厂签订合约，大量购入经该厂打磨的熟货（polished diamonds）。这家工厂持有戴比尔斯发出的配售商（Sightholder）牌照，在每年戴比尔斯选定的十个销售日，到戴比尔斯的销售部门选购钻石毛坯，经工厂的专业师傅打磨成熟货，出口至世界各地，包括香港周大福；后来周大福以包销形式，大量买下Zlotowski's的产品，相信当时是1971年。不久Zlotowski's老板Louie Zlotowski决定退休，这位犹太裔波兰人答应将工厂转让予郑裕彤，1973年，周大福便正式接手这家位于约翰内斯堡的钻石毛坯打磨厂（简称约堡厂）。自此，郑裕彤便持有戴比尔斯的牌照，可以认购钻石毛坯。

1980 年在南非开普敦留影

图中地点位于南非开普敦最南面。郑裕彤邀请好友杨志云（左）及冼为坚（右）与他一起参观南非一个钻石矿，这三位是一起创立新世界发展的亲密伙伴（图片由冼为坚提供）

约堡厂内有几十名专业打磨师傅，全是南非白人，以精练的技术对钻石毛坯做"足磨"，即将大颗钻石打磨至 57 至 58 瓣，以达到钻石的最佳效果。1986 年，周大福应南非政府的邀请，到当地新开发的纽卡素工业区设厂，训练黑人成为打磨工人，专门生产低于一克拉的细钻熟货。2012 年，周大福在博茨瓦纳加开打磨厂，生产一克拉的钻石熟货。

周大福于南非的三间钻石厂各有分工，约堡厂生产大克拉钻石，博茨瓦纳厂生产中颗钻石，纽卡素厂生产细钻。大颗钻石为收藏家及以购买钻石来保值的人士所喜爱，中颗钻石适合用于镶嵌贵重首饰，细颗钻石多用于中价首饰和表带。这时，郑裕彤已是名副其实的"珠宝大王"了。

1980 年代以后的珠宝大王

踏入 1980 年代，郑裕彤的兄弟班已经发展成熟，各司其职。其间新血加入，经过一段时间的培育，兄弟班进一步扩大，新血逐渐晋身为新一代管理层。这个时候的郑裕彤，已经放心将周大福珠宝金行的日常业务交给管理层打理。据闻他对珠宝的兴趣不减，每天必定到石房视察；若听闻有特别的珠宝，石房的负责人必定征得他的首肯，才敢出价买入。在日常的业务流程中，这班第二代新血皆感激老板寄以重任，放手让他们办事。

1980 年代中，周大福不仅进口钻石，还进口玉石。陈志坚于 1988 年从分行调入总写字楼，加入珠石采购部，辅助郑翼成主理的珠石部，负责玉器、宝石和珍珠的采购工作。那个时候，周大福分行已经增加至九间，亦快将在铜锣湾开分行，对珠宝首饰的需求颇大。当时石房已经分拆为钻石部和珠石部。陈志坚记得郑裕彤对开玉石的石坯是充满兴趣的。

> 以老总（周大福员工对郑裕彤的尊称）当时的财富，一千几百万元根本视作等闲，但我们买一件石头价值二三百万元，他亦会

非常关注，他会过来查问："大家打算如何开刀？"他好奇想知道石坯内的玉料分布。我们切一刀往往需要几个小时，甚至全日，要慢慢地切，他有空便打电话过来："石头切开没有？情况怎样？"其实即使经验丰富的师傅都只能四四六六，没有人可预知石头里面的情况，所以老总对开石头是充满兴趣的，有点像赌啤牌时甩牌的刺激，想知道结局。老总亦试过去买石头，其实这是一种心瘾，多于为了生意利益。[30]

陈晓生、陈志坚和李杰麟是钻石部和珠石部的第二代，不约而同地感谢郑裕彤给予支持和信赖，让他们发挥各自的才能。

我记得有一次，一颗钻石从南非送过来，是已经打磨成80多克拉的方石（方形钻石），南非工厂那边只顾克拉数，因为钻石的价钱主要视乎克拉数，可惜打磨功夫做得不理想，我们计价钱时要打折扣，其实就算有折扣亦未必有买家。南非厂那边称为"全美"（无瑕疵），我们用放大镜仔细鉴别过，发现有两个点在底部的表面，不能算是全美。我说："老总、五叔（员工对郑裕伟的尊称），这里有花喎，需要再打磨成真正的全美。"老总说："去啦，改啦。"于是我将方石寄回南非，每天跟对方保持沟通，那时已经有传真机，我们以传真往来，告诉那边的同事我们的要求。方石寄回来，是真正的全美，非常漂亮。老总听说钻石回来了，立即赶过来。"哗，怎么少了十多克拉？"立即到我的办公室来质问："阿生，你怎么搞的？"我说："老总，你先看清楚这颗钻石的品质。"一看之下，他连忙点头，没有再说话，意思是："阿生，你这个人没有乱搞。"若单以克拉数计算，价钱是少了一截，但全美可弥补损失，且更易吸引买家。那时我真够胆，做出这样的决定，主要是因为老总给予很大的信心。[31]

外篇故事

郭宝康
周大福人远赴南非

郭宝康，1950年于香港出生，1970年加入周大福，1977年由郑裕彤邀请派往南非，协助管理南非的钻石厂，1998年起担任总经理，直至2016年全部工厂结束。郭宝康与妻子、儿女其后习惯了南非的生活，在当地落地生根。

1977年郑裕彤先生召见我，他告诉我南非那边有一间工厂，问我有没有兴趣过去做事。当时有一位同事David Lee已经被派驻南非，我不是第一个去南非的，David Lee才是开荒牛，另外黄国庭也去过南非，周大福买南非工厂他有份参与。

我回答老板，要跟老婆商量，当时我新婚不久，总不能抛弃老婆自己一个跑去非洲，幸好老婆思想开通，认为年轻人应该去闯世界。第一件事不是买机票，而是到石房学习鉴别钻石，1979年我们才出发往非洲。

在非洲，钻石国家有一个所谓local beneficiation（本地得益）的政策，意思是出口的钻石要在当地先做打磨加工，主要为本地制造就业机会，所以De Beers的Sightholders一定要在当地设厂，这是牌照规定。De Beers当时有两个销货地点，一处在伦敦，销售它全球开采的钻石；另一处在南非Kimberley（金伯利），销售南非钻石。当时我们只有南非的牌照，所以买货时要由约翰内斯堡乘飞机去Kimberley。

钻石毛坯和钻石熟货不同，我们倚赖南非人做鉴别，去Kimberley买钻石坯时，一定带专家同去。专家中有些是我们的打磨师傅，有些是外边的专家。打磨师傅经过五年学师，通过考试才可注册为师傅，再经多年磨炼才成为专家。

1970年代以前，只有白人才可以做打磨师傅，这是种族隔离政策规定的。白人工资比较高，若打磨细石的话，相对成本便太高了。有厂家要求政府开放，让其他肤色的人也可以入行，希望可降低工资成本。我们接手几年后，政府容许所谓有色人种入行，不是白人也不是黑人，当时歧视黑人的政策仍然未变，再过几年，政府才容许黑人入行。种族隔离政策之下，只有白人工会，白人工会当然反对开放入行条件。后来是黑人政府，全都改变了。

1986年，我们在Newcastle开了一间新厂。那里是一个工业特区，政府提供补贴吸引外商投资。我们的工厂雇用黑人，特区附近有一个黑人聚居的市镇，人口差不多有100万。黑人的工资每月100多南非兰特，政府补贴80南非兰特，如果雇用白人，工资要超过1,000南非兰特。[32]另外政府还提供搬运补贴、机器补贴。

白人师傅要学师五年，我们设计了速成班培训黑人劳工，只需一两年便会工多、艺熟。工厂专门生产一克拉以下的细石，细石的价值不高，手艺要求较低，最重要的是大量生产。

Newcastle厂发生过两次罢工。一次在1998年David Lee过身后不久，我刚接替他的岗位，真的很头痛，幸好特区有工会，大家依法律进行劳资谈判，事情很快解决。第二次是野猫式罢工，当地两间工会都叫工人复工，但工人不听从，变成非法罢工，我们跟零散的工人谈不出结果来，结果解雇了大批工人，以新一批工人代替，培训他们使用自动打磨机，年轻的黑人劳工对电脑不陌生，罢工时堆积的存货很快便完成了。那时是2014年尾。

基于南非和中国局势的变化，2016年公司决定关闭南非的工厂，钻石的切割打磨加工全部在顺德伦教厂进行。

第四章　整合珠宝金行一条龙　　155

周大福位于南非纽卡素的钻石加工厂

南非政府取消种族隔离政策后,黑人方可从事钻石打磨的技术工作。周大福提供较短期的训练,并重新设计生产流程,使黑人劳工尽快胜任细颗钻石的打磨工作。照片摄于 2004 年(图片由郭宝康提供)

其实我们做采购的，老总都有参与，但他给予的自由度非常高，他不会告诉你，今次只能花最多200万元，或者你要买2,000万元货，不会的。我们负责采购，只要是适合的就可以决定买，不过，如果数额真的很大的话，应该打电话返香港，咨询一下三叔郑裕培的意见，如果的确是非常重要的决定，一定请老总参与，他的参与未必是要限制你的职权，而是他对珠宝这一行的兴趣，他的兴趣确实很浓厚，愈特别的东西，他的好奇心愈大，告诉他有关情况，让他可以保持参与度。[33]

老总很喜欢珍珠，所以投入了很多资源在珍珠方面。比如要壮大采购的规模，必须有足够生意量，生意好的时候，他就愈发放手让我们去做，我感谢老总这种做法，一路都信赖我们，支持我们。我们必须知道市场的需求，什么货型最适合我们的客人，什么价钱最切合我们的生意，我们只要掌握到这几方面，便可以放心去买货。因为市场够大，我们可以挑选特别出色、有特色的货，但需要老总的支持，放手让我们去做。[34]

陈晓生补充，若员工做事有眼光，有心得，放胆去尝试，便会得到郑裕彤的信任和支持。周大福老板与员工之间的互相信任，成为企业发展的良好基础。

1990年代初，第一代董事何伯陶建议邀请顾问公司为周大福诊脉，以提升公司的管理制度；大约同一时候，郑裕彤二弟郑裕荣的儿子郑锡鸿加入周大福，从新一代的角度审视周大福的管理制度，认为旧的一套已不合时宜。配合顾问公司的建议，1994年郑锡鸿成立行政部，逐步引入现代管理制度，最主要的变动是将分行各自为政的模式，改为中央集中管理，无论采购、生产、销售、仓存记录等，全部由中央统筹，并由中央督导分行的业绩。

　　传统的金饰业仗赖可靠的人事关系做事，所以第一代管理层是建立在家族成员的信任关系上。推动改革的行政部，从分行中挑选工作积极进取的员工，把他们调升入总写字楼，担任行政经理，并从他们的实际经验出发，提出改革措施。各行政经理负责督导和协助分行改善不足之处，以提升销售业绩。除郑锡鸿是家族成员外，其余都是非家族成员。2011年，周大福上市，执行董事共有10人，其中5位是家族成员[35]，2人是郑家第二代，3人是第三代；另外5位非家族成员，包括黄绍基、陈世昌、陈晓生、孙志强、古堂发，全部曾经参与行政部推行的改革。这10位执行董事便是周大福最新一代核心管理层，负责推动周大福的组织和业务变革。

外篇故事

摄于周大福80周年庆典祝酒仪式上。左起：郑锡鸿、郑志恒、郑志刚、郑裕彤、何伯陶、黄绍基、陈世昌

黄绍基
新一代管理层的成长

黄绍基，1956年于香港出生，1977年加入周大福，在万年珠宝公司做练习生，1986年升任旺角第三分行经理，1994年升任行政经理，协助推行企业管理改革，此后参与周大福的内地业务，1999年获委任为内地业务总经理，2002年担任董事，2011年晋升为集团的董事总经理。让我们看看这位董事总经理是怎样从练习生成长起来的，特别的是，作为新一代的管理层，黄绍基参与建立新的管理模式，体会郑裕彤对新一代的接纳和认同。

我在 1977 年加入周大福，那时叫作"练习生"，以前叫作"后生"。当时我入金铺做事，只需找一个相熟的签一份担保书，保证你的诚信，过程非常简单。我依招聘广告来应征，广告内文要求你勤奋、刻苦、耐劳，反映出公司的文化和价值观。

我写了一封中文求职信，由何伯陶董事面试；返工时向二叔郑裕荣报到，他派我到万年珠宝公司，可能因为我是中学毕业生，懂英语，中环分行的客人通常是高级人士和外国客人，相信分行需要这类柜面员工。

跟现在不同，那时没有什么培训课程，主要跟"师傅"做事，练习生是坐在尾柜的，替头柜斟茶、买咖啡、买烟，如果他觉得你勤力、听话，或许会容许你坐在旁边，观察他招待客人的手法，否则你只能离远观察。师傅不会教你鉴别货色，钻石的颜色、玉石的真假等要靠自己观察领会。其实师傅自己也是靠累积经验学习，未必懂得用语言讲解。

做练习生要带棉被、枕头上班，因为夜晚要留宿，一个杂务加一个练习生负责看铺，我是最后一批留宿看铺的练习生。做练习生这三年，我额外做了两件事，第一，修读宝石学，完成了美国宝石协会的函授课程；然后，我到珠宝首饰业文员会上珠宝设计班。

三年后，我开始做"发单"。做发单的，要经常上石房"使料"，意思是细看石房的存货，挑选好卖的石料，返铺头与设计师商量，该设计成什么款式呢？然后到工场，跟师傅商量镶嵌的方法。做发单就是设计珠宝、选择材料，然后发一张单入工场。

我们学设计时，不单只学设计美观，还要估算整件首饰的成本，考虑镶嵌的方法等。我比起其他同辈的师兄弟升职较快，因为我主动去掌握所有的步骤，一件首饰由原料、设计、成本核算、交货给客人等，由头到尾我都紧密跟进。

1986年我负责开设旺角第三分行，我做了三件算是创新的事。第一，当时公司没有培训部，我挑选合适的人手，自己给予培训。第二，关于定位，当时旺角已经有两间分行了，新的分行不应分薄旧行的生意，要开发新客源。1980年代，旺角可说是九反之地，赌场、麻雀馆林立，那些"捞家"（做偏门生意的人）有钱就买"捞"（劳力士手表的简称）。当时旺角第一分行卖劳力士表，是全行最了得的；卖金链也卖得多，金链要够重，捞家身上常见金项链、金手链。旺角一行、二行主要针对这类客人，相当成功。

我考虑的新客路要阔一些。住在窝打老道、何文田一带的是有钱人，我觉得他们会喜欢买珠宝和款式新颖的首饰。所以我着重款式设计，新分行那盘货是很有特色的首饰，我有这方面的优势，因为我在万年珠宝公司做设计已经很有经验。

第三，橱窗摆设。以前橱窗摆设是分行经理的职责，各分行各施各法，传统的摆设是以大量金饰吸引途人，我选择雅致、突出的产品，摆设成首饰系列，造成与众不同的效果。

老总对制度改革有什么评价？我们每月有例会，例必向董事会报告业绩，老总是心水清的人，他喜欢看数字，见到生意一直增长，知道我们新一套是行得通的；在我眼中，老总不会讲无谓的话，他没有出声阻止，便是很大的认同，老总不会跟你说："你做得好，你放心继续做吧。"

例如，我们在内地推行特许经营模式。过往周大福的分行全部是直接投资的，我们推行特许经营必须向他交代、解释。我记得在讲解内地的特许经营方案时，他表示支持，并补充说："你们不要赚人家太多呀，我们做生意的要让人家也有钱赚呀。"

我明白，如果做直接投资的话，利润10元，全属于自己；用特许经营的话，合作双方是五五分账。一般人会想，我本来赚10元，现在被人分去5元了；老总的意思是，这是人家帮你赚5元，如果没有人家，你连这5元也赚不到。我觉得，这是老总的大智慧。他不是发出指令，而是与你分享他的智慧。

郑裕彤的足迹

1960 年代至 1980 年代，郑裕彤乘着香港经济起飞，大力将周大福推向更企业化的方向，除了门市分行，周大福拥有相当规模的工场；正式接手后，将传统金铺改革为有限公司，以股本方式吸引有才干的成员为公司效力，对有能力、用心实干的员工给予信任和空间，使其为企业全力以赴。郑裕彤深具长远的目光，他远赴南非建厂开拓钻石来源，奠定周大福在香港作为"钻石大王"的地位。虽然周大福的成长有家族企业的影子，但郑裕彤的企业管治策略，是以建立制度、培育有才干者居之为原则。珠宝事业成功之后，对于郑裕彤，珠宝不再是生意，而是兴趣。

注释

[1] 参考周大福企业文化编制委员会编:《周大福与我——郑裕彤自述》(2011年),页254。

[2] 参考同上,页251。

[3] 参考王惠玲、莫健伟:《周建姿口述历史访谈》(2017年10月4日)。

[4] 周桂昌曾寄住于"丽园",对周至元何时开始于"丽园"休养定居做了补充。参考王惠玲、莫健伟:《周桂昌口述历史访谈》(2018年12月18日)。

[5] 参考王惠玲、莫健伟:《周建姿口述历史访谈》(2017年10月4日)。

[6] 黎棉是顺德乐从人,日本侵华时逃难至澳门,约于1941年加入澳门大南金铺做后生。以黎棉所知,周至元在大南金铺有股份,战争结束前大南金铺歇业,黎棉转到周大福做柜面。参考周大福企业文化编制委员会编:《澳门新马路上七十年——周大福旧伙计黎棉的回忆》(2011年),页263—267。

[7] 参考王惠玲、莫健伟:《周耀口述历史访谈》(2017年3月1日)。

[8] 参考"The Companies Ordinance, Particulars of Directors, pursuant to section 143."公司注册处网上查册中心公司资料档案,1961年3月6日。

[9] 参考王惠玲、莫健伟:《周建姿口述历史访谈》(2017年10月4日)。

[10] 参考周大福企业文化编制委员会编:《周大福与我——郑裕彤自述》(2011年),页254。

[11] 此为综合不同受访者得出的叙述。例如郑哲环忆述自己于1976年被派到外勤组,职责是向行家推销钻石,与行内买家交易前,必先向郑裕荣报告,经郑裕荣确认为可靠的行家金铺,才落实交易,郑哲环认为郑裕荣对行内的情况非常熟悉。参考王惠玲、莫健伟:《郑哲环口述历史访谈》(2018年2月1日)。

[12] 参考王惠玲、莫健伟:《何伯陶口述历史访谈》(2017年1月6日)。

[13] 郑志令约于1958年至1959年加入周大福,以他的观察,何伯陶犹如郑裕彤的助手,代表郑裕彤打理金铺和做决定。参考王惠玲:《郑志令口述历史访谈》(2018年10月29日)。

[14] 出口贸易的数字分为总出口（total exports）、出口（exports）和转口（re-exports），出口值的定义是本地生产货品的出口值，这名称后来改称为本地出口（domestic exports）。

[15] 参考王惠玲、莫健伟：《郑哲环口述历史访谈》（2018年2月1日）。

[16] 参考同上。

[17] 参考王惠玲、莫健伟：《何钟麟口述历史访谈》（2019年4月17日）。

[18] 何伯陶的办公室设在总写字楼，他做好的泥坯或师傅依泥坯做好的托，由学徒做交收，来回运送，经何伯陶确认后，镶石师傅才镶上珍珠、玉石等做成珠宝。

[19] 较著名的是由谢瑞麟开设的工场。1953年，当时只有13岁的谢瑞麟在金铺做学徒，至1960年，他已学晓足金首饰和珠宝首饰的镶嵌技术。学师的珠宝店在尖沙咀区，东家给谢瑞麟3,000元和珠宝店后面一个小房间，让他做工场为珠宝店镶作首饰，这一人工场便是谢瑞麟第一间工场。1960年至1970年间，谢瑞麟的工场为尖沙咀区多间珠宝店承造首饰，规模不断扩大，曾在尖沙咀一楼宇单位内设厂，既是工场也是住宅。1960年代末，他搬入位于红磡的工厂大厦，做正式的工场，位置上方便与尖沙咀的珠宝行保持合作。谢的工场当时已经有200多个工人，到1980年代增加至800多人，自称是全港最大的首饰加工工场。谢瑞麟的工场亦曾为周大福、周生生、景福等珠宝店做珠宝加工。据谢瑞麟忆述，他的工场是第一家在红磡的珠宝工场，之后珠宝厂数目逐渐增加，至2000年代增加至2,000多间。参考钱华：《因时而变：战后香港珠宝业之发展与转型（1945—2005）》（2006年），页167—174。

[20] 首饰的托不能使用纯金，因为纯金质地柔软，做托必须使用混入其他金属的合金才够牢固，初时周大福使用的是25成色的K金，即白金或黄金贵金属比例占25%，后来成色比例提升至75%，以增加首饰的价值。

[21] 根据工厂条例，雇用20人以上或使用机器的工厂必须向劳工处注册。工厂和雇员数字参考历年劳工处年报。

[22] 参考 Research Department, Hong Kong Trade Development Council, 1987, pp.2-4。

[23] 参考钱华：《因时而变：战后香港珠宝业之发展与转型（1945—2005）》（2006年），页44。

[24] 参考王惠玲、莫健伟：《郭俭忠口述历史访谈》（2017年10月17日）。

[25] 参考王惠玲、莫健伟：《何伯陶口述历史访谈》（2017年1月6日）；周大福企业文化编制委员会编：《1956年重组后的周大福》（2011年），页318—319。

[26] 原文使用"阿差"一词，昔日香港市民惯称印度籍人士为"阿差"，但以今日的角度看，有种族歧视之嫌，所以改称印度人。参考留津：《香港亿万富豪列传之八：珠宝大王——郑裕彤》（1977年），页40。

[27] 参考同上。

[28] 参考王惠玲、莫健伟:《陈晓生口述历史访谈》(2017 年 10 月 11 日)。

[29] 参考王惠玲、莫健伟:《郭宝康口述历史访谈》(2019 年 1 月 4 日)。

[30] 参考王惠玲、莫健伟:《陈志坚口述历史访谈》(2017 年 12 月 12 日)。

[31] 参考王惠玲、莫健伟:《陈晓生口述历史访谈》(2017 年 10 月 11 日)。

[32] 以今日汇率计算,1 南非兰特相等于 0.55 港元。

[33] 参考王惠玲、莫健伟:《陈志坚口述历史访谈》(2017 年 12 月 12 日)。

[34] 参考王惠玲、莫健伟:《李杰麟口述历史访谈》(2017 年 12 月 12 日)。

[35] 包括郑氏第三代郑志刚、郑志恒及郑炳熙,郑志刚是郑裕彤长子郑家纯的儿子,郑志恒是郑裕彤次子郑家成的儿子,郑炳熙是郑裕彤堂兄郑衍昌的孙儿,父亲是郑礼东,郑衍昌曾任青山道分行的柜面,郑礼东在石房鉴别珠宝。

地产江山

〔第五章〕

1960年代,彤哥(郑裕彤)住渣甸山,

我住宏丰台(香港岛东半山大坑道)。

每天早上,他一定开车载我一齐去金城饮茶,然后才返工。

饮完茶,彤哥返周大福,我返写字楼在恒生银行大厦的大行珠宝行;

杨志云也一起,三个人每星期一至六都在金城那个茶档聚首。

杨志云当时经营美丽华酒店、景福珠宝行,亦开始转做地产。

十几年来每天早上一起饮茶,很多物业都在那里成交,

包括筹备1972年新世界上市的事情……

——冼为坚,2016年8月19日[1]

本书第三章叙述了郑裕彤 1950 年代涉足钻石批发生意，与挚友冼为坚因为钻石而相遇相交。这段友谊到了 1960 年代更加巩固，郑裕彤不单是冼为坚在大行珠宝行工作时的长期客户，两人也是友谊深厚的生意伙伴。上面是冼为坚忆述 1960 年代初三个紧密的生意伙伴——郑裕彤、冼为坚、杨志云——的日常生活片段。三人几乎每天都在中环皇后大道中的金城茶楼"饮早茶"，畅谈市道和拍板生意决定，当中不少重大投资决定都是在饮早茶时敲定的。这个三人小组是郑裕彤在地产业大展拳脚的核心伙伴团队，维持了十多年的茶聚，这形象化地说明郑裕彤做生意喜欢建基于信任和稳固的友谊。下文我们将会详述郑裕彤地产生意的人脉网络的组成及其重要性。

郑裕彤于 1950 年代开始涉足地产投资，开始时可说是"牛刀小试"，到 1960 年代初才正式在地产界启航，由小型项目向大规模的项目进发，不单在数量上有所扩张，投资方式愈见多元化，形式上亦愈来愈有系统。1960 年代初，郑裕彤于周大福珠宝金行内加设地产部，亦于 1961 年成立协兴建筑公司，由几个股东合股发展到组织专责公司，统筹和督导地产项目的开发。在累积到一定资产、经验、识见、人脉基础后，郑裕彤于 1970 年创立新世界发展有限公司（简称"新世界发展"）。1972 年新世界发展上市后，公司逐步发展为地产、建筑、酒店等业务多元化的集团。

这一章我们将叙述郑裕彤在地产业发展的历程，从他参与过的几个关键的地产投资项目，探究他在地产投资的风格和特点。

战后至 1970 年代初的地产市场

首先，我们从战后的地产市场说起，一些重要的历史脉络将有助我们理解郑裕彤参与地产投资活动的特色。1945 年二战结束后，港英政府着手重建战后的香港；其中一项急切的工作，就是规划土地用途及其供应，以配合战时受破坏的地区及工商业的重建工作。英国政府邀请了当时著名的规划专家亚柏康比（Sir Patrick Abercrombie）来港考察，为战后香港的土地规划出谋献策。1948年发表的《香港初步规划报告书》(简称《亚柏康比报告》),当中不乏前瞻性的建议,例如设立专责的城市规划部门,引入分区规划和发展的概念。报告也提出许多发展方向,例如发展港九沿岸地区如红磡、油麻地、长沙湾,以至延伸工业区至尚未开发的荃湾;又如释放港岛区的军事用地,重新规划干诺道中、铜锣湾、筲箕湾乃至北角沿海狭长地带的发展;至于发展新界土地、兴建新市镇、海底隧道,甚至推动当时尚未形成的香港旅游业等构想,当时都是具前瞻性的建议。[2]

对于《亚柏康比报告》,社会舆论是众说纷纭,有人认为它成效不彰,报告只在香港政府年报提及过,最后的命运是被束之高阁;也有学者认为报告提及的规划方向,虽然未能即时实施,但从1950年代以后香港城市发展的面貌看来,却有不少不谋而合的地方。[3]政府没有即时按《亚柏康比报告》的建议落实施行,有论者认为主要原因是人口膨胀的速度远超预期。亚柏康比估计战后人口由150万逐渐增加至200万,他所设计的土地规划应可满足这一规模的城市发展需要。[4]然而现实是香港战后人口的增长远超政府的预期:由1947年的180万[5]激增至1961年的312.9万,至1971年更增至393.6万。[6]人口急增带来连串社会问题——土地供不应求、房屋短缺、寮屋及木屋区大片地出现、楼房租金飙升、居住环境严重挤迫等。

人口膨胀、房屋需求和租金飙升等因素促使商人投资地产业,令地产市道兴旺,但事实是战后至1971年间,地产市道不是直线上升,而是有上有落,当中有几个阶段特征值得细嚼,借此可了解郑裕彤投资地产业时面对的社会和经济形势。

为应对住屋需要的压力,政府改动了一些法例,以解决燃眉之急,包括1947年施行的《租务管制法例》和1955年的《建筑条例(修订)》。1947年施行的《租务管制法例》规定战前所建之住宅及商业楼宇,其租金不得超过战前租金水平,但新建或重建楼宇则可获豁免。[7]

换言之,重修或重建旧楼可追求市值或更高水平的租金,这增加了修建和新建楼宇的诱因,因而提高了楼宇的供应量。至于1955年经修订的《建筑条例》，解除了新造楼宇的高度限制及把地积比率放宽一倍[8]，自此新建大厦向更高密度的方向发展，此举亦促成更多新建大厦出现。[9]

战后至1960年代，收购旧楼拆卸重建、买地兴建多层住宅大厦是地产业一个新现象。表5-1显示经差饷物业估价署估值的新建或修建大厦数字，自1955年美国对中国的"禁运"结束[10]，香港经济重新起飞，加上1955年的《建筑条例》修订后促使更多多层大厦落成，自1955年起落成楼宇的数量显著上升。

1950年代，分层出售、分期付款的新兴物业销售方式，亦促进了房地产市场的活跃程度。过去楼宇买卖是全幢出售的，1948年地产商人吴多泰开始以分层出售的方式售楼[11]，一来方便发展商尽快售清单位，二来鼓励更多业主置业。1953年另一地产商人霍英东推出分期付款及预售楼花，使更多普通市民有能力置业。[12]

踏入1960年代，香港的地产市场经历大起大落的波折。

1958年至1960年是战后以来私营建屋量的高峰，1960年初稍微回落，直至1963年再创高峰。人口增加、公共房屋供应不足固然是支持私营楼宇

表5-1：新建或修建住宅大厦数字（1947—1960）

年份	楼宇数目	年份	楼宇数目	年份	楼宇数目
1947	2,225	1952	3,224	1957	10,902
1948	2,579	1953	2,137	1958	13,725
1949	3,371	1954	2,321	1959	14,930
1950	2,620	1955	8,938	1960	16,242
1951	1,762	1956	6,983		

○ 资料来源：Commissioner of Rating and Valuation, *Annual Departmental Reports*, various years. 经差饷物业估价署进行估值的楼宇。

○ 修建指重建及楼宇结构被改动的楼宇；楼宇种类包括含多层单位的西式住宅大厦及中式大厦。数字涵盖香港岛、九龙及新九龙，新界及离岛地区除外。

尖沙咀"地王之王"记者会

1971年12月3日香岛发展有限公司在美丽华酒店举行记者会。郑裕彤说明洽购经过:"可追溯至1970年,当时原拟购入中间道停车场侧旁的尖沙咀地王,由于一个外国集团的竞投,且出更高价钱,我们决定让步,由该集团购入该幅三万方英尺的地段。其后,经本公司及专家实地考察,认为蓝烟囱地段,滨海向南,可称地王之王,且更适宜发展,于是在半年前写信给蓝烟囱的伦敦总公司接洽,该公司委托太古公司洽商,双方终于达成协议,于12月2日晚上在本港签约,以1亿3100万元购入该地段。我们认为能够购得这幅地段,是好幸运,而且好意外。"左起:冼为坚、胡汉辉、杨志云、郑裕彤(参考《星岛日报》,1971年12月4日;图片由星岛日报提供)

表 5-2：私营新建住宅数目及空置单位状况（1957—1969）

年份	新建住宅单位	空置单位	空置单位占新建单位 / %	年份	新建住宅单位	空置单位	空置单位占新建单位 / %
1957—1958	5,871	1,150	20	1963—1964	20,861	8,055	39
1958—1959	12,282	3,708	30	1964—1965	29,326	11,455	39
1959—1960	11,129	3,697	33	1965—1966	29,161	18,519$^{(1)}$	64
1960—1961	7,860	1,777	23	1966—1967	25,864	16,389$^{(2)}$	63
1961—1962	8,244	2,330	28	1967—1968	14,227	14,496$^{(2)}$	102
1962—1963	11,294	3,483	31	1968—1969	8,817	7,282$^{(2)}$	83

○ 资料来源：1957–1965: "Review of Unoccupied Premises", Commissioner of Rating and Valuation, *Annual Departmental Reports 1964-65*, Appendix 1, paragraph 18, pp.41–42。

1965–1968: "Review of Unoccupied Premises 1968", Commissioner of Rating and Valuation, *Annual Departmental Reports 1967-68*, Appendix, paragraph 8, p.41, and Table XIV, p.6。

1968–1969: "Review of Unoccupied Premises 1969", Commissioner of Rating and Valuation, *Annual Departmental Reports 1968-69*, Appendix, paragraph 8, p.45, and Table XIV, p.72。

○ 年份是上一年 4 月 1 日至是年 3 月 31 日；(1) 到 3 月止计算；(2) 到 1 月止计算。

供应量增加的因素，但有媒体报道，1963 年高价洋房和楼宇及各区商业住宅地皮等的市况实际是相当疲弱的，只有下价唐楼（面积 400 至 500 英尺，售价约 3 万元的唐楼）的买卖较活跃；1964 年的情况更加不妙，业主要降价求售。[13] 主要原因是楼价的升幅太过急速[14]，脱离了市民的购买力，1963 年以后，空置单位占新建单位比率持续上升便是佐证（详见表 5-2）。

1960 年代，土地价值持续飙升，吸引一些投资者在地产市场上追逐利益，伺机炒买地皮，把地皮抵押给银行，旋即以贷款买入更多地皮。炒地风盛行，也吸引投资者积极参与借贷活动；市场上既有投资者经营抵押放款，为置业公司提供资金炒卖地皮，从中收取可观的利息回报[15]；银行也积极参与其中，为投资地皮、建楼置业提供贷款，将大量银行资金投入地产市场，既使地产投机更见炽热，亦为 1965 年后地产市场不景气埋下伏线。

1965 年至 1967 年间，地产市场面对连番冲击，包括银行挤提及倒闭[16]、

1966年和1967年社会动乱[17]，这段期间香港各行业均出现不景气。1966年至1967年新落成单位数字仍然可观，原因是1963年递交，此后批出的计划，直至1966年才完成施工工程[18]，但楼宇需求疲弱，结果空置率高企。[19]建筑业迅即陷入低潮，工人数目由1966年约13万人减少至1967年约9万人。[20] 1969年，买家于楼价下跌时趁低吸纳，政府也推出刺激地产业的措施[21]，房地产市道开始逐步回升。

在这个背景下，郑裕彤参与地产投资的活动，究竟是人云亦云地跟着大环境趋势走，抑或从中找到机会开拓自己的投资方式和风格？

牛刀小试

郑裕彤本人曾表示，1960年代时他觉得珠宝业的发展空间有限，认为地产业的前景较理想，当时已尝试做地产，最初是"收购几幢楼，重建后便卖掉，赚到钱便再继续"。[22]我们相信郑裕彤最早投资的地产项目是1950年代投资兴建的蓝塘别墅。[23]位于跑马地成和道及冬青道的蓝塘别墅，是屋苑式豪宅，一排八座、楼高六层并设有地面泊车位。战后一段时期，跑马地蓝塘道、成和道一带依山建成了不少寮屋；1950年代初寮屋陆续被清拆，政府亦加紧改善附近的道路，以腾出一幅新造地皮，为当时需求殷切的置业市场提供发展空间。[24]蓝塘别墅应该是在这幅新地皮上兴建的。

郑裕彤投资蓝塘别墅并非独资项目，当时是与一班珠宝同业合股投资的，其中一位投资者是周大福珠宝饰柜合伙人之一——刘绍源。后来刘绍源因财政紧绌需要出让手上的股份，经郑裕彤推介，由冼为坚接手，冼、郑二人亦合股接手未售出的泊车位。据冼为坚忆述，蓝塘别墅不单只有郑、刘两个股东，还有几位珠宝界行家合股，而且落成的单位很快在珠宝业行家之间认购清光。换句话说，蓝塘别墅是郑裕彤通过珠宝业人脉在地产业踏出的第一步。

由蓝塘别墅，郑裕彤结识了甄球。甄球是负责监督蓝塘别墅建筑工程的判头，经过甄球转介，郑裕彤投资了他早期另一个地产项目——一个位于深水埗大南街的唐楼项目。早于1912年，商人已开始开发大南街附近的南昌街至桂林街、鸭寮街至汝州街一带。[25] 1920年代政府于深水埗开展填海工程，该区其后发展成多条十字相交的街道，包括鸭寮街、汝州街、基隆街、大南街、荔枝角道、医局街、海坛街等。商人纷纷在此兴建唐楼，促使战前的深水埗成为唐楼密集和人口稠密之地。[26] 虽然政府没有明言依照《亚柏康比报告》进行城市规划，但从结果看来，政府接纳了当中一些思路，视西九龙地区包括深水埗、长沙湾、大角咀等地为提供住宅和工业用地的地区之一，并往荃湾新规划的工业区方向延伸，意图发展出一条九龙西部海岸的工业带。[27] 在此背景下，深水埗及邻近地区是战后住宅和工厦建设的一个主要地区，一些战前旧楼被清拆重建为楼层较多的大厦，包括郑裕彤正要考虑投资的大南街项目。

1960年，郑裕彤和冼为坚经甄球介绍，以47万元购入深水埗大南街265至275号一幅地皮，项目附有建筑图则，可兴建六幢九层高的"唐楼"。[28] 甄球向郑裕彤建议以53万元承建唐楼的建筑工程，经讨价还价后项目以50万元建筑费成交。合股人有郑裕彤、大行珠宝行老板萧杰勤及冼为坚。

落成后的大南街项目取名"大福唐楼"，于1961年出售楼花，是年10月15日《华侨日报》刊登了一则唐楼广告，内容注明大福唐楼位处南昌街、北河街之间，一梯两户，当时建成四层便开始宣传，而且以周大福珠宝金行有限公司地产部的名义发售（第177页图）。1960年代初楼市畅旺，深水埗区的唐楼，1962年初每层售价是2.6万元左右，到年底每层已升至3万元，增幅达15%。这种价钱的唐楼，在人烟稠密的深水埗区甚为吃香。[29]

郑裕彤在1950年代还有另一项地产投资：位于铜锣湾的香港大厦，这是一座有280多个单位的商住大厦，据说获利颇丰。[30] 香港大厦位于怡和街、百德新街、记利佐治街交界的一幅三角地，有说这是他进军地产的一次演习[31]；亦有说他在显示沙胆作风，在商业旺区买地建豪华住宅大厦。[32] 亦有报章报道香港大厦原址是警察宿舍，公开竞投重建时，由何鸿燊牵头与一众商人合组的"兴云置业"投得,兴建为23层高的香港大厦,当时来说是区内最高的大厦;翻查报章资料,兴云置业的董事名单,包括大生银行主席马锦灿、绍荣钢铁创办人庞鼎元、景福珠宝及美丽华酒店创办人杨志云、周大福郑裕彤,以及地产商人霍英东。[33] 此报道指何鸿燊是牵头羊,另一报道指霍英东是主要投资者[34];事实上霍英东在铜锣湾礼顿道至加路连山道一带兴建了多座住宅大厦,包括于1955年建成当时全港最高、位于利园山道的蟾宫大厦。[35] 无论谁是带领者,这个时期的郑裕彤只是其中一个投资者。

综合而言,从这三项地产投资可见,郑裕彤在1950年代初至1960年这"牛刀小试"的阶段没有定型的方向。他既到跑马地投资建高级住宅,亦到铜锣湾兴建商住大厦,亦乐于到深水埗兴建唐楼出售。明显特色是他是以合资方式投资的,蓝塘别墅和大福唐楼都是与珠宝同业的朋友合资,可见珠宝业商人将余资投入到地产业增值,印证了上文所述当时的社会趋势。第三个特色是建成的楼宇全部放售,售后各股东立即瓜分利润,未有如后来常见的由发展商持货收租的做法,更没有如后面所述的组成专责公司有系统地统筹股本组合和开发工程。

郑裕彤一直喜欢伙拍好友一起集资买地起楼。根据他在地产业的好拍档、前新世界发展常务董事冼为坚的忆述,郑裕彤处事以促成合作为先,赚钱后必定尽快分红,使合伙人之间建立了互惠和信任的关系。有些甚至是长久合作的好伙伴,圈子里是珠宝业好友,也有银行界、地产业的知名商人。这在后面将会再论及。

此外,大福唐楼的广告中有两个信息,反映当时郑裕彤在地产投资上的作风。第一个信息是预售楼花。1950年代中地产界开始采用的分层出售、分期付款、预售楼花等新模式,据说是由霍英东引入的。[36] 对郑裕彤来说,他利用预售楼花来维持他的稳健作风。根据冼为坚的忆述,郑裕彤投资地产,必定以真金白银支付地价,有时是自筹资,有时是合资,鲜有用借贷的方法投资买地。建筑费方面则视乎项目而定,有时会借钱起楼,大多数使用预售

大福唐楼广告

刊登于 1961 年 10 月 15 日的《华侨日报》(图片由南华早报出版有限公司提供)

楼花的方法，边起楼边预收资金，有时只需投入头一笔启动工程的资金便可完成整个建筑项目。郑裕彤的稳健作风在于不会以贷款买地皮以免造成过度投资，预售楼花的收入只用于建筑工程，所以从没发生过楼花烂尾的问题。

地产路上启航

踏入 1960 年代，郑裕彤开始向地产业进发。

第一步是加强组织能力。首先，他在周大福珠宝金行成立地产部。大福唐楼于 1961 年《华侨日报》刊登的售楼广告，是以周大福地产部名义发出的。1965 年香港地产建设商会成立，一份 1966 年的记录中，可见到郑裕彤及"周大福珠宝金行有限公司"都是商会的会员。[37]

周大福地产部第一位员工是周大福创办人、郑裕彤岳丈周至元的儿子周树堂。周树堂于香港工专（即香港理工大学前身）修读建筑，毕业后任职则师楼，1960 年代初郑裕彤邀请周树堂加入周大福地产部。[38] 周树堂于周大福地产部担任绘图员，后于 1967 年移民美国，绘图员一职由周桂昌补上，周桂昌是周树堂的堂弟，即周至元弟弟周植楠的儿子，他在加入周大福之前，曾于则师楼任职了八年绘图员。

虽然周大福地产部只是一个"一人部门"，但两位员工均以资深的则楼经验为郑裕彤效力。绘图员既要熟悉建筑条例，还要懂得建筑设计，对珠宝业出身的郑裕彤来说是他在地产业启航的左右手。据周桂昌忆述[39]，大项目的图则由执业建筑师设计，小型项目由作为绘图员的周树堂或周桂昌负责绘制，他们亦会代表郑裕彤复核建筑师的图则。[40] 决定买地前，郑裕彤定必视察地盘环境以评估所在地的优劣，他通常与冼为坚结伴，有时甚至五六个股东一组人同往。郑裕彤亦会吩咐周桂昌于白天和晚上实地考察，以评估早晚上下班时间的交通和人流状况。周桂昌亦会准备发展计划书，内含建筑层数、成本、单位售价及市场现价等资料，让郑裕彤于金城酒楼茶叙时，与杨志云、冼为坚商议。

郑裕彤另一个组织后盾是协兴建筑公司。这是郑裕彤、冼为坚及甄球创办的建筑公司，协兴的成立为郑裕彤扩大地产投资做出了贡献，使日后郑裕彤透过新世界大展拳脚时有了有力的支援。协兴的组织和故事将在后面专题详述。

1960年代初期，郑裕彤的地产参与更见活跃（详见表5-3）。[41]

这时，郑裕彤参与的项目从量和质都有明显变化，数量固然增加了，特别的是项目种类更多元化，包括大坑道上的高级住宅大厦如芝兰阁、大型住宅组合如玫瑰新村，甚至九龙边陲地区红磡的商住楼宇。郑裕彤亦投资商业中心区的写字楼，包括中环的万年大厦及湾仔的熙信大厦。

细心拆解这些项目背后的组成，我们见到郑裕彤的投资特色：持续与商界友人合作投资。例如玫瑰新村是郑裕彤投资到何善衡、杨志云主导的

表5-3：1960年代郑裕彤的主要地产投资项目

物业名称	建成／入伙日期
蓝塘别墅（跑马地成和道），8座住宅楼宇	1960年7月
大福唐楼（深水埗大南街），6座唐楼	1961年
骆克大楼（湾仔），A、B两座住宅	1963年10月
芝兰阁（港岛大坑道），1座住宅	1965年12月
万年大厦（皇后大道中38—48号），1座商业大楼	1965年
香港大厦（铜锣湾怡和街），1座商住大厦	1966年3月
玫瑰新村（跑马地司徒拔道），6座住宅	1966年12月
购入碧瑶湾地皮	1960年代末
熙信大厦（湾仔轩尼诗道），1座商业大厦	1969年
宝石戏院大厦（红磡宝其利街），2座商住楼宇	1970年12月

○ 资料来源：建成／入伙日期、楼宇类型及数目，参考中原地产及美联物业网上查册资料、协兴建筑有限公司网站。[42]

○ 郑裕彤于新世界上市前尚有其他地产项目。冼为坚曾提及跑马地银禧大厦，该大厦于1959年建成，唯没有更多资料引证。口述历史访谈中亦有人谈及其他项目，如郑志令谈及大坑道的瑞士花园（1971年入伙），周桂昌谈及大角咀大志工厂大厦（1971年建成），冼为坚及干德道的翠锦园（1975年入伙）。因这些项目于1970年新世界发展成立后落成，故不列入表中。

1956 年碧瑶湾原址

碧瑶湾的前身是钢线湾临海土地,原属伯大尼修道院所有,未发展前有农户在该处种菜。曾担任新世界发展集团总经理的梁志坚记得,当年他到上址视察环境时,见到农民以长竹竿为菜田施肥,一片农村景象。图中下方为钢线湾村,山腰的车路是域多利道(图片由高添强提供)

项目中；熙信大厦是与杨志云、胡俸枝、冼为坚的合股投资。这些合作伙伴中以冼为坚、杨志云、何善衡最为重要。冼为坚是郑裕彤的一生好友（详见冼为坚《序》和外篇故事）。至于杨志云，他是景福珠宝创办人，与郑裕彤素来认识，于香港大厦的项目已见合作，于玫瑰新村再有合作机会。何善衡是恒生银行主席，珠宝商人因生意来往常与银行打交道。因此，郑裕彤、杨志云等都与何善衡素有来往。虽然冼为坚年纪较轻，但他与何善衡这位长辈亦有渊源，事缘何善衡太太是大行珠宝行的熟客，对冼为坚甚为信任，何善衡因此对冼为坚青眼有加，有扶掖后进之谊。这些来自珠宝业的人脉关系如何延伸至地产业，并一路发展至新世界发展的创立，中间的过程见证于玫瑰新村和碧瑶湾地皮两个项目。

玫瑰新村的主要股东是杨志云、梁銶琚、何善衡个人及其家族公司（详见表5-4），郑裕彤以周大福名义投资，只占2.5%。这时是1960年代初，

表5-4：1965年6月大地置业有限公司主要投资者及股份配发数目及比例

股东	配股数量	持股比例 / %	说明
伯利衡有限公司	1,000	2.0	何善衡家族公司
恒茂置业有限公司	8,750	17.5	何善衡家族及其他投资者
何善衡	5,500	11.0	何善衡个人名义
杨志诚置业有限公司	7,000	14.0	杨志云家族公司
鸿图置业有限公司	4,750	9.5	杨志云、何鸿燊及其他投资者
杨志云	250	0.5	杨志云及家族成员
杨秉正	250	0.5	杨志云及家族成员
梁銶琚	1,500	3.0	梁銶琚及家族成员
梁植伟	1,500	3.0	梁銶琚及家族成员
周大福珠宝金行有限公司	1,250	2.5	郑裕彤家族公司
其他小股东	13,250	36.5	—
配股总额	50,000	100.0	

○ 资料来源：公司注册处网上查册资料。[43]

郑裕彤虽已在地产业启航，但与玫瑰新村比较，主要是一两幢楼宇的小型项目。玫瑰新村位于香港岛东半山司徒拔道 41 号，是六幢楼高 20 层的高级住宅屋苑，于 1966 年落成入伙。

玫瑰新村的开发，是通过杨志云与地皮的业主洽商落实，开发工程则由众股东合组的新公司统筹，这些经验都是郑裕彤在启航路上需要吸收和学习的地方。

玫瑰新村的地皮原属于天主教道明会所有，原址曾建有一座修道院，1950 年代中曾用于教学用途，后来教会于 1959 年成立玫瑰岗学校，准备另建新校舍让学校运作。杨志云与创校神父江乐士（Fr. Eutimio Gonzalez）相识，故提出收购修道院部分地皮用来兴建住宅，并答允资助新校舍的兴建费用。[44] 购地一事在 1962 年敲定，同年 4 月杨志云集合一众投资者成立大地置业有限公司，专责玫瑰新村的开发工程。

大地除了几个主要股东外，小股东之中有何鸿燊、何添、胡汉辉、郭得胜、利国伟、胡悛枝等，都是银行业、地产业和金银珠宝业的翘楚。玫瑰新村于 1966 年市道低迷时推出，结果是亏蚀收场，但郑裕彤从中所得的超过金钱利益。首先，是项开发工程由郑裕彤创办的协兴建筑承造，1960 年代初的协兴尚在草创阶段，承接这项具规模的豪宅工程，对提升公司的能力和知名度大有裨益。这次经验或许为协兴日后承建碧瑶湾、赛西湖大厦等高级住宅项目奠下基础。郑裕彤亦可借此提升自己在地产业界的名声，事实上，后来不少地产界好友均邀请协兴入标承接其他大型建筑工程，例如富丽华酒店、大型屋苑伟恒昌新村。

后来并入新世界发展的碧瑶湾地皮也是与杨志云有关的。这时是 1961 年至 1962 年间，大行珠宝行老板萧杰勤得悉薄扶林一幅农地有机会更改用途为屋地。这幅地是属于天主教伯大尼修道院的，同样经过杨志云的穿针引线，土地以农地价钱卖出。项目由杨志云牵头，以大行珠宝行萧家与大地置业的股东组成的新公司——高云有限公司——持有股权及统筹开发工程（详见第 184 页表 5-5）。

第五章　地产江山　　183

1980 年摄于启德机场

地产界好友亲到九龙城启德机场为郑裕彤（左四）、杨志云（左六）及冼为坚（左三）的南非之旅送行，送行者包括新世界发展常务董事杨秉正（左五）、职员梁志坚（左七）及协兴建筑创办人之一甄球（左二）(图片由冼为坚提供)

表 5-5：1964 年 4 月高云有限公司主要投资者及股份配发数目及比例[45]

投资者	配股数量	持股比例 / %	说明
大地置业有限公司	10,000	50.0	原玫瑰新村股东
萧杰勤（即萧苏）	3,586	17.9	大行珠宝行老板
萧文焯	3,685	18.4	大行珠宝行老板
叶萧丽霞	100	0.5	大行珠宝行老板亲属
冼为坚	60	0.3	大行珠宝行雇员
高贤有限公司	375	2.0	郑裕彤及杨志云合股组成
主要投资者所占股份数目	17,806	89	—
其他小股东所占股份数目	2,194	11	—
配发股份总数	20,000	100	—

○ 资料来源：公司注册处网上查册资料。[46]

○ 高贤有限公司由郑裕彤及杨志云合股开设。据高贤有限公司于 1964 年 4 月 10 日向公司注册处提交的股份配发申请书，已配发的股份共 398 股，由周大福珠宝金行有限公司及杨志诚置业有限公司各持一半。

　　虽然上述两个项目的主要投资者并非郑裕彤，他所占的股份只有 1% 至 2%，但仍乐于参与合资计划，相信这样有助于他在启航路上积累人脉、经验、知识和眼界，可谓得益不浅。尤其有关更改土地用途方面，这是香港城市化中一个开发新土地的方法，例如玫瑰新村的原教会地和伯大尼修道院的农地，都分别改为住宅地，很快郑裕彤把这些知识和经验应用到他的其他投资项目上，成就了 1970 年入伙的宝石戏院大厦，它正是从船坞地转换为住宅地得来的。

　　1960 年代，当时黄埔新村、黄埔花园还未兴建，在当地居民的描述里，红磡大环道仍是海边，红磡填海工程亦未展开。当年黄埔船坞占了红磡一大片土地，今天宝其利街一带包括明安街，本来是船坞的"围墙"范围。[47] 1960 年代中后期，郑裕彤经协兴董事甄球引介，得悉红磡黄埔船坞准备卖出一幅市区的边陲土地，郑裕彤意识到该处邻近地区即将规划为商住用途，于是立刻购入该幅位于红磡明安街 20 号的地段，最终建成两座相连的宝石戏院大厦。[48]

1960 年代末，郑裕彤在地产界已有相当的投资经验，手上亦掌握了一些重要的物业，如万年大厦、熙信大厦、碧瑶湾地皮、宝石戏院等。更重要的是，他对香港地产市场的前景充满信心，认为应该以更大规模的企业组织和经济实力去开拓地产事业，于是与两个好友冼为坚和杨志云筹组成立新世界发展有限公司。

外篇故事

冼为坚（右）与郑裕彤，1980年摄（图片由冼为坚提供）

冼为坚
好友知己谈郑裕彤的地产人情网络

冼为坚，1928年佛山出生，万雅珠宝有限公司创办人兼董事长、协兴建筑有限公司荣誉主席。日本侵华时辗转在香港和澳门生活，1945年从澳门回香港加入大行珠宝行。郑裕彤到大行买钻石时两人开始交朋友，后发展为一生的知己；1950年代冼为坚开始参股于郑裕彤有份的地产投资，长期合作下，两人是新世界发展有限公司其中两位创办人；1972年新世界发展上市，郑裕彤出任董事总经理，冼为坚是常务董事。冼为坚以他在香港地产业的深厚背景，娓娓道出郑裕彤在地产投资上的人情世故。

我祖父是做当铺的,到先父的时候开始做珠宝,我们走难到澳门,在草堆街开一间小押由哥哥打理。父亲在新马路的恒盛珠宝做事,因而认识也是来澳门走难的大行珠宝行老板萧苏(原名萧杰勤)。萧苏建议先父让一个儿子来跟他学做珠宝,他说做珠宝比做当押欢乐。于是先父把我交托给萧苏。萧苏对我关怀备至,还带我到钟声泳棚教我游泳,使我一直有游冬泳的习惯。我在大行服务了28年。萧苏于1968年过身,我协助他的儿子接手生意,五年后我才离开大行。中国人有这种思想,东主教晓我做钻石生意,我要待第二代上了轨道才安心引退。

我是于1947年认识郑裕彤的,他经常上大行买钻石,做完生意我们一起到顺记吃雪糕,顺记在云咸街和安兰街的街角,吃罢他返周大福,我回去位于东亚银行大厦的大行写字楼。后来大行搬到恒生银行大厦。萧苏和恒生银行的何善衡先生、何添、利国伟等非常熟络,因为大行和恒生经常有生意来往。

大概到1950年代中后期,我开始和彤哥合作做地产,他以周大福名义做,我只是"夹份",是个小股东,有时五个、十个percent(百分比)。我记得蓝塘别墅,应该是1950年代,有很多人夹份,全部是珠宝行家,股份很散,没有谁是大份。当时刘绍源退股[49],他有一宗生意被人走数,当时蓝塘别墅已起好,但碰上地产低潮,他要退股套现。于是由我承接刘绍源的股份,只是两三万的小数目,虽然没有多少钱赚,既然刘绍源有需要,我接股算是尽朋友之义,我们是行家嘛。

我在周大福148号B铺认识甄球,他是做地盘的,代表业主在地盘监工。1960年有一天,我家还没装好电话,晚上有个小孩送信来,通知我明早打电话到深水埗

"一定好理发室"找甄球。第二天我打电话过去，甄球说："喂！大南街有个地盘，你几时得闲，跟郑生一起过来看看吧。"我立即约好彤哥坐油麻地渡轮去深水埗看地盘，买卖即日谈妥成交。之后甄球鼓励我们成立建筑公司，他说无须很大本钱的。有一天，我和彤哥又搭着膊头去顺记吃雪糕，我们边行、边吃雪糕、边谈生意经。半路上遇到甄球，于是决定由三人注册成立有限公司。后来胡俸枝也想加入，他是双喜月的老板，刚巧在红磡观音街有两个地盘。彤哥说大家是相熟的行家，预他一份吧。结果，彤哥和周大福两份、胡俸枝一份、我一份，共四份，每份 10 万港元；甄球夹 3 万港元，为什么呢？当时他以建筑机器入股，彤哥说没所谓啦，一样算他是五份一（五份股东其中之一）。所以协兴是由 43 万港元开始的。

之后，铜锣湾道、大坑道，我们愈来愈多投资。最特别是买碧瑶湾地皮，经过这次合作我发现杨志云的为人忠实，后来他也是新世界发展的创办人之一。

杨志云是景福金行的创办人，因为大行也代理入口表，杨志云间中会上大行看表，但大行和杨志云最大的交易却是碧瑶湾。事缘萧苏从一个在政府做事的朋友身上听闻薄扶林一幅农地有机会可以转做屋地，如果以农地价钱买入，然后以住宅楼宇卖出，相信获利潜质很高。那幅地是属于天主教伯大尼修道院的，萧苏的弟弟萧文焯是天主教徒，但却没有这方面的人脉，所谓"狗咬龟"，真个无从入手。于是我向萧苏提议找杨志云，因为杨志云也是天主教徒，可能有方法与修道院洽商。很快杨志云回复，修道院要价每英尺 2 元，80 万英尺农地需要 160 万港元。

大行和杨志云一边一半夹股，成立高云公司发展这幅地。杨志云真有义气呀！为何这样说？原来杨志云与朋友成立大地公司发展玫瑰新村，刚巧遇上银行风潮、六七事件，玫瑰新村要蚀本。杨志云提议由大地入股高云公司，若碧瑶湾赚钱的话，好让大地的股东填补损失。虽然我们不知道碧瑶湾那幅地是不是"笋盘"（意思是以低价购入的优质地皮），始终地价低有赚钱机会，杨志云宁愿让给朋友，不会独食，我欣赏他为人有义气。他后来向萧苏要求，让他和郑裕彤以3万港元入股高云公司，占股2%。

中国人社会喜欢交朋友倾生意。我有一班朋友早上一起饮茶，在永吉街茶楼，有时彤哥会过来，另外两个是一起游冬泳的朋友，其中一个是珠宝行家。四个人天南地北无所不谈，行家之间有时也会交换行情信息。

经过碧瑶湾买地之后，我开始跟杨志云相熟，转去他的"茶档"饮茶，彤哥跟景福更加早已相识，他们是行家嘛。杨志云在皇后大道中金城茶楼长期占一张台，由一九六几年到1985年杨志云过身，我们三个人一起饮茶十数载。除了星期日，每朝必定见面，饮茶时有很多经纪会走过来，哪里有什么地盘，谁人参股多少，若条件适合更会即场成交，多数是旧楼清拆后买地重新建筑。新世界也是这样饮茶倾偈产生的。

新世界上市之前，彤哥做地产有很多合股的朋友，全部都是珠宝界行家，最主要是杨志云，还有做金条贸易的余基温，富衡珠宝的卢家聪、卢家骆兄弟，大行的萧苏等，我只是小股东。彤哥经手的项目，一收到钱他就会分派给股东，数目亦很清楚。所以彤哥人缘很好，大家对他很信任，喜欢跟他合作。这是他做地产最大的特色。

新世界发展的诞生

1965 年至 1968 年地产业低谷时，郑裕彤似乎以在黑暗中静待黎明的策略应对。周大福地产部的周桂昌于 1967 年入职，他记得约有一年多没有做过地产的工作，被调派到周大福珠宝分店负责皮鞋代理的事务，有时甚至兼做信差，直至有了红磡宝石戏院大厦项目才重返地产部。[50] 1970 年地产业开始复苏之际，郑裕彤准备投入 1 亿 3,000 万港元，买入"地王之王"蓝烟囱货仓码头地皮，计划兴建集合商场、酒店、写字楼、住宅的大型建筑群。

郑裕彤在地产市场刚恢复元气时，旋即掷千金买地王，行动上表现得非常进取，亦反映他对香港前景甚有信心。回顾当时的社会经济状况，郑裕彤的信心不是没有基础的。1970 年代香港整体经济是活力十足的，制造业发展蓬勃[51]，带动本地产品出口迅速增长。[52] 此时香港政府为了配合工业发展及人口膨胀，在多区进行新规划和填海以增加土地供应。例如透过移山填海开发新的卫星市镇荃湾、观塘和沙田[53]；清拆旧工业区重新规划，如土瓜湾、牛池湾、长沙湾等[54]；大型交通工程如海底隧道和地下铁路的兴建计划亦促进了香港的城市发展。

1960 年代末至 1970 年代初，香港股票市场出现重大变革，远东证券交易所（简称"远东会"）、金银证券交易所（简称"金银会"）及九龙证券交易所（简称"九龙会"）先后于 1969 年、1971 年、1972 年成立，打破香港证券交易所（简称"香港会"）自战后以来的垄断地位。[55] 1969 年以前，香港会对上市企业的要求甚为严格[56]，只接受欧美巨商及少数地位显赫的华资企业上市集资，一般华人企业多被拒诸门外。例如 1968 年底，在 59 家上市公司中，37 家（近六成）是英资公司，华资公司不足三成（16 家），余下一成是犹太或菲律宾背景的公司。以法定总资本计算，英资占 72.2%，华资占 11.5%。[57]

新的交易所成立后，开始了相互竞争。四间交易所为了吸引企业申请"挂牌"上市，于是纷纷降低对上市企业的标准和要求。1972 年，上市公司增加至195家,新上市的有93家,其中华资企业占了绝大多数,有79家。[58]这数字反映出不少中等规模的华资企业在1970年代初正在积极规划宏图大计,透过上市集资将企业大力发展。

值得注意的是,新上市的华资公司中,经营地产或相关业务(如建筑)的超过半数,达44家,今天四大地产商中的三家——新世界发展、长江实业、新鸿基地产都是在1972年上市的。

1972年11月7日,新世界发展公开招股,招股书上写道:"新世界发展有限公司于1970年由杨志云及郑裕彤创立,两人希望将其许多个人的地产投资和开发项目合并为一家控股公司;这家公司的主要目的是收购一流的出租物业,并开发主要的住宅和商业用地的销售和投资。"[59]以合并企业和资本为宗旨,新世界的组成有两个重要的特色:一、通过合并已有的地产项目,加强公司的资产基础;二、以有实力的人脉基础展示公司的信用。这两点对郑裕彤这个新晋地产商人在香港地产业内大展拳脚非常重要。

新世界发展有限公司于1970年5月29日注册成立,然而它刚以1亿3,000万港元购入蓝烟囱地皮,需要资金周转,所以创办人其实是以上市为目标的。1970年至1972年间准备上市的相关工作,公司于1972年11月7日刊登公开发售股票启事,发行招股书列出公司资产值3亿5,100多万港元,连同旗下12家附属公司,当中9家是全资拥有,公司的资产总值是4亿9,500多万港元。公开发售9,675万股,每股面值港币1元,发售价为港币2元,即准备向市场集资1亿9,350万港元,正好用来支付蓝烟囱货仓码头地皮的地价。上市后的新世界发展立即受到股民热捧,股价由2元、6.5元、15.4元、19.8元一路飙升[60];股价急升令冼为坚于45年后仍然印象深刻:"两个月内升至20元,当时股票市场实在非常狂热。"[61]

相信雄厚的资产是新世界发展吸引股民的一个重要因素。这些资产大部分是已建成的地产物业,还有新购入的及有待开发的地产项目(详见第194-195页表5-6)。部分附属公司是来自新世界发展未成立前的现有物业资产,如万年大厦、俭德大厦、观塘戏院、宝石戏院大厦、好望角大厦、

新世界发展有限公司招股书

申请新股的期限由 1972 年 11 月 6 日至 11 月 14 日。新世界发展的股票受到股民热捧，招股价 2 元，12 月 1 日升至 2.9 元，12 月 30 日 6.5 元，1973 年 2 月 9 日 15.4 元，同年 2 月 23 日升至 19.8 元，三个月内升幅 5.8 倍（图片由冼为坚提供）

宝峰园、钢铁厂地皮等。部分是来自新世界发展成立后至上市前的交易，如慈云山戏院、万兴商业大厦、坚尼地道1—4号、筲箕湾东大街的物业、蓝烟囱地皮等（详见第196页表5-7）。

新世界发展的创办人将分散的物业合并为公司资产及附属公司，以增强公司的资产实力，这过程是怎样进行的？我们尝试以碧瑶湾地皮为例子，说明个中的安排。

持有碧瑶湾地皮的是高云有限公司，于1962年注册成立。原地皮的来龙去脉前面已详述过。高云公司的主要股东是大行珠宝行的萧氏兄弟及大地置业，即玫瑰新村原来的股东；冼为坚也有参股，但份额甚少；杨志云与郑裕彤合组高云有限公司，参与投资碧瑶湾的工程项目，占高云公司股份低于2%。

新世界发展成立后，郑裕彤以2,400万港元增持高云的股份[62]，当年不少股东乐于把股份出让套现，故此郑裕彤以周大福企业为持有人，持有高云的股权增至8,200股，占高云总股值的41%。到新世界发展成立并筹划上市阶段，郑裕彤、杨志云等创办人打算将高云公司并入新世界发展旗下，故此以8,500万港元购入高云全数2万股，即每股4,250元。然而交易并非以现金支付，而是兑换成每股面值1元的新世界发展股票。[63] 这宗交易为持货多年的高云投资者提供了套现的机会。也有保留新世界发展股份的，例如，高云其中一个主要股东何善衡的家族公司伯利衡和恒茂置业，于新世界发展上市前夕仍持有高云2,800股，按上述交易协议，何氏及其家族可兑换1,190万股新世界的股票，成为新世界发展其中一位主要股东。[64]

据新世界发展招股书记载，收购高云的协议于1972年10月13日签订，并须于1973年底前完成交易。由于未能赶及把高云并入新世界发展的全资附属公司，故招股书只好把高云视作"即将购入的附属公司"[65]，但这家还未到手的附属公司所持有的碧瑶湾地皮已被列入新世界发展的土地资产之中，成为其中一项最具价值的资产：面积80万平方英尺的农地将用作发展豪华屋苑，估值达1亿4,000万港元，碧瑶湾第一期至第四期住宅可带来

表 5-6：1972 年新世界发展招股书内所列地产及发展项目

公司名称 （有限公司）	成立日期 （年 - 月 - 日）	物业名称	地点
用作收租的物业			
香岛发展	1971-7-23	蓝烟囱地皮	尖沙咀
新世界发展	1970-5-29	熙信大厦	轩尼诗道
建侨企业	1961-3-14	万年大厦	皇后大道中
新世界发展	1970-5-29	皇后大厦	皇后大道中
俭德	1961-3-15	俭德大厦	弥敦道
浩成投资	1969-4-11	好望角大厦地库及两层写字楼	弥敦道
新世界发展	1970-5-29	好望角大厦商铺	弥敦道
全美	1967-7-6	柴湾戏院	柴湾环翠道
全美	1967-7-6	宝石戏院	红磡宝其利街
九龙投资	1970-3-3	万年戏院*	慈云山毓华街
隆基置业	1962-10-20	观塘戏院	观塘通明街
用作发展的物业			
高云	1962-10-25	碧瑶湾发展计划	薄扶林农地
恒景企业	1970-7-24	定安大厦	马头角落山道
恒景企业	1970-7-24	位于筲箕湾的楼宇	筲箕湾东大街
好时投资	1969-9-11	宝峰园	北角英皇道
福信企业	1970-5-5	五福大厦	坚尼地城
九龙投资	1970-3-3	万兴商业大厦	皇后大道中
九龙投资	1970-3-3	万年戏院大厦*	慈云山毓华街

年租收入 / 港元	估计税前收益 / 港元	估值 / 港元	说明
85,000,000	—	135,000,000	该地皮于1972年仍未发展，租金收入是估算值
9,414,000	—	105,000,000	
4,800,000	—	58,000,000	
1,752,000	—	16,000,000	
1,680,000	—	16,000,000	
1,740,000	—	19,000,000	
227,400	—	2,500,000	
420,000	—	4,100,000	
444,000	—	4,440,000	
300,000	—	3,000,000	未落成，租金收入是估算值
528,000	—	3,000,000	
—	210,000,000	—	第一期预计于1973年底完成
—	25,000,000	—	预计于1973年6月完成
—	6,800,000	—	预计于1973年12月完成
—	8,732,000	—	已完成
—	7,448,000	—	预计于1973年6月完成
—	9,230,000	—	预计于1973年12月完成
—	3,000,000	—	预计于1973年6月完成

○ 资料来源：New World Development Co. Ltd. (1972), Prospectus, pp.13–14。

○ *万年戏院大厦内有商铺、住宅单位及戏院，大厦落成后估计收益约3,000,000港元，而戏院部分将保留作收租用途。

表 5-7：1972 年新世界发展上市时拥有的附属公司

附属公司 （有限公司）	所持主要物业	新世界 占股比例	公司成立年份 （年 - 月 - 日）
建侨企业	中环皇后大道中万年大厦	100%	1961-03-14
俭德	弥敦道俭德大厦	100%	1961-03-15
隆基置业	观塘戏院	100%	1962-10-20
全美	红磡宝石戏院大厦	100%	1967-07-06
浩成投资	旺角山东街好望角大厦	100%	1969-04-11
九龙投资	万年戏院大厦 皇后大道中万兴商业大厦	100%	1970-03-03
福信企业	坚尼地道 1—4 号	100%	1970-05-05
恒景	筲箕湾东大街物业	100%	1970-07-24
香岛发展	尖沙咀蓝烟囱货仓码头地皮	100%	1971-07-23
好时投资	北角英皇道宝峰园	90%	1969-09-11
惠保集团	建筑公司	55%	1968-03-19
信丰钢铁厂	钢铁厂地皮（位于将军澳）	51%	1951-02-03

○ 资料来源：New World Development Co. Ltd. (1972), Prospectus, p.7。

2 亿 1,000 万港元收益（详见第 194-195 页表 5-6）。[66]

上述并购高云公司的模式，已沿用于其他附属公司的并购中，郑裕彤及一众合资伙伴把各自持有的地产资产注入新世界发展，并以新发行的新世界股份支付买价（详见表 5-7）。[67] 以股代资的好处是，新世界发展不必准备资金并购附属公司，对于看好新世界发展股值的投资者，亦有机会得到丰厚利润。结果，新世界发展股票迅速升值，各股东均获利不浅。

这些附属公司的利益持有人正是新世界发展的董事，尤其何善衡、杨志云、梁润昌、郑裕彤。[68] 例如由俭德持有的俭德大厦，主要股东是梁润昌及其家族公司燕昌有限公司，其他股东有何添、何善衡等[69]；由建侨持有的万年大厦，主要股东是恒生银行及何善衡家族成员、杨志诚置业公司（杨志云的家族公司）、俸爵有限公司（胡俸枝的公司）等[70]；郑裕彤的家族

1973年新世界发展有限公司全体董事合照

全体董事共15人。在新世界发展的旗帜下，当年金饰业、地产业、银行业的著名商人难得来一幅大合照（图片由冼为坚提供）

表 5-8：1972 年新世界发展有限公司董事会成员

董事会职衔	董事会成员	背景
董事长	何善衡	恒生银行主席
副董事长、常务董事	杨志云	美丽华酒店总经理、杨志诚置业及景福珠宝主席
副董事长、常务董事	梁润昌	港澳飞翼船公司主席、恒生银行及香港上海大酒店董事
总经理、常务董事	郑裕彤	周大福珠宝金行主席、恒隆银行副主席
副总经理、常务董事	杨秉正	景福珠宝、美丽华酒店
常务董事	利国伟	恒生银行总经理
常务董事	冼为坚	大行珠宝行、协兴建筑
常务董事	郑家纯	周大福珠宝金行
董事	简悦强	东亚银行主席
董事	邓肇坚	九龙巴士公司董事长、恒生银行董事
董事	何添	恒生银行副主席
董事	沈弼	汇丰银行董事总经理
董事	郭得胜	新鸿基地产
董事	郑裕培	周大福珠宝金行
董事	胡俸枝	双喜月金行、俸爵有限公司

资料来源：New World Development Co. Ltd. (1972), Prospectus, p.5。

公司周大福企业亦持有俭德、建侨、隆基、浩成、福信等公司的部分股权利益。[71] 还有没有出任董事的主要股东，例如从事金条贸易的余基温及富衡珠宝的卢家聪、卢家驹兄弟，是持有万年大厦的建侨企业的股东。[72]

除了增加资产实力，并购亦有利于建立新世界发展的人脉。这些在珠宝业、银行业及地产业举足轻重的人物成为新世界发展的董事局成员（详见表 5-8），尤其以何善衡、杨志云、胡俸枝、梁润昌为主，亦是显示新世界发展的实力、吸引股民的另一要素。由恒生银行主席何善衡出任董事长（1972 年至 1981 年间），加上何添、利国伟、梁润昌出任董事，除了象征恒生银行的大力支持外，还以何善衡在商界的崇高地位，为新世界发展建立信心和稳健的形象。[73]沈弼是汇丰银行董事，简悦强是东亚银行主席，两人出任董事亦反映银行界对新世界发展的信心，事实上，恒生、汇丰、东亚都是支持新世界发展的银行。

由大地置业、高云公司，到新世界发展，郑裕彤一直构建自己在地产业的人脉网络，在这个可信度高、经验丰富、充满投资活力的圈子里，郑裕彤一直以可靠、值得信赖的品德获得商界朋友的支持[74]，使他在推动创立新世界后，继续在地产业得以更大发挥，亦使新世界发展成为1970年代地产业证券化和集团化的趋势下一个新兴地产集团。[75]

以下，我们回顾几个郑裕彤在地产业的耀眼项目。

协兴建筑

1961年，郑裕彤、冼为坚及甄球共同创立协兴建筑公司，珠宝业的胡棒枝也加入为股东。后来甄球离开自立，成立球记建筑公司。协兴的"协"繁体字有三个力，象征三个创办人齐心协力。初创之时，协兴以周大福皇后大道中148号B总店为地址[76]，后来才在德辅道中万宜大厦设立正式写字楼。[77]

如前文所述，三人结识于1950年代的蓝塘别墅项目，甄球是从事建筑工程的承判商，当时负责监督蓝塘别墅的建筑工程，郑裕彤对甄球信任有加，1960年郑裕彤迁居渣甸山，便交由甄球负责新居的装修工程[78]；差不多同一时候，经甄球穿针引线，郑裕彤和冼为坚决定投资兴建位于深水埗的大福唐楼。大福唐楼落成后，甄球向郑裕彤和冼为坚建议，应成立自家的建筑公司，有利日后在地产市场的发展。

地产建设和工程建造有两套不同的工序，地产商买地、规划、市场策略、销售是一套工序，建筑公司则有另一套，需要由富经验、有专业知识的人员负责。于1962年加入、2005年退休，曾任协兴建筑中国有限公司董事总经理、协兴建筑执行董事的梅景澄，细述建筑公司的功能和职责。

一个发展商买了一幅地，限于地契的规定，楼高、面积，即是容积率多少，政府已有规定。通常地产商买地后就开始计数，计算建成后的楼面面积，计算卖楼面积多少，当时市价多少，这样计算出收入。也要计算成本，除了地价，最大成本是建筑成本，建筑包括打桩、上盖、装修、机电这些项目，每个部分必须由不同人员估算。郑裕彤是一个珠宝商人，他不懂这些东西的，建筑公司的功能是提供这些资料，他便可以清楚计算各方面的价钱。而且，建筑费大多靠银行贷款，建筑期多久呢，牵涉贷款数目和利息。这样才可以计算出一个总成本，他才会明白这个投资实际有多少利润。[79]

梅景澄解释，建筑公司按政府工务局批准的施工图则及已签订之建筑合约完工后，工务局通常会提出多项尚待地产发展商批核的增减工程，全部工程完成后，建筑商须按政府工务局规定完成各项上报完工和验楼手续，地产发展商方可取得楼宇入伙纸。部分不良的建筑商经常在完工验楼手续这关节上耍手段，要求地产商提高建筑费才肯完成获取验楼证明的程序，企图对已预售楼花的地产商施以时间压力，地产商为了如期交楼予小业主，唯有乖乖就范。

郑裕彤成立自家的建筑公司，可以有可靠的成本估算、可控制的完工程序，更重要的是可以保证地产项目的素质。事实上，协兴建筑对郑裕彤在地产发展方面的确做出了重要的贡献。

协兴刚起步时是一间只有六个员工的小公司，"麻雀虽小、五脏俱全"，六个人分担各项职能：会计、估价、材料、施工、机械等，为郑裕彤提供所需的专业知识和功能。[80] 甄球负责公司的日常管理，初期协兴承接的工程数目不多、难度不高，例如重建单幢唐楼[81]；另有位于鸭脷洲的发电厂[82]；至1965年，郑裕彤的地产投资不断增加，项目类型更趋多元化，包括将于1966年落成、有六座高级住宅大厦的玫瑰新村，单凭甄球已不能承担。故此，冼为坚从澳门请来年轻且富建筑知识和经验的陈锦灵加入。

陈锦灵毕业于广东省建筑工程学院建筑工程专业，在澳门做过建筑判头；他初到协兴时，负责为郑裕彤投资的地产项目监督施工工程，甄球离开后升任总经理，为协兴日后的发展立下汗马功劳。[83]

1973 年，协兴被并入新世界发展旗下，成为其中一家附属公司，陈锦灵晋升为董事总经理。乘着新世界发展的急速发展，陈锦灵主理下的协兴不断茁壮成长，1970 年代的代表性项目包括新世界中心、中环高级商厦新世界大厦，以及大型住宅屋苑伟恒昌新村第一、二期共 20 座楼宇。[84] 协兴不但承建新世界发展的地产项目，还承接其他地产商的工程，尤其是郑裕彤和新世界发展的友好伙伴，例如承接于 1973 年尾开幕的富丽华酒店。[85]

1970 年代末至 1980 年代初，郑裕彤正积极尝试到大陆投资。1983 年他与香港的其他地产商合资，兴建位于广州的中国大酒店（详见第六章），协兴以境外建筑公司身份，协助完成酒店的施工及管理。1986 年协兴在内地成立协兴建筑（中国）有限公司，专门处理新世界发展在内地的建筑工程业务。[86]

作为直属的建筑公司，协兴为郑裕彤大力拓展地产投资做出了重要贡献，为新世界发展在香港地产市场上大展拳脚提供了坚实的支援。自成立至今，协兴参与的工程包罗万象，由专上学院、医院至寺庙、酒店、商厦等，包括香港科技大学第一期、将军澳医院、志莲净苑、丽晶酒店、柏丽购物大道及力宝中心等。[87] 协兴凭着卓越的工程和技术，为新世界发展创下佳绩，也为香港建筑业做出了贡献。[88]

兴建香港地标

新世界中心是新世界发展上市时的核心项目，亦是其中一个令郑裕彤自豪的成就。新世界中心原址是太古集团旗下的太古货仓码头。这一货仓码头于 1910 年由蓝烟囱轮船公司及太古洋行合作兴建[89]，专供蓝烟囱货轮使用，故又称蓝烟囱货仓码头（以下简称蓝烟囱）。[90] 蓝烟囱位于九龙

蓝烟囱货仓码头

蓝烟囱货仓码头毗邻广九铁路九龙总站,图中货仓前面可见铁路路轨。1975年九龙总站由尖沙咀搬至红磡现址,火车站旧址陆续改建为太空馆(1980年落成)及香港文化中心(1989年开幕),加上1980年新世界中心建筑群完全落成,尖沙咀海滨的景观已全然不同(图片由星岛日报社提供)

半岛的最南端，侧旁是广九铁路九龙总站，火车站亦连接天星码头，若要坐火车，这里是从香港岛前往九龙、新界甚至内地的转车站；连同尖沙咀东面海旁的九龙仓货仓码头，这里也是海上货运的枢纽。不过随着葵涌开始发展现代货柜码头、尖沙咀火车总站迁址红磡，蓝烟囱一带作为交通枢纽、货仓和船运的功能消失；太古洋行亦计划在葵涌投标兴建货柜码头，加上蓝烟囱的业权将于1977年届满[91]，轮船公司和太古决定将货仓码头放售，由太古代理洽商。

是次卖地放盘并非以价高者得，因地权即将届满，买家必须与政府洽谈买地条件，包括一个获政府接纳的发展方案。政府打算将尖沙咀发展为商业旅游区，因此要求买家在这幅土地上兴建一个能代表香港的地标建筑。最后，郑裕彤凭美国著名SOM建筑设计事务所（Skidmore, Owings & Merrill）的设计胜出。

1971年12月，郑裕彤以1亿3,000万港元从太古手上买入蓝烟囱地皮，由郑裕彤及杨志云合组的香岛发展有限公司持有。[92]消息传出立即轰动全城，该地皮被视为尖沙咀"地王之王"，市场流传货仓码头"会成为一个古色古香的中国城"，"发展成一座中国古城模样的酒店"。[93]

不过，一切构思只是初步阶段，郑裕彤还要继续与政府洽商工程的细节。

当时香港启德机场位于九龙城，尖沙咀的楼高受到限制，无法向高空发展，于是这个地标建筑选择以宏伟为特色。蓝烟囱原来的面积有199,687平方英尺，郑裕彤向政府表示土地面积不足以兴建，结果，政府多批出20万平方英尺[94]，部分建筑——丽晶酒店——便是建在水中桩柱上的。经过一年多磋商，这宏伟建筑命名为新世界中心，"配备720间客房的豪华酒店、两座服务式公寓、一座办公大楼和七座提供面积介乎700平方英尺到1,450平方英尺不等的住宅大楼，所有这些都会建在包含商店、食肆的综合商场之上"。[95]

曾经担任新世界发展集团总经理的梁志坚，忆述新世界发展与政府商讨建筑的细节，如更改土地用途必须符合法例，而建筑设计中使用水桩是新世界中心特色之一。

> 我记得当时在恒生银行顶楼，邀请了政府人员来听我们做presentation（汇报），是规划署和建筑署的人，则师都参与会议向政府解释构思。……政府的概念是做一个landmark，即"地标"，既然它已经批准了设计构思，态度是尽量容许我们自由发挥，总之符合法例便可。当时政府不容许我们填海，于是地基打桩就用了"build on pile"（桩柱上建筑），桩柱打入海床，然后在上面铺pile cap（桩面上盖）。我记得，工人在海床上向深挖两三英尺，海水竟然从海床的泥里不断涌上来，当时真的担心工程不会成功。幸好效果非常好，反而很有特色，你可以见到以前的丽晶酒店很大部分是站在水桩上面的。[96]

诚如坊间所描绘，郑裕彤买下蓝烟囱地皮是一"沙胆之作"。虽然日后新世界中心的确是香港地标之一，但当时广东道一带仍然是九龙仓的货仓，斥巨资购入周围只有货仓和车站的地皮，地价却占新世界发展上市时总资产3亿5,000万港元的1/3。新世界发展招股书也开宗明义表明，上市目的是筹集1亿9,000多万港元，为了支付蓝烟囱货仓第二期、第三期合共3,930万港元的付款，以及筹集2亿港元作开发新世界中心项目之用。[97]

从郑裕彤这沙胆之作看，他对香港的发展充满信心。到1980年代，他对香港前景投入更大信心，这便是押在香港会展中心之上的一票。

1980年代的香港，一直被前途问题的阴霾所笼罩着。香港商界及普罗市民对香港回归祖国的态度有疑惑、观望甚至抗拒，但也有乐观和欢迎的。[98]在中英双方谈判香港问题期间，香港整体的投资气氛十分疲弱，尤其香港地产市道，即使中英两国于1984年12月19日正式签署《中英联合声明》，仍然陷于低潮。[99]这时香港政府有意发展湾仔北的填海区，并打

第五章　地产江山　　205

新世界中心建造工程

矗立于维港海滨的新世界中心，由美国建筑设计专家Skidmore, Owings & Merrill担任则师及工程设计师。工程需要在海床上打桩，在水面上兴建建筑，图为建设中的丽晶酒店，1980年建成，2001年易手改称香港洲际酒店（图片来源：协兴建筑季刊《协兴·隽语》，2015年第69期）

算兴建会议展览设施，供各界举办大型国际会议或展览，以促进香港的会议及展贸行业。项目由香港贸易发展局（简称"贸发局"）统筹负责。

政府公开招标，但正值中英谈判前途未卜之际，加上工程浩大、投资额不菲，结果竟是无人问津。时任贸发局主席的邓莲如积极邀请投资者，她是太古集团董事，也是立法局非官方议员，通过同是立法局议员、时任新世界发展董事的利国伟穿针引线，最后接触到郑裕彤。

郑裕彤对香港回归祖国抱乐观态度[100]，虽然会展中心建筑的工程费用最初估算耗资18亿港元[101]，所涉金额庞大，但他认为这是难得的机会，对宣传香港回归后的经济前景可说是一针强心剂，于是一口答允下来。据当时参与会展中心项目商谈、曾任新世界发展集团总经理的梁志坚忆述，出乎意料的是，在贸发局与新世界发展快将落实合作协议前夕，郑裕彤竟遇上竞争对手。

> 郑裕彤刚答允，翌日邓莲如就表示有一位竞争者提高了竞价，愿意多付5,000万港元争取项目。利国伟找郑裕彤、冼为坚和我一起商议新世界的应对策略。我们质疑是否有人将新世界的投标价外泄，但郑裕彤认为无须多疑，决意追加5,000万港元。老板显然是志在必得，我们亦认为这是新世界发展的良机，18亿港元之上不必斤斤计较那多出的5,000万港元，而且他有信心把项目做好。不过，条件是邓莲如必须承诺不会再反价，项目除郑裕彤外不作他人想。[102]

同是1984年12月，《中英联合声明》签署之际，贸发局与新世界发展亦签订协议，把合作计划落实下来。[103]新世界发展为贸发局兴建会展设施，投资回报是：两家酒店、写字楼和停车场于建成后归新世界发展所有，新世界发展亦负责会展中心前40年的管理服务。35年后梁志坚回顾事件，认为郑裕彤确实有眼光。虽然是次投资额巨大，建筑费由预算18亿实际增至25亿，但当时有财力的机构亦大有人在，差别在于在前景不明朗下是否愿意踏出冒险一步。[104] 郑裕彤决意踏出这一步，可说是"沙胆彤"作风，也可以说是他对香港前途充满信心。1986年的新世界发展年报有这一段主席报告："英女皇陛下伊丽莎白二世在1986年10月21日首天访港时曾为此中心主持奠基典礼，标志着香港站在国际贸易及商业中心的地位将更大为提高，亦反映出香港前景将继续蓬勃，充满信心地向前迈进。"[105]

郑裕彤参与会展的兴建还有下文。1985年5月中英联合联络小组成立，负责就《中英联合声明》的实施进行磋商，下设多个专家小组，其中"移交仪式专家小组"负责讨论和安排香港回归中国的交接仪式。过渡期内，中英两国关系交恶，不论是关于兴建新机场及相关基础建设，以至过渡期内的政治改革，双方都出现争拗，关于交接仪式及其安排亦不例外。交接仪式的专家组于1995年12月开始工作，虽经多次会议仍未能达成共识，直至1996年9月方达成了原则协议，其中关于仪式场地的安排，中英双方选定当时仍在扩建中的会展中心前厅作为交接场地，场地需要提前完工，并修改部分设计以配合仪式的举行，这令时间变得异常紧迫。[106]

其实早于1994年贸发局已接获通知，香港回归的仪式将考虑在会展中心举行。接替邓莲如出掌贸发局主席的冯国经在接到政府的任务后，立即寻找合适的建筑商承办工程，结果由一国际著名建筑商投得，而当中最艰巨的任务是工程必须在1997年7月1日前完成。

可以说是突来的托付："请你把这件事办妥！"我知道中英联合联络小组已考虑多个地点，最终拍板在会展中心。邓莲如时代兴建的会展中心称为第一期，我们必须在三年四个月内建成第二期。人生面对如此重大的挑战、沉重的压力，就好像有两把枪指着我，迟一天完工都不成。二期工程遇上不少困难，钢材供应商有问题，施工不顺利。到了最关键时刻，再也没有容让空间下，我决定撤换原来的国际承建商，并拜托郑裕彤先生帮忙，郑先生答应由协兴接手。当时只剩一年多时间，郑先生可谓是临危受命，和陈锦灵先

香港会议展览中心开幕

香港会议展览中心第一期(俗称"旧翼")于1988年11月25日由港督卫奕信主持开幕启用礼。图中出席者,左起:何善衡、邓莲如、李嘉诚、郑裕彤(图片由南华早报出版有限公司提供)

生不眠不休地工作。结果，在 1997 年 7 月 1 日来临前一个多星期，整项第二期工程如期大功告成，当中可以说根本没有任何喘息的空间。[107]

临时撤换承建商一事再一次证明，协兴的工作能力经得起考验，是郑裕彤的好帮手，这也展示了郑裕彤的沙胆作风，还有他对香港前途的信心和投入。

外篇故事

梁志坚 —— 郑裕彤的得力伙计

梁志坚，1938年广州出生。1971年加入刚成立的新世界发展有限公司，是新世界发展第一个员工，后来升任公司的执行董事兼集团总经理，至2011年退任。郑裕彤本是珠宝商人，从事地产建筑业需要大量专业知识，今时今日可能由持有专业资格的人员效力，但早年郑裕彤重用由红裤子出身的员工，把他们培育为得力伙计，梁志坚是一个好例子。

我的背景是做地产的，当时我帮姑丈做地产已经十年。姑丈是望族，李众胜堂保济丸的后人，保济丸风行全球，在东南亚很受欢迎。姑丈对地产有兴趣，保济丸就交给老伙计打理，自己则投身做地产。后来姑丈和姑妈移民，便放我出来闯世界。

当时新世界请职员，我写求职信应征，陶叔（何伯陶）和冼为坚负责面试。第二天，郑裕彤约我面见，他告诉我："梁先生，我桌上有三十几个申请书，当中有律师、会计师、工程师，所有人的学识水平都比你高，我偏偏选中你，因为你有十年地产经验。"我非常感激郑裕彤对我的赏识。

帮姑丈做地产令我涉足很多方面。1961年我刚到李众胜堂时，姑丈刚建成丽池花园，我第一个工作是新楼发售，当时已经有分期付款，我们是跟罗文锦律师楼合作的；姑丈的做法是向银行借钱买地，买到第一块地后，他把地向银行按揭，然后买第二块地。我一个二十出头的青年，经常出入银行借钱，去到汇丰银行时是心慌慌的，紧迫时甚至向"九出十三归"借贵利（高利贷）。姑丈曾有"浅水湾皇帝"的美誉，他曾经在浅水湾有过十个地盘，我也负责去地盘收地。经过1965年银行挤提、六七事件，地产业最受伤，银行立即迫你还钱，我的确见识过很多艰难时期。

我是新世界第一个职员，1971年6月入职，2011年退休。我追随彤哥40年，不是没有原因的，但绝对不是物质理由。彤哥是白手兴家的，他为人可以说是"孤寒"（节俭），但是他信任我，将责任交托给我，他在朋友面前讲过："梁志坚应承过你的，我一定负责。"因为这一句说话，其他人对我的信任度提升不少，亦因为这句说话，我在新世界做足40年。

40年来有什么难忘经验？第

一个是美孚新村，那时是1979年。美孚新村的住宅售清后，商场和车位全部未卖出，我闻悉后向美孚公司要求全部买下。有一个小故事，其间我因为尿酸发作，膝盖又红又肿，无法行动，郑裕彤来电问候，临挂线前他嘱我尽快打针治疗，什么也不要管，最紧要做成美孚的生意。成交后两年我们开始卖铺位，当时商场铺位已全部租出，曾经有租户拉横额抗议我们卖铺的计划，我跟他们解释：公司的计划是现有租户可优先买铺，并有10%折让。结果纷争平息了，公司有非常满意的利润。

新世界很幸运，我们再与油公司合作，另一难忘经验是荃湾德士古道油站清拆重建。1984年，我刚巧到加拿大探望家人。当年介绍我买美孚商场的外籍朋友告知，他约了Caltex（加德士油公司）的老板见面，希望我第二天来美国参加会议。一见面，我吓了一大跳，对方二十几个美国人，连董事长、副董事长等全部出席，只有我一个人，两天会议里，我向对方介绍新世界的规模和项目，尤其是跟美孚公司的合作，以及与政府部门的交手经验，让他们对新世界有信心。一星期后，原班人马计划飞香港继续洽谈，想不到对方如此有效率。

我把这件事告诉郑裕彤，他说："我不认识这班人，你代我招呼他们吧。"几天会议后，加德士团队返回美国，再过一个星期书信来往，我们达成协议和细节安排。加德士计划把荃湾德士古道油库拆卸，改建为大型住宅，即今日海滨花园20座楼宇和商场。加德士派高级人员在香港监督，图则、售楼等他们都有专人过问；新世界担任项目经理，负责解决所有香港法律上的要求，与政府部门沟通联络，并监督协兴和金门建筑的施工至完成为止。我为美国伙伴租写字楼，连他们的公余生活也照顾到，为他们申请私人会所会籍，直至项目完成后加德士的人员返回美国。利润方面，新世界占股20%，结果收益也非常理想。

这两宗超大型项目，在我心目中可算是代表作。我跟美国人商讨后，一直都会向郑裕彤汇报，因为他做事一向是亲力亲为的。这些是利润丰厚的生意，郑裕彤不会拒绝，他一直给予我发挥的自由度。所以说，可以把我绑在新世界40年，不是没有原因的。我不独在香港得到人家的信任，连美国人都信任我，我非常感谢彤哥对我的信任。

可以说，我是靠一张嘴做事的人。郑裕彤很少去投地，通常向旧业主收购，地皮连旧屋一并买入重建，所以我经常用说话去说服卖家。干德道新世界有四五个地盘，列堤顿道又有四五个地盘，全都是我四处跟人家解说洽谈成功得来的。最难忘的是继园台那个项目。继园台是以前国民党走难的排长、连长等人聚居的地方，他们买了继园台后兴建石屋安置随队的军人。这个项目便是跟这些排长、连长洽谈的，他们在香港靠劳力谋生，有些半夜凌晨才放工，我便一直等他们回家见面，商量安置、赔偿的安排。难忘的是，到离开时经常被狗追赶，那时我已经60多岁，要跑也不大跑得动。

这几十年来有很多难忘经历，话匣子打开便停不了。郑裕彤的确给我很多机会，所以几十年来我不只是打工出粮，还有很多满足感。虽然后来有少少不高兴的地方，但我仍然感谢他给予机会。我亦学懂尽量给予伙计发挥的机会，你只有一个人，可以做到多少事情？如果没有帮手的话，如何得到这些成就？这些都是在郑裕彤那里学习得来的。

郑裕彤的足迹

郑裕彤投资地产的经历，规模从小到大，从单个项目的投资到开创新世界发展上市，过程见证了香港战后地产业从萌芽阶段步向高度发展的时期。郑裕彤在地产市场的角色，有论者以"沙胆彤"来形容他勇于投资，在逆市时具胆识把握机遇，开创大型的投资项目。我们认同这观点之余，还要强调郑裕彤的才能，才能不单指看准市场机遇的独到眼光，还有他擅于与人合作、建立人际网络、用人唯才的能力，乃至他在进取中保持稳健投资的决策力，这些都是郑裕彤作为成功企业家，创造市场和创业的特质。明智眼光背后，还有他对香港前景及中国 1980 年代改革开放的信心。

注释

[1] 参考王惠玲、莫健伟:《冼为坚口述历史访谈》(2016年8月19日)。

[2] 参考 Abercrombie, 1948, pp.4–5, 10, 20–21。

[3] 参考 Lai, 1999, pp.61–87。

[4] 参考 Abercrombie, 1948, p.6。

[5] 参考 *Hong Kong Statistics*, 1946–67, Table 2.2, p.14。

[6] 参考 *Hong Kong Annual Digest of Statistics*, 1978, Table 2.1, p.23。

[7] 该条例又于1953年修订,战前住宅楼宇获准按照标准租金加租55%,而战前商业楼宇则获准加租一倍半。参考《香港一九七三:一九七二年的回顾》,页100。

[8] 新修订把地积比率由3倍提高至6倍,自此新建大厦向更高密度的方向发展。1950年代初新建楼宇以三四层高"唐楼"为主,1954年起出现五六层,甚至11层高大厦;1950年代末至1960年代,港九各区有许多20多层高的商住大厦,取代了低矮的唐楼。参考龙炳颐:《香港的城市发展和建筑》(1997年),页238;《香港经济年鉴》,1955—1960年各期。

[9] 参考 *Bristow*, 1984, pp.154, 158;冯邦彦:《香港地产业百年》(2001年),页69。

[10] 1950年6月25日,朝鲜战争全面爆发;同年7月,美国借联合国名义,组织"联合国军"参战。1950年10月,中国出兵朝鲜,抗美援朝。为此,美国对中国实施"禁运"政策。1951年5月18日,联合国亦通过决议案,对中国及朝鲜实施"禁运",要求成员国不得向两国输出武器、石油及其他战略性物资,避免增强两国的军事力量。在"禁运"政策下,香港不能将美国出口的产品转运至中国内地,也不能将中国内地出口的产品转运至美国,严重影响香港作为转口港的角色;而香港工业也难以从美国取得所需原料如化学品、棉花等,以致不少工厂倒闭。1953年7月,朝鲜、中国与联合国达成朝鲜、韩国边界及停火协议,但"禁运"措施仍未撤销,直至1955年才大幅放宽。自此,香港经济重新起步,进出口值上升,工业起飞,资金也再度投入地产与建筑业。参考 Szczepanik, 1958; Hong Kong Commerce and Industry Department, *Annual Departmental Report*, 1954–55。

[11] 有说分层出售是由战前兴起的地产商吴多泰首创。他原是柬埔寨华侨,在中国内地完成土木工程专科毕业后于1938年来港发展,代理租售房屋。战后创办鸿星营造公司,与高露云律师楼研究大厦分契的方式卖楼,得田土厅(即今日土地注册处)批准后,1948年首次以分层方式推出位于山林道的单位。参考冯邦彦:《香港地产业百年》(2001年),页63。

[12] 霍英东原籍广东番禺，1923年生于艇户家庭，曾就读于皇仁书院，二战后至朝鲜战争爆发后，从事将战后剩余物资运往内地的生意而累积财富，1953年创办霍兴业堂置业有限公司，开始投资地产。霍英东为加快新建楼宇出售，亦与高露云律师楼研究新的方法，在楼宇开始兴建时先收取部分购房款，余款以分期付款形式付清，兴建期大约需时一至三年，楼宇落成时买家需付清房款方可领得入伙纸。参考冯邦彦：《香港地产业百年》（2001年），页65。

[13] 参考《房地产》，《香港经济年鉴》，1964年，第一章，页224—227；1965年，第一章，页240—244。

[14] 以中环旧楼为例，1960年位于皇后大道中的太平行出售价每英尺800多元；1962年初，廖创兴银行售出德辅道中一连八幢旧楼，富商冯秉芬售出德辅道中一连六幢旧楼，平均售价每英尺1,000元；年底，德辅道中爹核行、皇后大道中石板街口一连五幢旧楼易手，平均售价每英尺1,325元。参考冯邦彦：《香港地产业百年》（2001年），页73—75。

[15] 例如澳门富商傅德荫的广兴公司于1950年代积极经营借贷业务，以地产项目为主，客户多为建筑商，贷款利率周息可达1%至1.5%，比投资股票的利息收入更高。参考郑棣培编、傅厚泽记述：《傅德荫传》（2018年），页204—206。

[16] 1965年初发生的银行风潮，广东信托商业银行因挤提而倒闭，挤提风更蔓延至恒生、广安、道享等几家华资银行。参考冯邦彦：《香港地产业百年》（2001年），页99—104。

[17] 1966年，因天星小轮加价引发社会骚乱，为时一个多月；1967年，因受国内"文化大革命"影响，由新蒲岗一间人造花厂的工潮开始，社会发生为时数月的骚乱，对香港经济民生和社会秩序，造成严重冲击。有关1966年的骚乱可参考Johnson, 1998, pp.51-59；1967年的深入分析可参考张家伟：《六七暴动：香港战后历史的分水岭》（2012年）。

[18] 参考《建筑业》，《香港经济年鉴》，1967年，第一篇，页182。

[19] 1968年空置单位比落成单位数量多，估计原因是上年累积下来的空置单位仍无法出售。

[20] 建筑工人数目：1964年121,800人；1965年127,900人；1966年133,700人；1967年90,180人；1968年92,370人；1969年93,840人。参考《建筑业》，《香港经济年鉴》，1970年，第一篇，页214。

[21] 为刺激地产市道，政府调整卖地付款的方式，减少发展商即时支付大量款项的负担。过去，政府以公开拍卖方式出售工商业楼宇住宅之用的土地，价高者得，投得者须立刻缴付底价一部分，余额须于短期内付清。1969年，政府修订，中区土地的底价达1,000万元或以上，可分十年付款，利息全免。1971年，政府再度修订有关付款办法，拍卖投得后一个月内先缴成交价10%，余额另加周息一分，分十年清付。参考《香港一九七三：一九七二年的回顾》，页88。

[22] 参考周大福企业文化编制委员会编:《周大福与我——郑裕彤自述》(2011年),页255。

[23] 口述历史及坊间刊物均指蓝塘别墅是郑裕彤最早参与地产业的项目,唯参与时间略有出入,冼为坚记忆约于1950年代中后期;作者蓝潮于他的著作写是1952年;地产代理的资讯指是1960年入伙。综合推论,这项目是1950年代初至中期开始,1950年代末落成。参考王惠玲、莫健伟:《冼为坚口述历史访谈》(2016年8月19日);蓝潮:《郑裕彤传》(1996年),页57;中原地产,http://estate.centadata.com/pih09/pih09/estate.aspx?type=2&code=OSUFQRDRRS&ref=。

[24] 参考香港历史档案馆馆藏,档案编号 HKRS156-1-1728、HKRS156-1-3770。

[25] 参考施其乐:《深水埗:从村落到工业城市的综合》(1999年),页217。

[26] 参考 Bristow, 1984, p.38;梁炳华:《深水埗风物志》(2011年),页35—41、48。

[27] 参考 Lai, 1999, pp.75—79。

[28] 作者参考冼为坚的忆述写大福唐楼是九层高的唐楼;有文献指唐楼只有八层高。参考 Lo, 2019;王惠玲、莫健伟:《冼为坚口述历史访谈》(2019年5月10日)。

[29] 参考《香港经济年鉴》,1963年,第一篇,页236。

[30] 参考蓝潮:《郑裕彤传》(1996年),页57;陈雨:《黄金岁月:郑裕彤传》(2003年),页65。

[31] 参考陈雨:《黄金岁月:郑裕彤传》(2003年),页65。

[32] 参考蓝潮:《郑裕彤传》(1996年),页65。

[33] 参考《印佣大厦星光熠熠》,《壹周刊》,2005年11月10日。

[34] 参考《最后的爱国商人,疍家仔变富豪商人之路》,《明报》,2006年11月2日。

[35] 参考冯邦彦:《香港地产业百年》(2001年),页81—83。

[36] 参考同上,页64、82。

[37] 参考同上,页86—91。

[38] 参考《"沉香大王"周树堂一生迷醉木中钻石》,《信报》,2019年11月25日。

[39] 周桂昌服务新世界集团多年,至2011年3月荣休,亦曾任新世界发展、新世界中国地产及协兴的董事;见新世界发展有限公司官方网站。参考王惠玲、莫健伟:《周桂昌口述历史访谈》(2018年12月18日)。

[40] 参考同上。

[41] 表中所列项目是从几个不同的来源综合而成的，冼为坚详述过蓝塘别墅、大福唐楼、熙信大厦、玫瑰新村、碧瑶湾项目，亦略述过芝兰阁、万年大厦项目；周桂昌详述过红磡宝石戏院项目；郑志令略述过瑞士花园项目；香港大厦的资料来自蓝潮：《郑裕彤传》（1996 年）；陈雨：《黄金岁月：郑裕彤传》（2003 年）。

[42] 表 5-3 是作者参考冼为坚的忆述而编成，除表中所列，冼为坚亦提及郑裕彤曾投资跑马地的银禧大厦、大坑道豪景花园等，可惜这些项目都没有更多确实资料；参考王惠玲、莫健伟：《冼为坚口述历史访谈》（2016 年 8 月 19 日），《冼为坚口述历史访谈》（2018 年 10 月 10 日，《周桂昌口述历史访谈》（2018 年 12 月 18 日）；中原地产及美联物业网上资料；协兴建筑有限公司网站。

[43] 本章引述的公司档案来自公司注册处网上查册中心公司资料档案。Great Land Investment Company Limited, Annual Return, 30 June 1965; Hung To Investment Company Limited, Particulars of Directors, 21 July 1962; Hung To Investment Company, Return of Allotment, 1 June 1962; Hang Mow Investment Company Limited, Particulars of Directors, 4 April 1960; Hang Mow Investment Company Limited, Return of First Allotment, 4 April 1960。

[44] 杨志云和何善衡亦成为玫瑰岗学校赞助人。参考《玫瑰岗校刊 1966/67》，页 12—14；《从街道建筑找历史：玫瑰岗学校》，2012 年 12 月 12 日（网志：http://lausoldier.blogspot.com/2012/12/blog-post_12.html）。

[45] 参考 Ko Wan Company Limited, Annual Return, 15 April 1964。

[46] Ko Yan Company Limited, Return of Allotment, 10 April 1964。

[47] 参考梁操雅主编：《匠人·匠心·匠情系红磡——承传变易》（2015 年），页 35—36。

[48] 1967 年加入周大福珠宝金行地产部的周桂昌，负责跟进红磡宝石戏院大厦项目；周加入之初，该项目已开始动工兴建。参考王惠玲、莫健伟：《周桂昌口述历史访谈》（2018 年 12 月 18 日）。另据冼为坚所述，项目是由甄球介绍的。参考王惠玲、莫健伟：《冼为坚口述历史访谈》（2019 年 5 月 10 日）。

[49] 刘绍源是与郑裕彤合作经营周大福珠饰柜的合伙人之一。

[50] 参考王惠玲、莫健伟：《周桂昌口述历史访谈》（2018 年 12 月 18 日）。

[51] 香港制造业于 1960 年代起飞，纺织、制衣、塑胶和电子等行业蓬勃发展，产品主要出口至欧美市场。参考卢受采、卢冬青：《香港经济史》（2002 年），页 202。

[52] 1960 年香港对外贸易总额为 98 亿港元，到了 1965 年出口总额增至 154.9 亿港元，增长了 58%，1970 年总额较 1965 年更翻逾一倍，达 328.4 亿港元。参考同上，页 212。

[53] 参考何佩然:《地换山移:香港海港及土地发展160年》(2004年),页143、148。

[54] 参考 Leeming, 1977, p.23。

[55] 香港股票交易所的历史可追溯至1891年,其时"香港股票经纪会"成立(后易名为香港经纪商会,英文名称为 Hong Kong Stock Exchange)。战前,除香港经纪商会外,尚有两家交易所,分别为1921年成立的香港证券经纪协会及1924年成立的香港股票及物业经纪会社(该会社于1933年结业)。战后1947年3月,香港经纪商会与香港证券经纪协会合并,组成"香港证券交易所"(简称"香港会"),并成为香港唯一一间股票交易所。其垄断地位要到1969年才被打破,商人李福兆、王启铭等人于1969年12月17日创立远东证券交易所(简称"远东会")。在远东会开业后的第一年,即1970年,两家交易所(香港会和远东会)的总成交额达60.5亿港元,其中经远东会的股票成交额占了49.5%。市场迅速拓展,吸引更多新成立的交易所加入竞争,1971年3月15日金银证券交易所开始运作,翌年1月5日九龙证券交易所开业;前者由金业翘楚胡汉辉开设(1970年胡是金银业贸易场理事长),后者由会计师兼投资者陈普芬创立。上述新成立的三间交易所连同历史悠久的香港会,开启了股票市场的"四会年代",各交易所鼎足而立又互相竞争,直至1987年四家交易所合并成为"香港联合交易所","四会年代"才正式告终。参考香港联合交易所:《百年溯源》(1998年),页10—17;郑宏泰、黄绍伦:《香港股史1841—1977》(2006年),页200。

[56] 一家企业如果要上市,不但要有良好的营运记录、盈利前景和资本质素等严格要求,还有一些非正式的上市"门槛",如要在港英政府内有一定影响力,与香港会的会员有联系,而所有上市文件也以英文往来。郑宏泰、黄绍伦:《香港股史1841—1977》(2006年),页251。

[57] 参考同上,页251—53。

[58] 作者根据列表的资料计算出来。参考同上,页272—74。

[59] 参考 New World Development Co. Ltd. (1972), Prospectus, p.9。

[60] 新世界发展的股价见《华侨日报》以下各日《香港四间证券交易所股票市价综合统计》的报道(以当天最高价计):1972年12月1日为2.9元,12月30日升至6.5元;1973年2月9日录得15.4元,2月23日升至19.8元。

[61] 参考王惠玲、莫健伟:《冼为坚口述历史访谈》(2018年10月10日)。

[62] 参考同上。

[63] 周大福企业为郑裕彤私人名义的投资公司,招股书内列出收购高云当时全数股东的名字及持股量,当中显示郑裕彤所持的股份已大幅增加;参考 New World Development Co. Ltd. (1972), Prospectus, pp.24, 29, 34–36。

[64] 参考同上,页35。

[65] 参考同上，页 34。

[66] 参考 Valuation Report: Pokfulam Road. Farm Lot No.24 sec.A., New World Development Co. Ltd., 14th July 1972, HKSMAAC; New World Development Co. Ltd. (1972), Prospectus, pp.11-12。

[67] 参考 New World Development Co. Ltd. (1972), Prospectus, pp.27-29。

[68] 参考 New World Development Co. Ltd. (1972), Prospectus, Directors Interests, pp.31-34。

[69] 1971 年至 1972 年俭德配发已缴足股款的股票共 3,500 股，梁润昌及其家族公司燕昌有限公司占了 2,850 股，即 81.4%，是俭德的大股东，其余小股东如何添、何善衡等人只占 50 至 100 股不等。俭德于 1972 年 9 月 25 日并入新世界发展，后者发行 250 万股面值港币 5 元的新股作交换。参考 Annual Return of Kim Tak, 31st December 1971; Annual Return of Second Allotment of Kim Tak, 31st July 1972; Annual Return of Kim Tak, 20th October 1972 ; New World Development Co. Ltd. (1972), Prospectus, p.23。

[70] 依 1971 年底的股权分配资料来看，恒生银行占 33.7%，余基温及其家族成员占 25.5%，杨志诚置业公司（杨志云的家族公司）占 18.4%，卢家聪兄弟合共 10%，郑裕彤、郑裕培及周大福企业是小股东，合共只占 1.45%。后来，这家公司的股权也全数转让给新世界发展，以换取 1,050 万股面值港币 5 元的新世界股票。参考 Annual Return of Kin Kiu Enterprises, 24th December 1971; Annual Return of Kin Kiu Enterprises, 20th October 1972; New World Development Co. Ltd. (1972), Prospectus, p.23。

[71] 参考 New World Development Co. Ltd. (1972), HKSMAAC。

[72] 参考同上。

[73] 作者引用冼为坚的意见。参考王惠玲、莫健伟:《冼为坚口述历史访谈》(2018 年 10 月 10 日)。

[74] 冼为坚经常赞誉郑裕彤数目清楚、投资成功后即分钱，受到合资伙伴们的支持。参考本书冼为坚《序》。

[75] 参考冯邦彦:《香港地产业百年》(2001 年)，页 149—151。

[76] 参考《协兴建筑有限公司注册地址通告》，1961 年 1 月 10 日;《协兴建筑有限公司更改注册地址通告》，1962 年 5 月 5 日。

[77] 参考《协兴建筑有限公司》专刊，页 4—13。

[78] 作者参考梅景澄的忆述。参考王惠玲、莫健伟:《梅景澄口述历史访谈》(2018年5月11日)。年份是从郑裕彤女儿郑丽霞、郑秀霞忆述迁居的时间推算出来。参考王惠玲、莫健伟:《郑丽霞、郑秀霞访谈》(2018年2月28日)。

[79] 参考王惠玲、莫健伟:《梅景澄口述历史访谈》(2018年5月11日)。

[80] 建筑地盘的工作通常是以分判形式由富建筑经验的判头负责,协兴则聘用管工去监督判头的工作,管工由建筑业内富经验的人员担任。参考王惠玲、莫健伟:《梅景澄口述历史访谈》(2018年5月11日)。

[81] 梅景澄记得他于1962年加入协兴时,郑裕彤买入上海街一幢旧楼的地皮,然后重建为新唐楼。参考王惠玲、莫健伟:《梅景澄口述历史访谈》(2018年5月11日)。

[82] 参考《协兴建筑有限公司》专刊,2001年,页87。

[83] 陈锦灵(1940—2009),曾任新世界发展、新世界基建及新世界中国执行董事;亦曾任新世界创建有限公司、协兴建筑有限公司、中法控股(香港)有限公司及澳门自来水有限公司之董事总经理,及澳门电力股份有限公司之董事。参考《新世界中国地产有限公司二○○二年年报》,页57。中法控股乃法国苏伊士里昂水务集团及周大福企业有限公司之合营企业,2010年1月7日陈锦灵获法国总统追颁法国最高荣誉骑士勋章(Chevalier de la Légion d'Honneur),以表扬他所做出的努力和贡献。参考《陈锦灵先生BBS获追颁"法国最高荣誉骑士勋章"》,《新世界发展有限公司集团新闻》,2010年1月。

[84] 伟恒昌新村位于土瓜湾道、贵州街和新码头街之间,处于土瓜湾东北面海傍,原来是新填海的土地,1950年代初填海地上开设了伟伦纱厂。1970年代,伟伦纱厂歇业,原址被恒生银行收购,随即重建成大型住宅楼苑,即今天的伟恒昌新村,全村分三期完工,每期十座楼宇,当时在土瓜湾是最耀目的新型住宅屋苑。参考维基百科,https://zh.wikipedia.org/wiki/伟恒昌新村。

[85] 富丽华酒店是澳门商人傅荫钊所属的傅氏家族所有,酒店管理由傅氏家族和美丽华酒店合作经营,酒店主席正是新世界发展董事长何善衡,董事有新世界发展副董事长杨志云。参考郑棣培编、傅厚泽记述:《傅德荫传》(2018年),页228—234。

[86] 参考《协兴建筑有限公司》专刊,2001年,页23。

[87] 参考《新世界发展有限公司一九七三年年报》,页27。

[88] 至2018年6月30日为止,协兴的手头合约总值达471亿港元,有待完成的项目总值约为212亿港元;2018年财政年度内,协兴及新世界建筑共有46个建筑工地获得ISO 14001环境管理系统及ISO 50001能源管理系统认证。会展中心是香港首个获得ISO 20121活动可持续发展管理系统认证的场地。参考《新创建集团有限公司2018年年报》,页65、83。

[89] 蓝烟囱轮船公司原称海洋轮船公司（Ocean Steam Ship Company），太古洋行创办人是海洋轮船公司其中一个合伙人；后来太古代理该轮船公司往来中英之间的船运业务，并于香港尖沙咀建货仓码头供蓝烟囱货轮停泊。参考钟宝贤：《太古之道：太古在华一百五十年》（2016 年），页 16—18。

[90] 有关蓝烟囱货船，参考同上，页 20—21。

[91] 蓝烟囱货仓码头的地段属九龙海军 88 号地段，租期 75 年；自太古 1902 年 11 月 3 日承租起单，该地使用权将于 1977 年到期。地段若再续租 75 年，需由政府重新评估地价。参考 Valuation Report: Kowloon Marine Lot 88, Salisbury Road, Kowloon, New World Development Co. Ltd., 1st July 1972, HKSMAAC。

[92] 参考 Annual Return of Hong Kong Island Development Limited, 31st December 1971; New World Development Co. Ltd. (1972), Prospectus, p.36。

[93] 参考《尖沙咀"地王之王"》，《工商日报》，1971 年 12 月 4 日。

[94] 参考陈雨：《黄金岁月：郑裕彤传》（2003 年），页 101—104。

[95] 参考 New World Development Co. Ltd. (1972), Prospectus, p.10。

[96] 参考王惠玲：《梁志坚口述历史访谈》（2018 年 10 月 25 日）。

[97] 参考 New World Development Co. Ltd. (1972), Prospectus, pp.15-16。

[98] 各界对香港前途问题的关注，由 1979 年初港督麦理浩赴京访问开始，麦理浩与当时的中国领导人邓小平商讨新界租借约期满后的安排，因香港岛和九龙半岛在《南京条约》下割让予英国，香港的主权顿成疑问。时任英国首相撒切尔夫人于 1982 年 9 月访华，正式揭开中英两国就香港问题谈判的序幕。中英谈判过程曲折，至 1984 年 12 月中英签署联合声明，确定香港 1997 年回归。有关香港主权争议至落实的过程参考司马义：《荣耀全归邓小平的香港前途谈判》（1984 年）。有关港人意见纷纭，可参考 1984 年 3 月 14 日立法局议员于"罗保动议"的辩论发言，可谓反映了各界想法，参考罗保：《解除束缚畅论港人对协议的期望》（1984 年）。

[99] 1982 年香港前途问题谈判揭开序幕后，港币弱势、地价下跌、楼宇滞销、股市低迷，但原因复杂，政治因素是其中之一。可参考地产商香植球的看法，见张国雄：《香港的政治前途与投资前景——泰盛发展主席香植球访问记》（1982 年）。

[100] 证诸郑裕彤在《中英联合声明》签署后的发言：中英联合声明有助"投资者信心回复"，"使地产商对前景不明朗的疑虑一扫而空"。参考《新世界发展有限公司一九八四年年报》，页 9、17。

[101] 参考《新世界发展有限公司一九八五年年报》，页 14。

[102] 参考王惠玲、莫健伟:《梁志坚口述历史访谈》(2018 年 8 月 21 日)。

[103] 项目涉及兴建一个展览厅、两家酒店(后来建成君悦酒店及新世界海景酒店)、一幢 37 层高写字楼、一幢豪华住宅大厦,总面积由初拟的 350,000 平方米增至 409,000 平方米,投资额也由原先估计的 18 亿港元增至 20 亿港元,到 1988 年会展中心开幕时,整个计划的投资额为 25 亿港元。参考《新世界发展有限公司年报》,1985 年、1986 年、1989 年,页 14、页 12、页 46;《香港会议展览中心资料快讯》,《香港会议展览中心》,https://www.hkcec.com/。

[104] 参考王惠玲、莫健伟:《梁志坚口述历史访谈》(2018 年 8 月 21 日)。

[105] 参考《新世界发展有限公司一九八六年年报》,页 12。

[106] 参考赵稷华:《忆香港回归交接仪式背后的中英博弈》(2017),页 82—87。赵稷华时任中国外交部港澳事务办公室主任、中英联合联络小组中方首席代表。

[107] 参考王惠玲、莫健伟:《冯国经口述历史访谈》(2019 年 9 月 20 日)。

(第六章)

郑裕彤在中国内地

1977年的清明节,郑裕彤一身笔挺西装,与家乡同属顺德的好友李兆基,在何贤[1]的引领下,来到位于广东顺德大良的县委办公室,拜候当时的县委书记黎子流。黎子流身穿灰色中山装,一派典型的中国共产党干部打扮,迎接这两位来自香港的贵宾。

1950年代郑家陆续离开家乡祖居，1977年之行是郑裕彤第一次重返顺德。自此，郑裕彤在中国内地的活动渐趋频繁，最初捐助家乡的建设和发展，1980年代初开始参与投资，起步点在广州，由酒店业做起，继而投资基建设施。自1992年起他在北京、武汉、天津、沈阳等地，通过新世界发展投资内地主要城市的基建、城市建设、房地产等。到今天，新世界发展的房地产项目遍布中国主要城市及二三线城市。

我们发现，郑裕彤在中国内地的投资活动，除了为维护企业的利益，还蕴含他的中国视野和商人以外的身份意识。以下，我们将叙述郑裕彤在中国内地的一些经历，以发掘郑裕彤鲜为人触及的一面。

重返顺德

1977年郑裕彤重返顺德，有两层特殊的意义，一层是个人的、家族的，另一层是社会的、国家的。让我们先谈个人的、家族的一层。

第一章我们谈到郑氏家族的男儿，陆陆续续地跑到城市谋求经济出路。而郑家真正离开家乡的背景，是于1950年代初在全国推行的土改运动下[2]，郑裕彤的父亲郑敬诒被卷入斗争的旋涡中，听说曾受过皮肉之苦，更有说被送往劳改。1958年郑敬诒来港与儿子们团聚，1960年代初，郑裕彤的三弟郑裕培的妻儿获批来港，大松坊郑敬诒一房人可说是完全离开了伦教家乡。

1949年中华人民共和国成立，坚持共产主义思想的新政权最初仍然容许和利用私人资本的企业，以助解决民生所需，后来受到朝鲜战争下国际"禁运制裁"，"三反""五反"运动、土地改革运动等影响，外国资本和私人资本逐渐离开中国内地，而香港是主要的目的地，战后的移民有不少对内地存在恐惧的心理。[3]

不过，郑敬诒没有随战后移民潮来香港，而是继续在家乡伦教经营纱绸生意。顺德伦教是乡镇地区，新政府采取公私合营的政策，逐步将地方上的私人企业吸纳、重组和合并为国营企业。一个例子是位于伦教的国营丝织厂，它是由伦教的小型至中型纱绸织造工场合并而成的。被合并的小工场之中，包括郑裕彤的堂兄郑衍忠的工场。他在大松坊开设了一所小型织造厂，只有10台织机和12个工人，于1956年与其他小工场一起，连同工人和机器被合并重组为公私合营企业，名为"苏联记丝织厂"，至1958年再改组为国营企业，郑衍忠由工场经理变成丝织厂工人。[4] 据伦教小学的退休老师孙杏维的记忆，公私合营改造的过程是和平的，没有使用过暴力。[5]

公私合营这种吸纳私人资本的政策，并不应用到与外国资本或国民党有联系的企业。[6] 郑敬诒当时经营三益纱绸庄，被指与国民党有联系，原因是他曾任伦教镇商会和伦教晒莨业同业公会的理事、监事等职务。这些商会被指与镇政府有联系，间接与国民党有联系。[7] 因此，郑敬诒受到较严厉的对待，他所经营的三益纱绸庄和晒莨工场被充公和遣散，需要缴付遣散费予晒场工人。[8] 1950年代初当广东省各地推行土地改革运动时，郑敬诒被冠以"公堂地主"的罪名而遭受批斗。[9] 一份顺德县档案馆的记录显示，1979年郑敬诒获平反[10]；大松坊祖屋曾被没收，亦于1990年获退还。[11]

1946年至1954年间，郑裕彤的三弟郑裕培在广州和伦教生活，帮忙父亲打理纱绸生意。[12] 他是五兄弟中唯一目睹父亲的惨痛遭遇的，然而，郑裕培一直活跃于顺德家乡的建设。广东推行改革开放政策之初，郑裕培已经回乡，并积极通过捐款协助家乡的建设和发展。一份顺德档案馆的记录显示，1979年2月24日，顺德县革命委员会同意接受郑裕培捐赠顺德县伦教公社一部由日本丰田客货车改装的救护车，供医疗救护之用。[13] 由1979年至2008年过世前，郑裕培一直关顾顺德的教育和社会福利需要。根据顺德伦教政府侨办及教育局的资料，这30年间郑裕培捐助顺德各乡共合人民币4,453万元，用于教育、医疗、敬老及救济贫孤等方面。[14] 他关心伦教乡民的需要可谓无微不至，除捐资兴建幼儿园、小学及中学，亦留意到贫困家庭和孤苦无依者的需要。

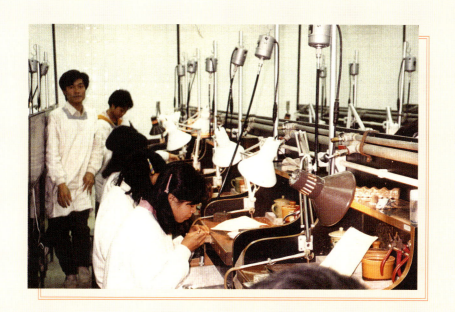

在内地设首饰钻石厂

郑裕彤在家乡伦教设厂,名为"裕顺福首饰钻石加工厂"。1988年先设立首饰加工厂,1989年增设钻石加工厂。首饰厂承造周大福的足金、K金和镶嵌首饰;钻石厂吸收泰国及南非的打磨技术,开始时专门做细颗钻石加工。图中是裕顺福厂内情况,最初是为了让伦教的中学毕业生有就业和学习技术的机会而建厂,技术和设备只是初阶水平,经过多年不断进步,现在已是行业翘楚,产能超群的龙头企业。照片约摄于1988年至1989年

对于郑裕培的捐献,其子郑锦超认为是源自传统中国人的爱乡、爱国之情。

> 我的父亲是一个比较传统的中国人,对于家乡和国家,他特别有认同感、爱国心,这是我对父亲的感觉。为何我有这种感觉?以前共产党斗过我的祖父(郑敬诒),即是他的爸爸,甚至祖屋被没收了、被破坏了,他也从来没有表达过仇恨的情绪。相反,他曾经跟我说:"如果没有共产党,今日的中国人没有那么团结。"这就是我的印象。父亲对内地捐了很多钱,若果按比例计算,是超乎常人的,什么意思呢?例如,一个人身上只有1,000元,他捐出500元,比例是很高的,若果是一个富人捐500元,比例就很小了。所以按比例计算的话,我父亲的贡献是很大的。[15]

罗国兴于1981年加入周大福,主要协助郑家处理家乡的事务,较多时间协助郑裕培在家乡的活动。对于郑裕培捐助建设家乡的设施,他认为是出于一颗挚诚的慈善心。

> 我们在伦教兴办钻石加工厂时(约1986年至1987年),留意到贫穷的问题,穷家孩子天冷时连鞋子都没有,老人家的景况更凄凉,因为我曾经在香港社会福利署工作过,于是跟三叔(周大福员工对郑裕培的尊称)研究,当时有批评说有了老人院,子女便不再孝顺父母,但三叔不管乡间的舆论,决意开设老人院,所以1992年开办了伦教颐老院,这是郑裕培一手捐助的。
>
> 三叔亦留意到伦教的中学不足,于是个人捐助兴建培教中学。顺德县政府计划兴建学校,必定向香港的乡亲募捐,每次到香港,必定拜会郑裕培,三叔的回应是:"你们尽力去筹募捐款,然后告诉我结果,我做包底。"所以我说,只要是顺德的学校,都有三叔的

一份。[16]

郑裕培除了个人捐赠外，亦以郑裕彤基金的名义，居中走趯，积极推动完成多项伦教和顺德的社会建设，代表郑家参与建设家乡的行动。

除了公益活动，郑家兄弟和子孙还重修和加建祖屋，每年清明和重阳必定到祖坟拜祭，春节亦回乡度岁。可以说，郑裕彤于1977年在顺德大良会见县委书记黎子流一事，开启了郑家众人重返家乡的行动，对家人、家族产生了重要影响。

愿做领头羊

至于社会和国家的层面，当时接见郑裕彤、李兆基的顺德县委书记黎子流有这样的评价：

> 我回望过去，"一石击起千层浪"，郑裕彤博士这个行动为港澳的乡亲，甚至世界各地的华侨的联系工作，起了不可磨灭的作用。今日顺德有这样的进步，千万不要忘记港澳同胞、热心乡贤的贡献，没有华侨和乡贤的联系，我们如何谈国际化？如何吸收国际的消息？所以郑裕彤博士、李兆基博士，为我们顺德的发展，打开了非常好的开端，带动了港澳知名人士和乡亲，为后来顺德的发展建立良好的基础。尽在不言中，两位以实际行动来发挥影响，"啊，郑博士他们都可以返家乡，我们都可以啦，会有什么事呢？不会出事的"。[17]

2018年是中国改革开放40周年，恰巧同年我们与黎子流进行访谈。1977年是中国对外开放政策推出的前夕，广东是最早推行开放政策的前哨省份，而黎子流是积极推行此项政策的广东干部[18]，因此，他对郑、李二人之行，赋予重大的政治意义。

虽然1979年中美正式建交，象征了中国愿意与资本主义世界建立外交关系，但当时长期在政治思想主导的气氛下，中国与国际社会的关系暂时维持疏离。黎子流不讳言，一旦推行开放政策，无论在制度、法律、办事方式、语言、思维，甚至服饰等，都需要进行改革，才可逐步与国际社会接轨。中国政府实行开放政策，首先向香港和澳门招手，把这两个地方称为中国的南大门，除吸引港澳资金投资到内地，还特别在香港举办招商活动，利用香港与外国市场的密切联系，吸引外资进入内地。可是在多年的闭关政策下，外国投资者未必立即就对中国抱有信心。黎子流的见解是，郑、李二人之行，正好向对中国抱有怀疑的港澳商人，展示正面示范。

黎子流忆述，当时宴请两位贵宾于中国旅行社吃饭，席间两位主动提议捐助扩建顺德华侨中学，这是1977年为即将推出的开放政策踏出第一步。事实上，广东的经济开放过程，除了吸引港澳资本投资外，呼吁华侨捐助家乡的社会建设，也是重要的一环。

外篇故事

1989年6月2日，伦教的首饰钻石加工厂举行开幕剪彩。黎子流（右二）、广东省常务副省长于飞（右三）及郑裕彤（右四）主持仪式

黎子流 广州市市长遇上郑裕彤

黎子流，顺德县龙山人。1951年加入中国共产党，在顺德县担任公社干部。1977年至1983年担任顺德县委书记，1983年至1989年调任江门市委书记，1990年至1996年担任广州市委副书记兼市长，1997年退休。黎子流谈及郑裕彤和李兆基重返家乡顺德的经过，形容他们作为顺德乡贤，在促进顺德的发展上留下了重要的印记。

1977年，他（郑裕彤）第一次返顺德，跟李兆基两个人，这是我第一次跟他的接触，由何贤先生带领着。为什么他们由何贤带着呢？后来郑裕彤告诉我，他们两个担心呀，担心一旦踏入内地，回不去了。所以何贤就拍心口："没事的，你们回去啦，顺德是你们的家乡嘛。"这是郑裕彤离开家乡之后，第一次回来顺德大良。

当时的社会背景是"四人帮"刚被打倒，毛主席去世，这个时期中国还处于很微妙的阶段，加上两位是大商家，说到会担心是可以理解的。就此一见，我跟郑博士初步建立了友谊，日后还做了好朋友，后来我们在祖国建设中动员出力，大家都互相信任，怎么说呢？他相信我做事只有一条心，一心为国家、为社会，所以我们彼此建立了互信。

席上两位博士谈到香港的情况，我细心聆听，郑博士当场提出："我想邀请你们的主要领导到香港参观。"我觉得这提议非常好呀，不单只我一个，还有其他县委干部都应该去香港学习学习。

我办出境手续是向广东省管外贸的副省长曾定石申请。我跟他比较熟，他说熟归熟，手续要照办，逐层向上级请示，足足办了半年。1980年，我带着伦教公社书记及其他公社书记总共10个人到香港，由顺德联谊会接待。郑博士是顺联会永久名誉会长嘛，顺联会热情招呼我们，肯定是郑博士发挥的影响。

为了当时的香港之行，我们做足准备。第一，我们认为到香港有很多值得学习、了解的地方。第二，喂，人家个个西装革履喝，说到底我们是代表顺德、代表内地出去的，不能失礼。所以我度身订造了人生第一套西装，只得一套，没有替换，晚上速洗，明早又再穿。有一件难忘的事，我拿西装去酒店洗衣房做速洗，有几百元港币留在西装口袋里，有人打电话上房间："喂，你西装袋里有几多钱呀?"问我喎,我说:"是的,放了钱,但没留意有多少钱呀。"很快他们全数交还过来。我心想:"啊,香港酒店的服务的确诚实可靠,如果在内地,钱肯定没有了。"今天当然不会再有这种情况,但以前人民穷嘛。

我们下榻新世界酒店,郑裕彤博士已在门口迎出来。虽然大家是顺德乡亲,但以他这位香港富翁如此礼贤下士,令我们很感动。在香港逗留11天,早、午、晚都有紧密行程,走遍香港、九龙、新界,特别过海隧道、地铁解决了交通问题,令我们印象深刻。胡耀邦探访顺德时直接问我:"喂,你们顺德到底几时可以赶上香港?"当时已实施改革开放,顺德亦行得很快,我答道:"赶上香港呢,不是说没有信心,只是说不出一个确实时间,若说要赶上澳门的话,五年应该可以。"不过,那时澳门尚未开放赌业。我对香港的认识是,很多方面都值得我们学习、借鉴,唯独一样我觉得问题比较大,就是贫富悬殊方面。

广东省来说,顺德的确走得比较快,例如龙舟大赛,顺德县是全广东第一个恢复过来的。过去办龙舟比赛,被"三顶帽"限死了,说扒龙舟是封建迷信、大浪费、破坏生产。1980年我们参观过香港后,1981年便恢复扒龙舟,由顺德县的领导直接指挥。洪奇大河有一道桥,我们在那里放100多只大龙船,一路扒落去,全县震动。其实扒龙舟是一种运动文化,健儿要鼓足干劲、同心协力、力争上游地扒。所以,文化思想要解放,不要守旧,要创新,顺德才能走得快一些。改革开放后,它是广东"四只小老虎"之一,南海、顺德、东莞、中山。

由于郑裕彤博士和李兆基博士带头办教育,顺德的发展更加快。旅港的顺德乡亲,有能力的,返到家乡都办起修桥、筑路、建学校的公益事业来，如兴办梁銶琚图书馆、李兆基中学、郑裕彤中学等。那年顺德要筹建大学，当时我快要从广州退休，便返家乡负责推动这件事。李兆基博士一口答应捐助5,000万，郑裕彤博士那边由郑家纯先生代表，当时县委书记给我一个任务："你跟郑博士比较熟络，请他和李博士一齐做，也捐5,000万吧。"我一边坐车，一边思量怎样讲法，最后郑家纯先生答复捐5,000万，相信已跟他的父亲商量过。虽然后来顺德大学要改为职业学院，但以1亿元带动兴办大学，对全县的经济人才影响很大的啊。

顺德乡亲由办公益和教育开始，逐步转向经济投资，亦由郑博士带头。我讲两件事，第一，周大福珠宝玉石加工厂，是1989年开张的。我有份去参加庆典，工厂就以伦教作为基地，现在已发展得很先进。两年前我再去参观，已经全部现代化、机械化，一直办得有声有色。顺德伦教是珠宝业基地，周大福就是领头羊。

另一个就是新世界万怡酒店，在大良清晖园对面。这幅地本来是种菜、养鱼的，地理位置很优越，县政府本来计划用来兴建中国旅行社大厦，但农民不愿意。几经周旋和说服，我答应他们以好价钱赔偿才斟成，岂料中旅社项目成不了事，幸好郑博士愿意接手，付足赔偿给农民，虽然万怡酒店是四星级，但新世界的管理和服务是五星级的，这么多年仍保持新净。

我们见物思人，见物知情，郑裕彤博士、李兆基博士两位留下了不可磨灭的功绩，一定永远刻在顺德世世代代的人民心中。

参与改革开放

中国的改革开放政策于1978年底掀起序幕,目标是吸引外来投资、设备、技术和知识,最早的具体措施是于1979年7月决定在深圳、珠海、汕头和厦门设立经济特区,以来料加工和补偿贸易的政策吸引外资和技术,尤其香港和澳门的资金。中国招商局以推动"四个现代化"为目标[19],主要邀请工业资本到经济特区和中国主要城市投资,包括棉纺、电子、塑胶、机械、五金等工业。

郑裕彤所属的珠宝业和地产业,在改革开放初期,仍不是被邀请的对象,但有一项服务业的商业协议却在酝酿中。1979年初已有消息,中国政府正与香港的华资地产商研究兴建酒店。[20] 1980年,郑裕彤与李嘉诚、冯景禧、胡应湘、郭得胜等五人合组财团,与广州市的国营机构签订协议,在广州市兴建中国大酒店。[21] 合作形式是广州方面提供土地、材料及劳工,港商负责建筑图则设计、酒店管理及训练从业人员。[22]

其实1977年之行,并非郑裕彤第一次到内地访游。1973年霍英东带领香港地产建设商会会员到北京旅游,当时郑裕彤亦有参与,参观过万里长城、故宫等文化古迹。大约1976年他亦参与过由冯景禧带领的桂林旅游团。[23] 1978年10月,当时启动中国改革开放路线的中共第十一届三中全会尚未召开,郑裕彤已向香港传媒表示,他对中国的旅游业抱有信心,奈何当时内地的交通和酒店业设备不足,他曾向内地官员表示愿意提供技术人员和意见[24],所以参与中国大酒店的兴建和管理,是将这些想法付诸实行的举措。

中国大酒店于1983年落成,由新世界发展负责酒店管理,这可说是郑裕彤在内地的第一项投资。[25] 当时,位于尖沙咀东的新世界中心已经落成,这个地理位置优越和外形设计突出的建筑群,包括新世界发展旗下两家酒店——新世界酒店和丽晶酒店。新世界酒店在1978年开始局部营业,由新世界酒店有限公司管理;丽晶酒店于1980年开始营业,由丽晶国际酒店集团管理。[26] 当新世界参与兴建中国大酒店时，合约内列明由新世界酒店有限公司协助工程设计事宜，并由新世界担任酒店顾问[27]，当时的新世界已拥有管理五星级酒店的经验。

新世界的酒店管理经验是否真能发挥影响力？郑裕彤接受《信报财经月刊》记者的访问时，忆述他特意到中国大酒店咖啡厅测试员工的服务水平。

> 我到 coffee shop 叫了一杯热奶，侍应生说没有，"卜"的一声掉了个餐牌来，说："你看啦！"我整个人吓到跳起，我追问总经理何解，他说自己也无法控制员工。[28]

一年后，有评论认为中国大酒店已超越了国营的东方宾馆，把外商吸引到中国大酒店开设写字楼。习惯到东方宾馆洽谈生意的港商，亦转用中国大酒店的服务，原因是负责酒店管理和职员培训的新世界，采用西方现代化管理方法。中国大酒店的员工从全国招募，必须经过笔试和面试，录取者签订雇用合约，管方有权解雇表现不佳的员工。这套管理制度使这间中外合作酒店超越国营的东方宾馆。[29]

中国大酒店之后，新世界更广泛地为内地旅游酒店业提供管理服务，1982年新世界酒店（国际）有限公司成立，第一个酒店管理项目是深圳湾大酒店。[30] 之后，新世界在内地的酒店管理业务拓展至多个主要城市。十年后，新世界旗下管理的酒店共七家，分布在主要的旅游城市，包括广州、杭州、桂林、西安、上海、北京及苏州。[31] 中国政府向外资招手，郑裕彤一方面配合集团酒店业务的扩张，另一方面协助实现中国酒店管理现代化。

广州故事

到了1980年代中，郑裕彤开始在内地进行较大规模的投资，与广州市政府洽谈基础建设和房地产。这时，中国政府正进一步落实开放政策。

广州北环高速公路全线竣工

1993年10月,广州市政府举行庆祝典礼,时任广州市市长黎子流(站立,左)与郑裕彤(右)合影(图片由星岛日报社提供)

1984年5月,中共中央决定进一步开放14个沿海港口城市,包括广州、上海、天津等,容许市政府利用免关税、扣减利得税等优惠政策吸引外资,优惠的范围不再限于工业生产,还包括能源、交通、港口建设等项目。[32]郑裕彤与广州市政府洽谈的项目正是兴建高速公路和发电厂。

郑裕彤在广州的投资或许是被沿海城市的优惠政策所吸引,又或许是回应国家经济发展的需要。无论如何,他在能源和基建方面投入资金,的确可以帮助广州以至广东省的经济发展。1985年2月国务院批准将珠江三角洲发展为沿海经济开放区[33],范围包括广州、深圳、东莞、佛山、惠州、博罗、江门、珠海等14个市、区、县。经济急速增长必须有相应的交通网络和能源基建配合,对于这连串开放政策,新世界的确积极回应。1999年,新世界已在广东省投资了多条公路,连接广州、肇庆、佛山、顺德、中山、新塘、东莞、惠州、惠阳等县市,南至深圳,北至清远。[34]

让我们返回到1989年。当时郑裕彤正在商谈参与广东省的基建项目,北京却发生政治风波。其实于1988年时,郑裕彤已经与广东省政府商谈兴建深圳惠州高速公路等基建工程。[35]1989年之后,中国旅游业顿告萎缩,西方国家对中国实行一定程度的经济制裁,部分西方国家的外资撤离中国。[36]当时中国经济亦正面对高通胀、价格失衡的问题,而改革开放已十年,国策正徘徊于市场经济抑或计划经济之间,加上世界银行和亚洲发展银行考虑停止向中国提供新贷款,有些外国投资者表现踌躇不前的态度。[37]

撤离还是不撤离?相信郑裕彤也曾思考过这个问题。翻看《新世界发展有限公司一九九〇年年报》,可以见到郑裕彤并没有从内地撤出,反而落实了本来在洽谈中的基建投资。当年6月29日,新世界发展与广州市政府签约,初步同意合作兴建广州北环高速公路及珠江电厂。广州北环高速公路全长26.5公里,总投资约为人民币10亿元,预期1994年全面通车;珠江电厂的总投资额估计达人民币18亿元,预计可于1993年中开始投产。[38]以投资额来看,这两项工程不算是小儿科。同年,新世界发展属下的协兴建筑有限公司全年的建筑合约总值68亿港元[39],相比之下,这两项基建工程，已相等于协兴建筑全年合约总值的 41%。

1989 年后不撤资，关于郑裕彤的想法，1990 年新世界发展年报有这个说法：

> 集团对此两项工程的承担，属长期性的投资，而展望有可观的利润回报。……香港的经济前景与内地，尤其是广东省的发展有非常密切的关系。集团参与此类基建工程的发展，除有利于内地的现代化及经济发展外，亦显示出集团对香港的前途充满信心。[40]

既然这不是短线投资，投资者必须对当地经济前景和政府有信心，所以郑裕彤通过年报向公司股东表达这一点，他的视野在于香港与广东省之间的密切联系，更大的视野在于广东的进步对中国现代化和经济发展的贡献，这一切都与香港的前景相关。郑裕彤的中国视野从中可见一斑。

1990 年代初，新世界发展与广州市政府共签订了五个发展项目协议：三个是基建工程——深圳惠州高速公路、北环高速公路和珠江电厂；两个是房地产项目——接手法国资金撤离后遗下的广州二沙岛低密度屋苑工程及位于水荫路的福莱花园。[41]

北京故事

1992 年邓小平发表南方谈话，标记着郑裕彤在内地投资的另一个阶段。1992 年 6 月，新世界发展（中国）有限公司［简称新世界（中国）］成立，便于集中资源、更有系统地开发内地的房地产市场。新世界（中国）在 1993 年一年内共签订了 15 个合约，分布于广东、北京、上海、天津。1992 年至 1995 年短短三年间，新世界（中国）在内地的投资项目扩展至 32 个，项目类别包括中大型基建及安居工程、物业投资及发展、旧城改造、旅游及百货，分布在广州、深圳、北京、上海、天津、大连、南京、武汉等主要城市。[42]

邓小平南方谈话在中国改革开放的路程上是一个重要标记。1992年初邓小平到武昌、深圳、珠海、上海等地视察时，向当地干部发表讲话，令中国的经济改革开放进一步扩大和深化[43]，对外开放的范围和领域进一步扩大，由经济特区、沿海港口城市及沿海经济开放区，扩展至沿长江经济区、内地中心城市、铁路公路沿线和沿边地带等不同区域的发展。[44] 在这种背景下，我们集中讲郑裕彤在北京和武汉参与投资城市建设和房地产的故事。

1949年中国共产党取得政权后，全国实行社会主义制度，住房变成公有财产，出租和出售都是禁止的。1978年实施改革开放政策后，房地产市场慢慢重新萌芽。1992年邓小平南方谈话，刺激了房地产投资。1992年至1993年间，房地产投资每年激增1.17至1.65倍，投资过热，完全脱离当地消费者的购房能力。1994年国务院发出《关于深化城镇住房制度改革的决定》，实施各种促进住房市场化的制度性改革，中国房地产市场才稳步发展下来。[45]

1992年郑裕彤初到北京投资房地产业，并非着眼于短期利润，而是回应市政府招募外资协助推行城市基础建设及危旧房屋改造的计划。北京是中国首都，一直吸引郑裕彤的注意。1992年他北上投资，第一个地点便是北京。原来早于邓小平南方谈话尚未公开时，郑裕彤已派员到北京进行社会和市场调查，了解到北京旧城的居住环境特别恶劣，亦明白市政府计划通过旧城改造工程改善"困难户"的居住环境。于是，当市政府向外资招商时，他主动请缨重建崇文区（今属东城区），包括清拆危旧房舍、兴建现代化楼房及扩阔交通要道。

崇文区是什么地方？崇文区位处北京市东南部，内地报章将崇文区的居住环境比喻为电影《城南旧事》里位于北京城南的四合院，以"脏、乱、差"来形容，区内街道狭窄、陈旧的四合院交织、居民密集、经济滞后。[46] 负责实地调查的新世界员工苏锷向郑裕彤报告他在北京市的发现，郑裕彤听罢立即计划视察这个老城区。苏锷这样形容当时的情况：

> 这班住在破烂房屋的首都市民，连小便的地方都没有，是一个非常贫穷的社区。我们抵达居委会主任家里，老总（郑裕彤）想小解，询问洗手间的方向。居委会主任反问老总在说什么，老总普通话不灵光，我代答："请问洗手间在哪里？"主任再问："什么是洗手间？"我答："厕所在哪里？"主任指着地上两个陶罐，说："这就是我们的厕所。"郑裕彤再看不下去，转身走出门外，一巴掌拍在我的肩膊上，说："阿苏，不用再啰唆，我们看着怎样帮帮这班老百姓。"[47]

所谓"帮帮这班老百姓"，原来是自此以后的 14 年里投入人民币 105 亿元，重建了除去天坛和龙潭湖以外整个崇文区，改善了大约 1.7 万户居民的居住环境。重建工程的初期，由于市政配套不足，新世界（中国）首先投资水、电、路等基础设施，例如为了扩建崇文门外大街投入人民币 12.9 亿元，当时郑裕彤坚持必须拓展至 70 米宽，既可疏导交通，亦可有足够的地底空间铺设各种管道，使日后重建的新社区有足够设备。[48]除了这条 70 米宽的主干道外，旧城改造还要开拓 30 至 40 米宽的次干道。[49]

难度最高的是安置受拆迁影响的居民，一方面需要大量资金作赔偿之用，另一方面北京市的旧城改造政策限制了楼宇高度，以防破坏古迹建筑周边环境的视野和城市景观。面对历史文化保护和成本效益的矛盾，新世界（中国）采用"边拆、边建、边回迁"的策略，以及提供房屋安置、金钱补偿、原地回迁等不同选择，使崇文区的居住问题得以解决和改善，人均居住面积由 6.9 平方米提升至 25 平方米。[50]

北京崇文区旧城改造的经验，成为新世界（中国）参与旧城改造的蓝本，此后于天津、沈阳、济南、广州等城市，新世界（中国）继续参与旧城改造计划。郑裕彤的孙儿郑志刚是新一代接棒人，他以"城市建设者"来形

郑裕彤洽谈北京崇文区旧城改造计划

1993年11月,郑裕彤(右四)在北京崇文区龙潭湖公园内的贵宾接待室,与崇文区区长(右三)会面,洽谈崇文门大街危改规划区内危陋平房拆迁事宜。武汉市建委主任(右五)应郑裕彤之邀,从武汉到北京参与会议,就拆迁安排提供意见

容新世界（中国）在内地的角色，整个理念和实践由1993年北京崇文区旧城改造开始。[51]

武汉故事

武汉坐落于长江沿岸，比沿海港口城市稍晚推行改革开放。1992年6月，中央政府决定进一步开放长江沿岸的城市，继上海、南京之后，再开放芜湖、九江、岳阳、武汉、重庆五个内陆城市。同时，国务院亦决定开放内陆18个省会城市，当中包括郑州和长沙。邓小平南方谈话后不久，中部三个省份（湖北、河南和湖南）都主动邀请外商投资，郑裕彤接到中央领导人的邀请[52]，希望新世界再次担当领头羊的角色，推动三个省会——湖北武汉、河南郑州和湖南长沙——的基建发展。

这时的郑裕彤已经被中央政府视为可靠的伙伴。时任中央政治局常委、中央书记处书记的李瑞环，通过联络代表向郑裕彤转达，希望新世界可以参与中部的城市建设工程。这位联络人是胡耀邦的儿子胡德平，胡德平时任中央统战部秘书长，后兼经济局局长。除了官方身份，胡德平和郑裕彤之间也是朋友，他以多重身份邀请这位香港商人参与中部城市的建设。

1992年9月，新世界（中国）成立后三个月，郑裕彤又派员到这三个城市视察，了解当地的发展需要和政府状况。结果郑裕彤决定在武汉投资，他是看中武汉被形容为"九省通衢"[53]这个地理优势。郑裕彤很快便承诺了多个项目，不久新世界（中国）在武汉开展第一期投资，基建方面有武汉天河机场、武汉机场公路、长江二桥的兴建工程，后来有房屋、百货、工厂、酒店等投资项目。[54]

> 1992年下旬，我们抵达武汉南湖机场，沿路塞车严重，在车上困了三小时才抵达与市政府见面的地方。听罢汇报，老总说："阿苏，我想去toilet（厕所）。"我明白他已经有想法了。他说："武汉是九

省通衢的要塞，居然连个像样的机场都没有。"因为南湖机场是旧机场，空间狭小，即使市政府派警车去迎接老总，连警车都挤不进去。

在我们返回会议厅后，老总说："书记，你们好，我帮你搞供电塔，但我有一个条件，我要改图纸。"哗，飞机场的图纸，老总都够胆动它？原来他已经心中有数，他继续说："现在图纸上的跑道长2,800米，可以让七四七客机升降，可是，如果要做到军用，跑道便要增长至3,400至3,800米，若邀请我们来投资修建机场、跑道，我不能马虎，必须配合国家的国防需要。"[55]

郑裕彤又在国家的"大项目"下，提出他的"小见解"，上次是扩阔崇文门大街，今回是加长武汉机场跑道，表现了他对参与城市建设的兴趣。其实武汉市政府并非没有这种知识，但机场跑道建设所费不菲，[56]缩短跑道只为节省资金，当时市政府对待外资只为吸引投资，对郑裕彤发表这样的意见感到讶异，惊讶这位投资者竟是一位有心人。

郑裕彤真正引入外来知识和技术的是参与"安居工程"项目，他借用香港"居者有其屋"的概念，向武汉市政府提议，由政府以廉价批地和补贴，供地产商以较低成本兴建廉价房屋，让低收入阶层有能力自置居所，政府将这种资助房屋概念命名为"安居工程"。[57]新世界（中国）第一个安居工程是武汉的常青花园，此后成为全国的示范模型。常青花园的选址是武汉机场高速公路附近的一大片湖区鱼塘，即当地称之为"东湖"和"西湖"，郑裕彤与市政府签订合同，开发东西湖成为房地产土地，在上面兴建廉价房屋。2000年，常青花园完成一个试点小区，被国家建设部高度评价，获"全国城市物业管理优秀住宅小区"的称号，达到示范水平。[58]

1992年郑裕彤到达武汉时，内地政府尚未有"安居工程"的政策。故此，初时新世界（中国）以"居者有其屋"命名武汉常青花园的工程。[59]1994年国务院发出的《关于深化城镇住房制度改革的决定》

郑裕彤与武汉市政府官员研究投资项目

1993年5月,郑裕彤与武汉市委书记、市长及负责城市规划和建设的干部召开联席会议,众人正在聆听香港建筑师明嘉福(坐排右一蓝衣者)及苏锷(坐排右二)的解说,研究中的项目是武汉安居工程,即日后的常青花园。

则把加快解决中低收入家庭的住房问题定为其中一个目标，其中以北京为例，目标是把人均居住空间由 4 平方米提升到 14 平方米。[60] 政府综合各地的经验，1995 年国务院发出《转发国务院住房制度改革领导小组国家安居工程实施方案的通知》，安居工程政策获正式落实。这时，武汉常青花园安居工程已在兴建中。此后，新世界（中国）将武汉安居工程的模式，推广至天津、沈阳、惠州等地区。[61]

外篇故事

苏锷

老员工眼中郑裕彤的中国情怀

苏锷，生于广东。苏锷于1986年认识郑裕彤，一直协助他在内地的投资活动，主要在新世界发展投资部任职，新世界（中国）地产有限公司上市时出任执行董事，至2003年退任。苏锷与郑裕彤有紧密接触，他生动地描绘了郑裕彤的多个面相——支持国家，尽力造福人民，既保护新世界的企业利益，又重视民族大义。

1989年的某一天，我台头的电话声响起，我当时在广州中国大酒店办公室。电话那边传来老总（郑裕彤）焦急的声音："阿苏，你今天下午回来香港一趟。"于是，我带着新世界的文件夹上路，里面有三个项目在洽谈中，深圳自来水厂、二沙岛、深圳惠州高速公路，正准备签合约。[62]

返抵新世界总部，我向老总汇报情况："中国大酒店1,000多个房间只剩下27个客人，外资办事处全部关门撤走了。这是新世界在内地投资的文件夹，如果你要撤走，我放低文件夹，自己返广州的锦鲤鱼场。"因为养鱼是我的嗜好。

老总没有回应，让秘书小姐把两个儿子叫来。儿子坐低后，老总把文件夹推回来，说："你管好这个文件夹。"我心里稍定。老总续说："你明天替我转达叶选平省长三点意见：第一，广东省是内地改革开放的排头兵，现在北京发生变化，它一定比其他地方遇到更大难题，只要领导坚持开放的政策不变，我作为一个有能力的中国人，我不会制裁自己的国家和民族；第二，我原来承诺省长的三个工程，一切不变；第三，酒店服务是我们的强项，将来我的投资要扩大到其他领域上。"我说："老总，我如何可以转达这些重要信息？人家问我有何凭证，我该怎么说呢？"于是我致电广东省副省长于飞，请老总直接向副省长表达。

后来我问老总，你不是共产党员，为何会信任共产党？他说："任何一个国家，任何一个政府，只要它真心为平民百姓着想，我就不介意。"这是他再三跟我讲过的话。

1992年在崇文区签约仪式上，老总在台上演说："北京是我们的母亲，是我国首都，可惜市内有很多危楼平房。为了老百姓，我作为一个有能力的香港人，我会尽我能力来帮助政府，使老百姓居者有其屋。"讲到这里,时任北京市长立即叫停,请各级领导注意:"你们听听,这位不是老共产党员,居然讲共产党的话,为老百姓、为人民。"老总听不懂普通话,吓了一跳:"喂喂,阿苏,他在说什么呀?声音这么严厉,我是否讲错了什么?"我说:"放心,人家在表扬你呀。"

老总不是讲空话。那年他到北京研究崇文区的重建,当时北京市政府出示规划图,说明把崇文门大街由原来 30 米扩阔到 50 米,老总手执红色铅笔,毫不客气地在规划图上拉两条直线,大街每边各加阔十米,由今日崇文门饭店前那十字路口起,一直扩阔到玉蜓桥;第二期再扩至广渠门,即今日夕照寺到珠市口,以十字路口为中心点,覆盖面积 2.5 平方公里。我问老总:"你只顾修路,拨地起楼的问题还未谈妥,到时建成的楼房是否卖得好,还是未知之数啊!"老总回答:"这些你先不要管,如果不去拉直崇文门大街,你无办法做到大城配套,你怎样帮到住在危房的市民呢!"

我们去到天津也一样,市政府开放旧城改造工程,即和平、红桥、南开三个最古老的城区。老总看过规划图后,一样要求先修建五条路,搞好三个区的交通和大城配套。香港有人形容老总是"沙胆彤",他不同意:"我不是凭胆识来捡便宜的,我是为市民老百姓做一些事的。"

对于为低下层市民兴建可负担的房屋,老总一直慷慨支持。新世界第一个项目就是武汉的常青花园。那里本来是杂草丛生的渔场,我效法新世界在香港储蓄农地的方法,向市政府要这片鱼塘,占地 4,500 亩,给拆迁渔民户的赔偿,市政府计价每亩 1.2 万元,我向老总汇报,岂料惹来一番责备:"你怎么搞的呀?市政府已经帮大忙(意思是低价拨地),人家又那么穷,你还要压价！"我心里喊冤，这数字是跟市长和主任一起议定的。老总继续："你答复人家，每亩加至1.5万元。"4,500亩地共支付拆迁赔偿金6,750万元。其实市长担心自己叫价太高，已经与我协议，万一老总不接纳这价钱，愿意减价至每亩9,600元。我回到武汉向市长转达老总的回复，他听罢立即向南方大拜："我代表武汉人民和东西湖的养鱼工，谢谢你呀。"

老总认为对待老弱病残、孤儿寡妇，应该用慈善，对待贫者要扶贫，但公司的利益也要照顾到，因此以长线投资的项目去支援落后的地方。一个例子是青四路工程，投资额不大，以新世界的实力是绰绰有余，但公司内部评估过，当地车流太低，不值得投资。广东省政府打电话过来，这是省政府的扶贫项目，希望新世界可以帮一把。既然新世界内部已否决，要有新决定便要找老总了。老总听罢汇报，说："人家穷当然无车流，若要求对方十年还清本息，做得到吗？"说罢他便走出办公室，我急起来，问："那么我们是帮还是不帮？"他敲了我的鼻梁一下，说："我是上市公司主席，明知投资无保证，你还叫我去签约？"我明白老总意思，起码要保障本金和利息。我仿效老总一件换一件的方法，与广东省政府谈妥提高珠江电厂的回报来交换这条亏本的公路，拉上补下，既保障公司利益，又可参与扶贫。

"与祖国同行"

郑裕彤的中国故事由酒店业开始,既为新世界发展发掘投资机会,亦为内地引入现代技术和管理知识。他在广州投资公路和电厂,借此参与内地经济发展所需的基础建设;1989年后不撤资,展示他对中国前景的信心;在北京、南京、武汉、天津、广州、沈阳等大城市的老城区,参与旧城改造和安居工程,为城市建设和改善民生出一份力。

然而,这番良好愿望是需要很大承担的。以北京崇文区重建项目为例,1993年,新世界与北京市政府签订崇文区旧城改造的合作协议,1995年开始施工,政府划出崇文区内第二、三、四、五、六区给新世界进行大片改造,至2008年,第六区仍然未完成。郑裕彤不讳言,当年投入的人民币100多亿元,只能保住利息,但资金仍未有回报。[63]

崇文区这个项目一做便十多年,其间经历过1998年亚洲金融风暴,新世界亦在2001年遇上财困,但对崇文区的投资一直没有减少,至2005年时已经投资了超过135亿港元。当时新世界从香港的市场供股融资63亿元,计划全部用于内地房地产业务,其中特别拨出32亿元用于崇文区的拆迁补偿方面。有香港报章把新世界这番行动称为"南水北调",从过去十年来新世界在内地投资的回报来看,认为这不是明智之举。[64]

面对投资者的质疑、同业的批评,郑裕彤的坚持是为了什么? 2006年,郑裕彤被记者这么一问,有这一番解说:

> 这些不是商业性的,为什么呢?我认为一方面,我要帮助北京市政府把道路改好些,将一些破旧的房子拆掉了建新的。北京作为重要的精神形象,如果不把它建漂亮点,外国人来了,看起来就不那么像样,所以我有这个心。另一方面,我本身是香港人,是中国人,帮助我们国家,这件事我认为做得很对。[65]

1989年郑裕彤退任董事、总经理之职，由长子郑家纯继任。2005年，郑家纯亦曾讲过与乃父郑裕彤一样的话："新世界进入祖国内地20余年来，党和政府给予了很多帮助与支持，新世界将一如既往地与祖国同行。"[66]

1999年，新世界（中国）改组上市，定名为新世界中国地产有限公司，作为新世界发展在中国房地产业务的旗舰，以新的口号"创建中华"作为定位。郑家纯在新世界（中国）上市后第一份年报，以主席兼董事总经理的身份就这个定位做出诠释：

> ……我国领导人明白到提高人民生活水平乃国家经济及社会成就的基石，而新世界集团正是抱着为改善人民生活水平之远见创立了新世界中国地产有限公司，发展中国房地产业务。"创建中华"的构想源自中央政府为改善中国人民生活水平提出各项住房改革计划。……[67]

这番说话是否同时表达郑裕彤的心声？回顾郑裕彤由1980年开始参与中国经济改革开放的投资，亦可谓与中国政府同步，尤其当政府需要资金支援城市基础建设、旧城改造、为中下层市民开展安居工程时，无论政治、经济环境的顺逆，郑裕彤都保持不离不弃的态度。究竟这是为了个人荣辱、公司利益、支持政府，抑或帮助有需要的中国人民？从上述几个故事看来，我们相信每个因素都有一些。

郑裕彤的足迹

郑裕彤生于广东顺德，在伦教镇读书、长大，13岁到澳门学做生意，20岁到香港发展。他的中国视野必然含有"粤港澳"的观念，明白香港与广东、澳门这些邻近地区有文化、人情、经济和政治的联系。因此，当机会到来的时候，他充满信心重返中华大地。然而，他的中国视野并不囿于家乡、南中国的界线，投资远达广州、北京、武汉、天津、沈阳等多个主要城市。他在内地的投资策略是长线的，乐于将香港的经验和模式引入，以发挥最好的效果。在内地的郑裕彤，他的视野是与中国国情同步，愿意以一个香港商人的身份为国为民效力。

注释

[1] 何贤是澳门著名商人,曾任澳门中华总商会理事长,兄长何添是香港的恒生银行创办人,儿子何厚铧是澳门第一任行政长官。何贤与中国政府关系密切,1956年获增补为第二届政协全国委员会特邀委员,曾获毛泽东接见;1978年出任第五届全国政协常委;1983年被选为全国人大常委会委员。

[2] 广东的土地改革运动于1950年10月至1953年4月间在农村地区进行,以群众运动的方式,没收富有阶级的土地,分配了没地少地的贫农,经济目的是提升农民的生产积极性和发展农业经济的条件,政治上目的是改变农村的权力组织和完成人民民主专政的任务。参考黄勋拔:《广东的土地改革》(1995年)。

[3] 参考李顺威:《怡和大撤退的今昔比较》(1984年)。

[4] 参考顺德档案馆馆藏,档案编号38-A12.2-114-031,页38。

[5] 参考王惠玲、莫健伟:《孙杏维口述历史访谈》(2017年4月20日)。

[6] 毛泽东在中共七届二中全会的讲话:"为了使落后的经济地位提高一步,中国必须利用一切于国计民生有利而不是有害的城乡资本主义因素,团结民族资产阶级,共同奋斗。"参考《毛泽东选集》第四卷,页1431。节录自陈文鸿:《从上海的解放经验看香港回归中国的问题》(1983年)。

[7] 郑敬诒被指于1946年至1949年曾任伦教镇晒莨业同业公会监事长;1948年当选伦教镇商会理事;1952年被斗争过。另一郑氏族人郑觉生于1952年土改运动中被枪决,罪名包括是国民党党员,并担任党部工作,1948年至1949年曾任伦教镇长和伦教镇商会会长。参考顺德档案馆馆藏,《敌伪人员清查登记表》。

[8] 参考王惠玲:《林淑芳口述历史访谈》(2018年3月27日)。

[9] 参考顺德档案馆馆藏,《敌伪人员清查登记表》。受到中央政府批评广东土改进展太慢,广东的土改队迅速发动政治斗争,集中打击大地主、恶霸和反革命分子,可能在这种情况下郑敬诒曾遭到更多肉体伤害。参考黄勋拔:《广东的土地改革》(1995年)。

[10] 参考顺德档案馆馆藏,档案编号82-A12.5-009-008,页48。由顺德县革命委员会落实侨改政策办公室发出通知书,通知书显示:"郑敬诒于土改时划为公堂地主成分,经审查证实于1955年提前变为工商业成分。"

[11] 参考顺德档案馆馆藏档案，档案编号 100-G1-2-1-108。文件显示："该房屋属'文化大革命'中，因租给群众居住，每月收回租金叁元，因此，公社 (70) 第 24 号文件通知接管。为了做好华侨港澳同胞私房清退工作，现根据县委顺委字 (84)27 号文件的通知第一条第一点的规定，应全部退还给业主。"文件发出日期为 1990 年 6 月 21 日。

[12] 参考郑裕培编纂：《郑裕安堂：缔造与繁衍》（2005 年）；顺德档案馆馆藏，档案编号 18-A12.4-069-001，页 83。郑裕培登记个人简历，1946 年在广州市光复路 18 号三泰纱绸庄当佣工，至 1951 年在伦教镇经营纱绸布匹生意，1954 年 12 月到香港受雇于周大福珠宝金行至今；参考王惠玲：《林淑芳口述历史访谈》（2018 年 3 月 27 日）。郑裕培太太林淑芳忆述 1946 年认识郑裕培时，知道他为父亲郑敬诒在广州打理纱绸庄的生意。《郑裕安堂》一书记载，三泰纱绸庄是郑敬诒与朋友合资的店铺。

[13] 参考顺德档案馆馆藏档案，档案编号 3-A3.12-029-002，页 13。

[14] 这 30 年间有记录的捐助项目共 178 项，每笔捐款由人民币几千至一百万元不等，关顾老弱孤寡，细微如为老人院加菜，向贫困户派米和棉被，资助贫困学生的学习费等，大则用于兴建幼儿园、小学及中学校舍。参考周大福慈善基金提供的资料。

[15] 参考王惠玲、莫健伟：《郑锦超口述历史访谈》（2016 年 5 月 4 日）。

[16] 参考王惠玲：《罗国兴口述历史访谈》（2019 年 1 月 18 日）。

[17] 参考王惠玲、莫健伟：《黎子流口述历史访谈》（2018 年 8 月 16 日）。

[18] 参考黎子流：《深化改革 扩大开放 千方百计把经济工作搞上去》（1990 年）。

[19] 四个现代化是指工业现代化、农业现代化、国防现代化、科学技术现代化。在香港的招商活动主要针对工业现代化这方面，故投资方向集中在工业项目。参考《香港工商界的回归热潮》，《信报财经月刊》，1979 年 2 月，页 59—60。

[20] 参考同上。

[21] 参考廖美香：《郑裕彤"爱国投资"的矛盾情怀》（2008 年）。

[22] 参考《新世界发展有限公司一九八七年年报》，页 11。

[23] 当时霍英东是香港地产建设商会主席，冯景禧是新鸿基证券有限公司董事长，两人都与内地官方有联系。参考王惠玲、莫健伟：《冼为坚口述历史访谈》（2019 年 5 月 10 日）。

[24] 参考赵国安、梁润坚：《郑裕彤先生纵谈地产旅游股票投资》（1978 年）。

[25] 参考同上。

[26] 参考《新世界发展有限公司一九八〇年年报》，页 16。

[27] 参考同上。

[28] 参考廖美香：《郑裕彤"爱国投资"的矛盾情怀》（2008 年）。

[29] 参考孔铭：《中国大酒店怎样战胜东方宾馆》（1985 年）。

[30] 参考《新世界发展有限公司一九八三年年报》，页 15。

[31] 参考《新世界发展有限公司一九九二年年报》，页 82。七家由新世界管理的酒店包括广州中国大酒店、杭州黄龙饭店、桂林桂山酒店、西安古都新世界大酒店、上海扬子江大酒店、北京京广中心饭店、苏州雅都大酒店。

[32] 14 个沿海城市包括大连、秦皇岛、天津、烟台、青岛、连云港、南通、宁波、福州、湛江、上海、温州、北海、广州。参考唐任伍、马骥著：《中国经济改革 30 年》（2008 年），页 56—59。

[33] 三个三角洲包括长江三角洲、珠江三角洲和闽南厦漳泉三角地区，加上沿海多个市、县，使中国东部沿海地区形成了一条长 1.8 万千米的沿海对外开放前沿地带。参考唐任伍、马骥著：《中国经济改革 30 年》（2008 年），页 59—63。

[34] 参考《新世界中国地产有限公司一九九九年年报》，页 44。

[35] 参考王惠玲、莫健伟：《苏锷口述历史访谈》（2018 年 8 月 14 日）。

[36] 例如，1989 年底，获批的外资金额是 340 亿，而实际流入金额为 150 亿 4,000 万。参考邹至庄：《中国经济——九十年代持续增长》（1991 年）。

[37] 参考沈鉴治：《从国际经济大气候评估六四前后的中国经济》（1990 年）。

[38] 参考《新世界发展有限公司一九九〇年年报》，页 59。

[39] 有关协兴建筑有限公司，详见第五章。

[40] 参考《新世界发展有限公司一九九〇年年报》，页 59。

[41] 据新世界（中国）前执行董事苏锷的忆述，郑裕彤最早期参与的发展项目中，还包括在深圳设自来水厂，作为广东省供水工程的一部分，希望可惠及香港居民。可惜无法找到相关档案资料予以阐述。

[42] 参考《新世界发展有限公司一九九五年年报》有关内地部分。

[43] 邓小平南方谈话中常被引述的内容:"改革开放的胆子要大一些,敢于试验,看准了的,就大胆地试,大胆地闯。改革开放迈不开步子,不敢闯,说到底就是怕资本主义的东西多了,走了资本主义道路。要害是姓'资'还是姓'社'的问题。判断的标准,应该主要看是否有利于发展社会主义社会的生产力,是否有利于增强社会主义国家的综合国力,是否有利于提高人民的生活水平。"参考《邓小平南方谈话》,《中国共产党新闻》,http://cpc.people.com.cn/BIG5/33837/2535034.html。

[44] 参考唐任伍、马骥著:《中国经济改革30年》(2008年),页63—70。

[45] 措施包括推行住房公积金、租金改革、出售公有住房、放宽市场交易、低息贷款、抵押贷款、停止实物分房等。参考杨继瑞编:《中国经济改革30年:房地产卷》(2008年),页102—106,317—322。

[46] 参考同上。

[47] 参考王惠玲、莫健伟:《苏锷口述历史访谈》(2018年8月14日)。

[48] 参考《新世界中国地产:一颗中国心两条经营道》,《第一财经日报》,2007年9月28日。

[49] 例如,前后多年投入18.7亿元于崇文门至玉蜓桥3公里道路、广安大街磁器口至幸福大街北口800米道路改建扩建及拆迁工程。参考《北京10年一商圈,新世界32亿元投入北京旧城改造》,《21世纪经济报道》,2005年4月8日。

[50] 参考同上。

[51] 参考《新世界中国地产:不做单纯地产商,要做城市建设者》,《羊城晚报》,2007年11月23日。

[52] 参考王惠玲、莫健伟:《苏锷口述历史访谈》(2018年11月7日)。

[53] "古代,从武汉循长江水道行进,可西上巴蜀,东下吴越,向北溯汉水而至豫陕,经洞庭湖南达湘桂,故有'九省通衢'之称。有人说是泛指武汉通向外界的交通非常便利,并非实指九个省;也有人说是实指通过水陆交通,武汉可与四川、陕西、河南、湖南、贵州、江西、安徽、江苏以及湖北九省相通。不论是泛指抑或实指,九省通衢之说是形容武汉处于中国腹地的交通枢纽位置。"引自《中国号称四省通衢,五省通衢,九省通衢,十省通衢的都是哪座城市》,http://k.sina.com.cn/article_5872927184_15e0dc1d0020001lxn.html。

[54] 至1994年,新世界(中国)在武汉的早期项目包括天河机场、机场公路、长江二桥、制冷厂、开关厂、华美达酒店、新世界百货、东西湖土地开发、国际贸易中心大厦附楼、"居者有其屋"计划。参考《新世界发展有限公司一九九三年年报》,页19。

[55] 参考同上。

[56] 据苏锷的记忆，每平方米需要 150 万元兴建。

[57] 参考《新世界发展有限公司一九九五年年报》，页 95。

[58] 2005 年，占地 4,000 亩的常青花园已建成综合性的住宅区，集居住、商务、金融、行政、文化、娱乐、教育、交通、卫生等功能，园内最大特色是有多个绿化带，引入智能家居管理。参考《辉煌新世界——武汉常青花园　武汉新世界康居发展有限公司》，《市场报》，2001 年 3 月 6 日。

[59] 参考《新世界发展有限公司一九九三年年报》，页 80。

[60] 参考房乐章：《贯彻落实决定加快深化房改》（1994 年）。

[61] 参考《新世界发展有限公司一九九五年年报》，页 109。

[62] 当时坊间流传着各种传闻，郑裕彤在风波发生后，立即联络当时身在广州的苏锷，以了解具体状况、弄清传闻的虚实，避免做出错误的决定。经过了解后，他决定继续进行在内地的投资项目，着苏锷立即返港准备各种相关工作。

[63] 参考廖美香：《郑裕彤"爱国投资"的矛盾情怀》（2008 年）。

[64] 参考《北京 10 年一商圈，新世界 32 亿元投入北京旧城改造》，《21 世纪经济报道》，2005 年 4 月 8 日。

[65] 参考《郑裕彤不喜欢立刻就赚钱》，《市场报》，2006 年 8 月 16 日。

[66] 参考《"新世界"的北京财富故事》，《北京日报》，2005 年 6 月 6 日。

[67] 参考《新世界中国地产有限公司一九九九年年报》，页 6。

第七章

公益与教育

1977年,香港中文大学校长李卓敏为中大主持一个酒会,

与会者有中大商学院的教职员,

酒会中李校长向与会者介绍两位嘉宾——郑裕彤和冯景禧,[1]

感谢两位商界名人,

慷慨捐助中大商学院主办的三年制 MBA 课程。

1977年是特别的一年，郑裕彤一口气进行了三件与教育相关的行动。除了捐助中大商学院，这年他还决定接办地利亚修女纪念学校旗下五所中学。同年，他和恒基地产创办人李兆基决定联合捐助扩建顺德华侨中学。1977年以后，郑裕彤设立个人慈善基金继续捐助社会公益，地域由中国香港扩展至中国澳门、加拿大、美国等，亦由家乡顺德扩展至内地各地。

以地域而言，郑裕彤的捐助行动较集中在香港和内地，他在广东出生、成长，对家乡和国家有乡情和爱国之情；他发迹在香港，有"取诸社会、用诸社会"的商人道德。

商人与社会公益的联系，自明清时代已有记录。例如，居住在扬州的徽州商人捐资救济孤贫、买米赈粮、修理河道、重修书院、支持诗社文会，甚至支持搜集图书、编辑出版等。[2] 然而，社会上对商人的慈善行为，正反意见参差。有人认为是炫耀财富、沽名钓誉；有人说是"发财立品"，实情是先发财、后立品；也有人相信富人做善事是"取诸社会、用诸社会"的义举。无论背后动机如何，所谓"积善余庆"[3]，行善积德，福有攸归，这是中国民间流传的道德信念。

至于学术界，有的学者多从政治角度分析，例如徽商学者认为明清时代的商人阶层呼应地方政府的号召，以讨好政权来维护自身利益。[4] 清末的实业家兴办实用学校训练从业者，是为了促进工农业和经济发展，为强国兴学，也有功利和实用的目的。[5] 在香港，对于19世纪至战前的香港慈善活动，有学者认为华人商家代替港英政府照顾孤寡老弱，通过慈善巩固华商在社会上的影响力。[6]

至于郑裕彤，他将个人财富用于教育、医疗、扶贫、赈灾、文化艺术和科技等范畴上，要发掘他是出于何种心态，我们已无法证明。反之，我们通过他捐助的对象、捐助的背景等，去理解这位商人通过捐助和投资解决了什么社会问题，为社会带来了什么创新的变化；最后，我们通过他的讲话致辞，了解这位商人慈善家的伦理观和社会观。

接办私立中学

我们发觉在尚未以慈善捐献的形式参与公益之前,郑裕彤已不忘初衷,以商人的身份兴学,回馈社会。由1977年接办地利亚修女纪念学校至今,郑家一直是地利亚学校的办学主体。郑裕彤虽然以投资办学,但几十年下来,郑家在教育方面的角色和演变值得细读。

1977年,私立中学地利亚修女纪念学校易手,由郑家纯接任校监之职。地利亚修女纪念学校于1965年由艾文士夫妇(Mr & Mrs Edmonds)创办,1977年,创办人打算移居美国,故物色愿意接手学校辖下五所分校的继任人。[7]

这时,新世界发展有限公司的梁志坚正与美孚新村的发展商洽购美孚新村全部商用物业,地利亚有两所分校设于美孚——吉利径分校及百老汇分校,因而结识了艾文士夫妇。梁志坚记得老板郑裕彤曾忆述儿时的遭遇,因自小离家外出打工,失去就学机会,他的父亲郑敬诒曾叮嘱他若将来事业有成,一定要兴教办学。因此梁志坚向郑裕彤报告有关地利亚的消息。

> 真可谓因缘际会,我知道校监兼创办人想移民,他问我们有没有兴趣接办,我心想新世界不是办学团体啊!但回想起彤哥(郑裕彤)曾经讲过他父亲的说话,加上我知道山林道分校是地利亚物业,这物业的土地原是屋地,可用来兴建住宅。彤哥的生意头脑很敏锐,询问这是否蚀本生意;我请他放心,学校做得不错,而学位需求很大,唯一问题是要找地方安置山林道分校。[8]

郑裕彤接纳了梁志坚这个一举两得的构思,全资购入地利亚修女纪念学校,在观塘协和街兴建新校舍以安置山林道分校的学生,新校舍比其他分校更宽敞、更完备。

不单是地产，教育本身也是一盘生意。战后香港人口持续增加，政府资助的学位却严重不足，绝大部分中小学生是在私立学校就读的。[9] 虽然自1950年代起政府资助的小学学额显著增加[10]，但中学的资助学位却持续短缺，至1978年政府实施九年免费教育时，仍有七成中学生在私校就读。[11] 从满足需求而言，办私立中学的确是一盘生意。

然而，当郑裕彤于1977年接办地利亚时，私校开始面临困境。1974年政府公布将从1978年起推行九年免费教育，增加官津中学学位[12]，这意味私立中学将会被淘汰。不过政府建校的速度太慢，于是向私校买位以填补学位不足之数，私立中学暂时得以维持。统一分配学位制度下，学生有三种学位选择——官立、津贴、买位私校，成绩较好的学生通常被派到官立或津贴学校，成绩较差的学生被派到买位私校，造成私校办学愈加困难，社会形象愈来愈差。[13]

至于郑裕彤，虽然他在接办地利亚时从生意角度着眼，为求生意不蚀本，他从行政和财务管理方面入手，交付长子郑家纯出任校监，让梁志坚和新世界财务总监周宇俊两位专才担任校董；但在教学方面，郑家父子给予校长和老师最大的信任和支持。[14] 此外，地利亚学生大多来自中下阶层家庭，家长的职业背景有65%是劳工阶层。[15] 为此，郑家在学校设立以郑裕彤父亲命名的"郑敬诒基金"，家境清贫的学生可获减免学费。[16]

1980年代中后期，私立中学的处境更差，政府于1986年宣布终止向条件和质素欠佳的学校买位，多所私立中学选择停办。[17] 反观郑家办学，却是逆流而上。1985年至1986年间，郑家再接办两所私立中学——太古城的圣约翰教育机构和观塘利玛窦书院。私立中学倒闭潮中，有分析认为地产市道蓬勃是原因之一，有学校因业主大幅加租而倒闭，有学校把自置的校舍转售图利。[18] 郑裕彤是地产商人，不会不懂计算经济上的利弊，却能在私校倒闭潮中接办学校，足见郑家对办学的热忱，愿意做出更大承担。

1990年起政府推行直接资助计划，让符合标准的私立中学转为直资学校，打算在2000年完全取消向私校买位前，只向符合标准的私校买位。在

郑敬诒纪念堂

1979年1月24日,地利亚观塘月华分校举行"郑敬诒堂"揭幕典礼。左起:校监郑家纯、郑裕彤母亲、校长、司仪(图片由地利亚教育机构提供)

新政策下，陆续有私校停办，条件较佳的申请转为直资学校。地利亚选择了向直资转型的方案，先于1990年起与政府签订全校买位合约，接受政府的监管和评核。1999年四所分校获批为直资学校，2000年再多一所分校获批，更于2006年新办一所直资小学。

直资学校必须是非牟利学校，现任地利亚教育机构行政总监左筱霞认为郑家是非常乐于行善的办学者。

> 地利亚有两所小学，一所是直资，另一所是私立，郑家纯先生亦决定把私立小学转为非牟利学校，现在办理程序中。郑家当年接办地利亚是以真金白银买入的，现在所有学校转做非牟利，盈利投放于学校发展。郑先生非但不介意，反而认为两所学校的学生有不少是少数族裔，是弱势社群，他们接受教育成才后可以回馈社会，对社会是一件好事。[19]

地利亚是英语教学的学校，自创校以来一直接受非华语学生入读。香港的南亚裔人口不断增加，地利亚是少数愿意接纳南亚裔学生的学校，而且学费廉宜。以2019年为例，中一至中三免学费，中四至中六每年学费3,000元，这是中低层家庭可负担的水平。[20]

直接资助计划鼓励学校发挥多元化的特色，地利亚为非华语学生提供的幼、小、中学教育，正是多元文化和多元社会中的最大特色，包括发展一套"中文作为第二语言课程"，设立奖助学金帮助毕业生升读大专课程及参加海外交流活动等。[21]

在内地兴学

投资办学是郑裕彤参与教育的最早一步，随后他通过个人基金，以捐献形式促进香港、澳门和内地的教育发展。郑裕彤慈善基金（简称"郑裕彤基金")于 1980 年注册为非牟利有限公司,郑裕彤将个人财富通过这个慈善机构,主要捐助作教育及医疗用途。2012 年"周大福慈善基金"注册为慈善机构,财政资源来自周大福的企业收益及郑裕彤基金的拨款,由众子女合力打理,可视为家族的慈善基金,传承郑裕彤的公益活动。

1977 年至 2012 年,郑裕彤基金捐款合共港币约 11 亿 8,500 万元,用于扶贫、赈灾及支持教育、医疗、科技、文化艺术等方面的发展,当中约 80% 用于教育及人才培训,尤其在兴办学校、支持高等教育、促进医学教育等方面。我们曾经与相关项目的负责机构进行访谈,了解这些项目的成立背景、缘起、项目的内容,以探讨郑裕彤对社会公益的伦理观念,他的捐助在相关领域中发挥了何种意义。

我们在第六章已讨论过郑家捐助家乡的社会建设,如何反映了郑家的爱乡之情。我们细看郑家在顺德家乡的捐献内容,发现以学校为主,令伦教和顺德有完整的学校系统(详见第 272 页表 7–1)。

也是 1977 年,郑裕彤与李兆基由何贤引领下,到顺德大良会见时任县委书记的黎子流。此行目的是让郑李二人了解家乡的状况,结果两位应允每人捐款人民币 150 万元,指明用于扩建顺德华侨中学[22];1995 年顺德政府决定重建顺德华侨中学,迁址大良新城区,1998 年郑裕彤再捐款人民币 2,000 万元,今日顺德华侨中学已发展为优秀中学。[23] 1982 年顺德华侨中学举行开幕典礼,郑裕彤于新校舍开幕仪式上致辞,宣布成立"郑敬诒奖学金",资助华侨中学及顺德县的学生完成大学课程。[24]

在家乡伦教,郑裕彤及三弟郑裕培捐助兴办小学、中学至职业技术学院。1982 年起,郑裕培捐助伦教镇学校(1993 年起改称伦教小学)建校、图书馆设施及日后的维修和扩建。伦教镇学校的前身是南湖书塾,是郑裕彤及郑氏子弟昔日接受启蒙教育的地方,捐赠亦可说是回馈母校。1987 年郑裕培捐助伦教中学兴建校舍,郑裕彤则于 1987 年至 1994 年间捐赠伦教中学奖助学金,1996 年,他捐助重建伦教中学,易地而建的新校舍设备达到省一级学校标准。1989 年郑裕培捐资兴建培教中学[25],2003 年,学校易名为

伦教中学旧貌

伦教中学于1958年创办，初时没有正式校舍，1971年校方于荔村蚕房旧址兴建正式校舍（见画作）。正门门楼对正一排，是由蚕房改成的六个教室，中间较小的房屋是化学实验室，最右边是礼堂和饭堂，最左边是两层高的校务处；连同新增于两侧的房屋、门楼及大门两翼，学校有了完整的校舍。三棵挺拔的红棉树，是当年伦教中学的标记。当时学校是两年制高中，学生来自伦教镇（包括荔村、羊额、熹涌、新塘、北海）。校门前是羊大路和羊大河，学生在河里上游泳课和学习划艇，校务处前面有双、单杠和沙池等体育设施。门楼右翼曾经是校办工厂，学生以布碎做成可用来清洁金属表面的"威士"（布碎球）。画中左侧房舍前有一辆手扶拖拉机，是学生上农业技术课的实习工具

邓培文是1977年至1978年旧生，他难忘当时校务处设了一部16英寸黑白电视机，1978年世界杯决赛当晚，家中没有电视的老师和学生一起兴奋地观赏直播（画作及资料由邓培文提供）

表 7-1：郑裕彤捐赠予家乡伦教的教育项目

年份	教育项目	款额/元
1978	捐建顺德区华侨中学	1,500,000
1982—1995	华侨中学郑敬诒奖学金	630,000
1987—1994	伦教中学奖助学金	969,500
1994	顺德市教育基金	1,500,000
1994	筹建郑裕彤中学	80,000,000
1996	新伦教中学建校	2,000,000
1998	筹建顺德市华侨中学	20,000,000
2000	顺德大学建校（后定名为顺德职业技术学院）	50,000,000
2002	捐助伦教镇教育基金	1,000,000
2004	顺德郑裕彤中学奖学金	300,000
2004—2006	郑敬诒职业技术学校建校	13,900,000

资料来源：周大福慈善基金内部记录。

培教职业技术学校，至2006年，伦教街道办政府筹集到人民币9,000万元，包括郑裕彤基金捐赠的1,390万元，依国家级重点中等职业学校的标准，易地重建新的校舍，定名为"郑敬诒职业技术学校"。这所中专学校的特色是配合经济发展培训人才，包括与企业合作办学、以函授提供大专至本科课程、与社区合作，为下岗工人提供再就业培训等。[26]

在顺德大良，1994年郑裕彤捐助人民币2,000万元予顺德市政府增建中学，新校命名为"郑裕彤中学"，是一所设备齐全的寄宿学校；2002年，郑裕彤捐助人民币5,000万元予广东省及顺德市政府，兴建一所专科院校，名为"顺德职业技术学院"。[27]

至此，通过郑裕彤的捐助，顺德的小学、中学、中专职业技术学校、专科技术学院齐备，此外，以奖学金方式资助有经济需要的学生完成中学及大学课程，让伦教以至顺德的学生有机会接受完整的教育，既满足了当年父亲对他的嘱咐，又为顺德的经济发展培训人才。

自 2004 年起，郑裕彤基金捐助改善偏远地区的基础教育和学校危房，在内地国家级贫困县[28]和偏远地区资助建校项目，至今支援的学校工程约 190 个，包括兴建希望小学、加建教学楼及各种学校设施，特别集中在西北地区，尤其甘肃省。[29]

郑家为何会走出伦教，在顺德以至广东省以外的地区捐助兴办学校？罗国兴受雇于周大福，长期在伦教上班，除负责周大福伦教厂的工作，还协助郑家开展公益活动。他记得郑裕培开始关注顺德以外的学校问题，是由于一名在顺德做船员的罗定县人向他求助。

> 有一个罗定县来的人在顺德行船，他知道郑裕培是善长，请三叔（郑裕培）到罗定走一趟。我们抵达罗定，发觉这是一个小城市，但离开市区便是很落后的乡村，乡村的学校只有一、二年级，学生升读三年级的话，要步行两小时到市内上学。本来我们打算捐钱在各乡建学校，问题是师资不足，每乡只有一两位老师。三叔唯有以郑裕彤基金名义捐钱扩建原来那四所乡村学校。[30]

由罗定的乡村学校，郑家开始关心其他落后地区的教育问题。

中大 MBA

也是在 1977 年，香港中文大学校长李卓敏教授接触郑裕彤，请他支持中大商学院筹办中的三年制工商管理硕士课程，郑裕彤慷慨应允。

香港中文大学于 1963 年成立。1966 年，商学院推出工商管理硕士（简称 MBA）课程，是两年全日制授课式硕士课程，课程结构与英式传统的研究式硕士学位不同，故此未能获得大学教育资助委员会（UGC）的支持；为了寻求资源，当时的中大校长李卓敏向"美国岭南基金会"勤力游说[31]，幸而得到基金会支持，成为香港第一所开设 MBA 课程的大学。

据曾于 1987 年至 1993 年出任中大 MBA 课程主任的李金汉教授的忆述，开始时大家对 MBA 的认识不多，第一年只得 6 个学生，第二年得 12 个。李金汉是 1967 年毕业的中大工商管理本科生，毕业后升读中大 MBA，当时由三位来自美国加州大学柏克莱分校的工商管理教授向这 18 个学生授课。1976 年，基于社会对 MBA 的需求愈来愈殷切，中大商学院计划推出晚间兼读的三年制 MBA 课程。与当年的情况一样，商学院依然得不到 UPGC（当时已改名为大学及理工教育资助委员会）的支持，唯有再向外寻求支援。

李卓敏教授未就任中大校长之前，原是柏克莱分校的工商管理教授。他认为香港的工商业正蓬勃发展，需要培养这方面的人才。1966 年中大商学院筹办 MBA 课程时，他积极推动使其得以成功。1977 年中大商学院推出三年制 MBA 课程，他再次出马，这次没有再向美国岭南基金会求助，而是接触商界人士，结果得到郑裕彤和冯景禧两位商人的支持，开始了中大与商界的合作关系。

中大开设 MBA 课程不获 UPGC 的支持，并非偶然，当时香港受英国殖民统治，大学教育制度承袭自英国传统，工商管理教育不受重视。全球第一个 MBA 课程是 1908 年由哈佛商学院提供；至 1950 年在加拿大才有美国本土以外的 MBA 课程；1955 年巴基斯坦卡拉奇大学以美国课程为蓝本，提供第一个亚洲 MBA 课程；1957 年法国成为首个提供 MBA 课程的欧洲国家，差不多同一时间，澳大利亚墨尔本大学商学院提供第一个澳大利亚 MBA 课程。这时，英国仍然未有 MBA 课程[32]，香港在 1966 年推出首个 MBA 课程，步伐不算太慢。

由于缺乏政府的支持，郑裕彤和冯景禧各捐助 250 万港元，郑裕彤不单捐款支持，还借出周大福的办公室用作新生面试和上课之用。1976 年，李金汉已获美国西北大学博士学位，回中大担任商学院讲师，参与三年制 MBA 课程的招生工作。

当年入马料水中大，路途非常隔涉（偏远不方便），你想想，

第七章　公益与教育　　275

郑裕彤支持加拿大工商管理学院

郑裕彤除支持中大商学院外，亦与加拿大西安大略大学毅伟商学院（Richard Ivey School of Business）合作，在香港会议展览中心设立"郑裕彤工商管理学院"，供该学院举办亚洲的行政管理培训。图为1990年郑裕彤工商管理学院命名仪式（图片由星岛日报提供）

当年的火车是一小时一班的柴油火车；校舍不足也是一个问题，当年的中大商学院在崇基书院 E 座和博文苑，博文苑有六层，每层有两个单位，上面是老师宿舍，二楼是办公室，下面的课室供全日制 MBA 学生上课，晚上的部分时间课程，怎么办呢？山长水远，你让人家下班后到马料水上课吗？最好的安排是在外边另觅教学地点，未有市区教学中心前，郑裕彤博士让我们用周大福的办公室，员工下班后办公室是空着的嘛，我们借来暂时用作面试场地，开课后用作教室。[33]

当时周大福的办公室在万宜大厦 14 楼，第一届 700 多名申请者，中大取录 45 名，就在周大福的会议室上课，不久郑裕彤捐款让商学院在尖沙咀东海大厦购置教学中心；尖沙咀是香港的商业中心之一，东海大厦离红磡火车站不远，方便中大老师从马料水到市区上课。[34]

李金汉留意到，郑裕彤并非只是捐钱了事，他还会继续关心课程的发展。商学院设立 MBA 顾问委员会，郑裕彤一直担任主席，以商界的经验支持 MBA 课程的持续开发。[35]

后来，郑裕彤与中大商学院再有合作机会。1998 年中大商学院创立酒店管理学院，学院创建计划中包含兴建教学酒店，中大以公开招标方式邀请酒店业界合作，结果由新世界发展成功投得合约。[36] 当时出任创院院长的李金汉教授很高兴得到这个结果，因为学院的构思最早得到郑裕彤支持并给予宝贵意见，他相信教学酒店由郑裕彤旗下的机构承办，可以有良好的教学效果。[37] 可惜遇上 2003 年"沙士"袭港，新世界发展亦处于艰难时刻，教学酒店的工程未能如期动工。2004 年刘遵义教授出任中大校长，经过沟通和磋商后，教学酒店工程于 2005 年启动，2010 年落成，让学生可以在现场应用所学理论，比常用的范例教学模式更进一步。[38] 刘遵义与郑裕彤见过面后，认为郑裕彤对教育是有心人，对他参与推动中大商学院的发展表示尊敬和欣赏。

我与郑裕彤博士第一次见面是 2004 年，在一次由中大其中一位校董冼为坚博士安排的晚宴上，出席者有郑先生夫妇、李兆基夫妇和荣智健夫妇。郑先生和李先生对教育事业都非常支持，所以两位于 2005 年每人捐赠 3,000 万元予中大的教研发展。有人以为与教学酒店计划有关，其实这是两回事。我感受到郑博士对教育的支持是来自他的中国传统文化素养，我举个例子，古时村里有人要上京考科举，全村人齐集盘川资助他上京应考；又或者一个富人请了老师在家里教导孩子，亦欢迎同村的儿童来一起上课。郑博士就是有这种兴学的思想。[39]

李金汉亦认为新世界发展参与教学酒店的项目，可视为企业的社会投入。因为承办者不单要负责酒店的营运和管理，还要配合教学需要安排相关人手，亦要承担营运亏蚀的风险。[40] 郑裕彤于新世界发展兴建教学酒店期间，亦为商学院兴建新的教学楼，故此中大将之命名为"郑裕彤楼"，反映双方的良好合作关系。

郑裕彤与中大酒店及旅游管理学院学生合照

中大教学酒店由构思至落成历时超过十载。2011年1月4日,教学酒店正式开幕,院长李金汉引领郑裕彤参观酒店设施,步行至酒店餐厅外,穿着整齐西服的学生,突然一窝蜂跑出来迎迓,郑裕彤惊讶之余,兴高采烈地与学生合照(图片由李金汉提供)

外篇故事

2001年，中大教学酒店的动土典礼。前排左起：中大校长李国章、司库林李翘如、郑裕彤、李金汉（图片由李金汉提供）

李金汉
商学院教授谈郑裕彤的商业伦理与触觉

李金汉，香港中文大学商学院荣休讲座教授。1967年中大商学院本科毕业，1969年中大MBA毕业，1969年出任中大商学院副讲师，1975年美国西北大学工商管理哲学博士毕业，1975年重返中大续任讲师之职，1987年至1993年担任MBA课程主任，1993年至1999年担任商学院院长，1998年至1999年以及2001年至2012年退休前担任中大酒店及旅游管理学院院长。

1988年初，一次MBA校友会午餐会上，我们邀请郑裕彤先生演讲，分享他做生意的成功秘诀。作为课程主任，我向郑先生发出邀请，他立即应允，并安排在丽晶酒店举行。丽晶酒店是新世界发展的物业，坐落于尖沙咀海边，而郑先生是在中环新世界大厦办公的。中午时他乘天星小轮过海，从天星码头步行至丽晶酒店。几个新世界发展的职员陪在他身边，丽晶酒店的管理层早已在门外守候。

　　出乎意料，郑先生讲的是商业道德。他的丧礼上有一份24字真言："做事勤恳、饮水思源、不可见利忘义……"[41]正是他当日演讲的内容。这样一个走在时代尖端的商人，成功秘诀是商业道德。由郑先生这位成功商人谈道德，远比我在课堂上讲的理论更具说服力。

　　不少信奉新古典经济学派的经济学家认为商业与道德是互不相干的，我认为这是错的。道德绝对影响经营成本。商业活动最基本的一环就是买卖，两个人做生意，由互不相识、商谈斟酌、做决定、签约、完成交易、有钱落袋，过程中每个步骤都有交易成本。如果买卖双方没有互信，担心被对方蒙骗，每样细节都要核查清楚才敢落实的话，你付出的交易成本一定很高。如果有一个人做事"牙齿当金使"（一诺千金），他答应过的事一定办妥，你会放心签约，事情办妥后，你又无须担心会最后被他"装弹弓"（设陷阱加害于你），交易成本便低得多了。

　　另一个概念是"代理成本"。如果你是一位注重道德操守的人，提倡"饮水思源，不可见利忘义"，你讲得出做得到，你的代理成本就会降低。什么意思呢？若你不相信道德品格的重要，你终日担心员工是否信得过，会不会"穿柜桶底"（亏空公款）？监视员工所花费的代理成本一定很高。

我相信郑先生没有读过商学院，但他的一套商业道德观却蕴含最根本的商业理论。

1993年至1999年我出任中大商学院院长，当时香港正受到1997前途问题困扰，资金和人才外流，加上制造业北移，香港经济正面临空壳化的危机。作为商学院院长，我认为必须巩固本地经济，尤其是旅游业，它牵连酒店、航空、飞机餐、饮食、零售、邮轮、主题公园等相关行业。我认为首要培养领导人才，于是先向著名的康奈尔大学酒店管理学院取经，然后将新学院的计划书提交大学教育资助委员会（UGC），又再被拒绝，理由是目前的职训学员只有10%就业率，开办学院等于制造失业。

1995年，我向郑裕彤先生讲解培养酒店旅游业管理人才的想法，郑先生一句"商界一定全力支持"使我重拾信心。我继续向中大领导层游说，1996年，即将就任中大校长的李国章教授约郑先生午宴，我们再向他取经。

郑先生竟然带了一队人过来，我印象中有七八个人，都是新世界发展的成员。李校长先向郑先生说明新学院的理念，郑先生间中回应了一下。饭后，他说要上洗手间，回来后便滔滔不绝地向我们解说，你可以怎样做，需要花多少钱，好像已经有全盘计划似的，我心里既惊讶又佩服。与郑先生见面后，校方领导对新学院更加有信心，先争取校董会批准。我们依照校董会要求撰写了一个完备的财务和营运方案，再向UGC申请，1998年新学院终于成立了。我非常感谢郑先生一路的支持。

我观察到郑先生为人和蔼、谦逊，他说话有一个特色，带着顺德口音、笑笑口，一句口头禅常挂在嘴边："我唔识呀！"（我不懂啊！）我注意到他不单对我用这句口头禅，对其他人也一样。郑先生这个态度，对我是一个提示：当你持守谦逊、凡事向人家请教的时候，人与人之间便可以和谐地相处。试问郑先生怎么会不懂呢？特别是商场上的事情，他一定懂，但他选择用这种方式与人相处，令我有很深刻的印象。

另一个深刻的印象是，郑先生对做学问的人非常尊重。他是MBA顾问委员会主席，但却从没有干预过我们的工作。有些人被邀请担任顾问，便自以为是，胡乱发表意见，甚至指示，结果只会帮倒忙。在我与郑先生的相处里，从没发生过这种情况，这种尊重学术自由的态度是非常难得的。

培训医学人才

在郑裕彤基金的捐助记录中,有一个相当独特的项目——内地的医学人才培训。孙耀江医生是郑裕彤的女婿,亦是资深的家庭医学医生,他一直代表郑裕彤参与捐助内地医疗的活动,见证着郑裕彤基金所担当的角色。

1987年,郑裕彤开始资助内地医生前往美国加州大学旧金山分校(简称UCSF)医学院接受培训,当时中国刚推行改革开放,医学科技研究尚处于低水平,郑裕彤希望可以在这方面为内地做出贡献。

1987年至1996年间,郑裕彤基金共捐助55名内地医生赴美学习。当时的培训计划要求学员学成后返回原来的医学院服务三年,以发挥所学所得,然而这期间北京发生政治风波,部分出国医生不愿回国,令郑裕彤感到非常失望,认为捐赠的效果是白费心机。[42] 当时第一届学员中只有两位回国,其中一位是曾任中国协和医科大学校长的刘德培。

> 我记得刘德培是其中一位坚持回国的学员,他是从中国协和医科大学毕业的博士,在UCSF跟随著名的血液科教授简悦威完成博士后研究。简教授是东亚银行的后人,对内地医学教育积极参与。刘德培重返协和医学院的岗位后,表现非常出色,很快便升任教授,更升任协和医学院校长。另一位学员也是协和出身的,是耳鼻喉专科,他亦成为协和的教授。[43]

出于对拒绝回国学员的失望,1996年郑裕彤于与UCSF的合作协议完结时停止资助,但刘德培是他心目中的成功例子[44],使他对支持内地的医学人才培训仍抱有期望。通过孙耀江的穿针引线,郑裕彤与香港大学医学院教授梁智仁见面,交流对促进内地与香港两地医学人员交流和培训的意见。梁智仁于1985年至1990年曾任港大医学院院长,一直留意港大医学院与内地医学界之间的交流和沟通。

> 当时每个学系各自与内地的大学或者医院有联系，内地的学者亦渴望来香港进修，比如骨科发现了一位很好的人选，我们首先要找奖学金。我想如果有一个综合式的奖学金就最好不过了。郑裕彤博士这个奖学金的好处是医学院各学系可以一齐做，比较有系统、有规模。[45]

1997年，双方协议在香港大学医学院成立"郑裕彤博士奖助金"（简称奖助金），资助内地的医学人员到港大医学院进行学术交流，参与基础科研项目，在指导下接受培训。港大医学院设立奖助金管理委员会，1997年至2003年由梁智仁出任主席，孙耀江代表郑裕彤担任委员，其余委员均是医学院的教授。委员会负责遴选学员，每年三名委员到内地与申请者面见[46]，就医学理论水平、研究题目的可行性及英语能力挑选合适学员，申请者视乎其资历分为访问教授、访问学者、研究员、研究助理等。完成培训后必须返回原来的医学单位发挥所学，郑裕彤坚持这条款维持不变。

1998/1999年度至2015/2016年度期间，共有317位内地医生接受过资助，来自北京、上海、广东、天津等主要省市和沿海城市的有67.2%，其余来自中国北部、中部和西部等偏远地区。郑裕彤曾表示希望较偏远地区的医生都有机会接受培训，故此学员中有来自云南、贵州、辽宁、新疆等地区医学院者。郑裕彤亦提议给予有潜质的研究助理进修高级学位的机会，自第一届至今共有24位学员在香港大学医学院完成博士课程，7位完成硕士课程。[47]

奖助金管理委员会主席梁智仁教授认为奖助金的效果是成功的。例如，第一届学员中有一位来自上海交通大学医学院上海生物材料研究及测试中心的李绮文医生，到港大矫形及创伤外科学系受训。在吕维加博士[48]的指导下，他研发了一种新的骨科生物材料。动物试验结果证实此物料可与人工关节产生生物活性黏合，若用于人体关节换置，可增长人工关节的使用期。[49]

中国偏远地区的社区设施

周大福慈善基金关心中国落后地区的民生需要,在医疗项目以外,亦包括社区建设、教育及民生项目。这是云南省红河州元阳县的大瓦遮村,不少贫穷家庭因房子失修或随意接驳电力,容易酿成人命伤亡意外。一慈善机构的项目团队为这些家庭更换电线及开关总掣,并教导村民进行安全维修,长远提高他们相关的知识和能力。照片摄于 2014 年(图片由无止桥慈善基金提供)

奖助金对香港医学界带来什么影响？陈应城教授是管理委员会第二任主席，据他的观察，与其说是培训，他认为以"同行者"来形容港大的角色更为贴切。以陈应城的经验为例，2001/2002年度他负责督导来自西安第四军医大学的张富兴医生，两人的师徒同行和日后的合作，对陈应城的科研有一定启发和帮助。

> 我的研究方向是脑部的学习和记忆能力，我研究如何使迷路的动物恢复辨认方向的能力，其实是与中枢神经系统的可塑性和脑干细胞有关，应用到医学上，可以帮助脑退化症的病人改善认路能力。做脑部实验的话，需要手术技巧精细的研究员。第四军医大学的西京医院是中国西部的顶尖医院，病人流量多，医护人员因此都具有丰富的实践经验，张富兴以他扎实的理论基础和纯熟的手术技巧，为我解决了不少实证上的问题，证明我的理论假设和构想是成功的。[50]

陈应城教授与中大的李金汉教授不约而同地有同一观察，就是郑裕彤不单只捐款，更对捐赠项目保持关心，陈应城以细心和善心来形容郑裕彤的态度。周大福珠宝金行九龙城分行楼上是周大福物业，郑裕彤将单位改建成学员宿舍，使学员之间可互相照应，不致感觉孤单，大家一起生活过，将来返回各自的机构后，在内地可以形成很好的人际网络。

> 每年我们都举办迎新茶会，郑博士必定来与学员见面，有一年他已经来到楼下了，下车时感觉身体不适，陪同的孙耀江医生劝他回家休息。谁知三几个星期后，他主动联络我们，问是否方便再与学员见面。因为他明白内地人很重视人情，渴望与捐赠人见面道谢；我亦知道多年来郑博士数度亲身上宿舍探望学员，跟他们闲话家常。[51]

内地基层医疗人才培训

内地的卫生医疗改革自1980年代开始，2005年国务院在《中国医疗卫生体制改革的评价建议》中有"改革是不成功的"的评语，其中一个问题是资源配置不均，优质医疗资源集中在大型综合医院，社区医院在人员、技术、设备和管理等方面都比较薄弱，造成大城市的大医院超负荷运转[52]；社区医院在硬件设备、医疗水平上与大医院差距甚远，城镇居民对社区医院缺乏信心，90%的市民看病仍选择大医院，社区医院的使用率低，甚至有闲置现象。[53]

2006年卫生部的工作会议决定落实社区基层医疗服务，至2006年底已在全国278个城市（占城市总数98.2%）设置共23,036间社区卫生服务机构。[54]当时的卫生部副部长黄洁夫与香港医院管理局（简称医管局）联络，希望医管局为内地培训社区医疗人才，以借鉴香港社区医疗体系的成熟经验；医管局于是联络郑裕彤寻求赞助。

郑裕彤又再派出孙耀江医生了解情况，经沟通后郑裕彤爽快地答应做捐赠人。2007年11月2日，卫生部、香港医管局和郑裕彤基金三方签订协议，合作推行"社区医疗新世界——社区卫生及基层医疗管理培训计划"。卫生部负责统筹招募学员，医管局进修学院承办课程，郑裕彤基金赞助资金。

培训计划分成两个部分：决策人员及管理人员了解香港医管局和社区健康中心的制度和运作；从现职基层医疗的医生中选拔的学员到医管局分区的门诊部观察诊症情况；学员需参与评核，合格者获发证书。项目实施三年后医管局曾尝试推行现场指导，由医管局派出顾问医生到内地的社区诊所，与当地医生一同会诊，曾经在北京和兰州推行试验，可惜未能持续发展。[55]至2014年，合作三方与北京卫生部门在北京丰台区设立方庄社区卫生服务中心，[56]作为长远的师资培训中心。

项目为期十年，每三年进行大型总结讨论会，分别在乌鲁木齐、杭州、上海举行，让学员分享实践进度和成效，并提出实务和政策的建议。十年

中国农村公共卫生培训

除了大型的医疗人才培训计划,周大福慈善基金亦深入偏远贫穷村落,支持当地的医疗卫生教育。图为重庆市彭水县保家镇溪口村的一所小学,负责的项目团队正指导农村孩子基本而重要的个人健康卫生常识。照片摄于2015年(图片由无止桥慈善基金提供)

已过，最后一期的总结会决定，将剩余的资金用于大湾区的社区医疗发展，特别在当中较偏远的地区例如肇庆、江门、潮汕、广东西部等，培训当地的基层医生。[57]

澳门的高等教育

继中大商学院之后，郑裕彤于 1980 年代再捐助高等教育，对象是他学习从商的澳门。1987 年他捐赠 500 万港元予澳门的东亚大学，30 年后再捐赠 3,000 万港元予由东亚大学转型的澳门大学，两项捐款都发生在东亚大学和澳门大学的关键时刻，追溯两项捐赠的前因和背景，可理解郑裕彤的捐款所发挥的历史意义。

澳门大学的前身东亚大学，于 1981 年由三位来自香港的商人和专业人士推动成立。[58] 他们与澳门政府签署租用协议，在氹仔观音岩兴建校舍，因以澳门、香港及东南亚学生为招生对象，故取名"东亚大学"。创校的经费，除了三位创办人的个人资金外，主要由商人捐助。例如，经国务院港澳办主任廖承志的引荐，创办人获当时的澳门中华总商会会长何贤捐助和支持，以及由曾任香港中华总商会会长的王宽诚捐助兴建图书馆。因资金不足，校园建设分三期进行，第一、第二期的主要捐赠者有何贤、何鸿燊、马万祺等澳门商人。[59]

郑裕彤于 1987 年捐出 500 万港元予东亚大学兴建第三期的学生宿舍，这一年正是东亚大学转型的关键一年。同年 3 月中葡双方在北京签署《中葡联合声明》，决定中国政府将于 1999 年对澳门恢复行使主权。1987 年至 1999 年的过渡期内，为了培训澳门的本地人才，政府计划将私立的东亚大学收购并转型为公立大学，1987 年底由澳门政府设立的澳门基金会以 1 亿 3,000 万港元收购东亚大学的业权。1987 年至 1991 年东亚大学过渡至澳门大学这段时间，大学方面以新的资金增建校舍设施，就在这个背景下，郑裕彤捐款协助兴建第三幢宿舍，完善了大学的宿舍设施。

第七章　公益与教育　291

东亚大学第三期学生宿舍揭幕

1987年10月6日，郑裕彤与何鸿燊出席宿舍大楼揭幕仪式

1991年，东亚大学易名澳门大学，原来东亚大学的理工学院独立为公立的澳门理工学院，研究生院和公开学院分离出来成为东亚公开学院，澳门大学则集中提供全日制本科课程和研究生课程，并为了培训所需人才，加设了科技学院、教育学院和法学院。1999年澳门回归中国，这时，澳门特区政府认为澳大应踏上新的发展阶段，使之成为一所符合国际标准的新型大学。[60]

2001年，从香港浸会大学退休的谢志伟教授，获邀出任澳门大学校董会主席，主持澳门大学的改革。谢志伟于澳门出生及长大，1963年到香港浸会学院就读，后负笈美国获取博士学位，毕业后返母校浸会学院任教，1971年升任校长之职。1983年浸会学院获得UPGC的资助，1994年升格为大学，谢志伟是积极的推动者。他以澳门人的身份、深厚的高等教育经验，正是合适人选。2006年澳门立法会通过的第一条法律制度，就是澳门大学新的章程。

确立了新的制度后，下一步是寻觅新地以扩大校园设施，方便推行新猷。

> 2006年7月，我带着校董会一班委员去横琴视察地方，第一次站在这土地上。哗，一时间失神了，感觉非常强烈，整个澳门就在面前，我觉得这里最适合兴建澳大的新校园。2009年，特首崔世安通知我，这幅地办妥了。[61]有了这幅偌大的土地，我最大的心愿是建造一个既追求专业，又有博雅教育的校园，学生既要学习专门知识，亦要培养人际关系和品德，即是全人教育的理念，所以我们设计了住宿式书院系统。[62]

2014年，澳大由氹仔搬到横琴时，新校园已建成了八所住宿式书院，其中包括"郑裕彤书院"。

> 当时我建议找商界捐款兴建书院，必须找一些与澳门有关系、又有经济实力的人。在我脑海里立即浮出八个人的名字，除了一位，其余七位都是澳门的重要人物，郑裕彤博士就是其中一位很突出的人物，我相信我可以说服他捐赠澳大的书院。[63]

郑裕彤的确与澳门有深厚的关系。他年少时离开顺德伦教的家乡，便是前往澳门投靠父亲的好友周至元，加入澳门周大福由后生做起，在澳门学习营商之道。1945 年他从澳门到香港创立个人事业，1961 年周大福珠宝金行有限公司注册时，澳门周大福是其中一间分行。1982 年郑裕彤买下澳门娱乐公司 13% 股权。1997 年又开始经营澳门自来水有限公司等。

谢志伟深信他能够说服郑裕彤捐助澳大的书院，除了他对书院的构想充满信心，还有他们两人的旧交情。谢志伟是澳门著名珠宝金饰店"谢利源"的后人，谢利源创办人谢瑜堂是他的祖父，谢志伟的父亲再生和叔父永生是第二代接班人。郑裕彤和谢利源的东家熟稔，谢志伟常听父亲和叔父忆述，郑裕彤在澳门时经常到谢利源处探访和闲聊。

2009 年，谢志伟从澳门赴香港中环新世界大厦，与郑裕彤见面。

> 他对书院的构思非常赞成，郑博士很坦白，他说："我自己无机会读书，以前在内地的生活很艰苦，要捱出头。"所以他觉得让年轻一辈有最好的教育是一件好事。[64]

当天郑裕彤接见谢志伟，并应允捐助书院的建立，相信这是他最后一次亲自见面承诺的公益捐献。在澳门这个少年时学习从商的地方，他捐助兴办成人教育的大学书院，在他的公益人生上，可说是画上一个圆满的休止符。

据郑裕彤书院现任代院长李伟权所说，这所书院的特色是，书院与捐赠人的关系最为密切。自 2014 年成立以来，每年夏天，周大福均派员从书院挑选十名学生，到周大福中国总部实习，学习商业管理知识。郑家不单只给予资助，还提供学习机会予书院的学生。这可说是秉承郑裕彤的人文关怀精神，社会公益不单只是捐钱了事，还要关心对象的需要。

香港的高等教育

1970年代捐助中大商学院的三年制MBA后，至1990年代，郑裕彤基金才再捐赠香港的高等教育机构，捐赠的类别可分为教研经费和教学建筑。教研经费方面，最早是于1991年与李兆基联合捐赠600万美元，予香港中文大学亚太研究所与耶鲁大学东亚研究委员会共同策划的"中国研究计划"，为探讨两岸暨香港、澳门的发展动向，以增强香港的竞争力及促进南中国与邻近地区的合作关系[65]；1992年他应商界朋友林思齐的邀请捐赠100万港元，以兴建浸会学院林思齐东西学术交流研究所。[66]

郑裕彤于千禧年前后对香港各大专院校有更多捐助。我们向三所大专院校的校方高层做过专访，他们分别从不同角度叙述郑裕彤对公益和教育的想法。

香港大学教研发展基金于1995年成立，以慈善团体形式注册，为大学筹款，当时的港大校长王赓武教授预料政府将缩减对高等教育的资助，在港大旧生黄干亨倡议和协助下成立基金会，以长远方式鼓励私人领域支持高等教育的发展[67]；成立伊始，基金向1,000多位大学的朋友、旧生和社会贤达发出信函，邀请他们加入为创会会员。[68] 郑裕彤是首批支持基金会这个创新概念的14位创会荣誉会长之一。[69] 自2001年至2009年出任香港大学校务委员会主席的冯国经博士对商界人士担任创会会员有这样的看法：

> 郑裕彤先生是第一批捐赠者，不但直接捐助香港大学，还树立良好的榜样，让我们继续接收到很多捐款。人们大多以为高等教育是政府的责任，而港大很早已提倡以私人资源支持教育这个理念，

香港大学教研发展基金一直做了很多推动的功夫，郑先生是最早表示支持的商界贤达，对香港大学推动这个潮流，担当了很重要的角色。[70]

对于香港大学来说，郑裕彤参与成为香港大学教研发展基金的创会会员，象征商界不单只以捐款方式表示支持，而是以长期友好方式持续支持大学的发展，从郑裕彤对香港大学教研活动的持续支持可见一斑。[71] 一项特别重要的支持是他在2008年捐赠4亿港元予香港大学，用于大学兴建百周年校园及法律学院的教研发展，大学将法律学院大楼以"郑裕彤教学楼"命名。冯国经对郑裕彤热心港大的发展有这样的见解：

> 坦白说，郑先生不单只是支持港大，而是支持整个香港高等教育持续地提升水平，他认同教育并非只是政府的责任，也是社会的责任，他认为有能力的人应该为教育做出贡献。所以，当他知道哪里需要资源，他便乐意做出捐助。[72]

商界与大专学界的合作，早已见诸1977年郑裕彤支持中大三年制MBA的故事。当时，郑裕彤借出周大福写字楼做临时教室，捐助中大商学院购置尖沙咀校舍，自己亦担任MBA顾问委员会主席等。其后新世界发展投得中大教学酒店的管理权，为中大商学院兴建教学酒店和教学楼，更深入地形成大学与商界的合作伙伴关系。

由这理念出发，我们不难理解为何郑裕彤向更多大专院校捐助，例如，2010年捐助9,000万港元予香港科技大学兴建教学及研究大楼，大楼亦以"郑裕彤楼"命名。

有人可能认为港大、中大、科大都是香港著名的大学，自然吸引到商界的捐助。2007年郑裕彤捐赠3,500万港元予香港公开大学扩建第二期校舍，时任公开大学校长的梁智仁教授认为郑裕彤以行动打破这种偏见。

郑裕彤捐赠香港大学兴建百周年校园

香港大学于 2008 年 3 月 19 日举行捐赠仪式。左起：校委会主席冯国经、郑裕彤、校长徐立之（图片由香港大学提供）

郑裕彤捐赠公大的时候，正值公大筹建第二期校园的关键时刻。公大于 1989 年由政府立法成立[73]，让未能入读正规大学或理工学院的成人有机会接受专上教育。教学模式是遥距教学[74]，学生以在职者为主[75]，他们自行安排进修时间，修满学分及考试合格，便可获大学颁授认可的资历。[76] 香港的专上教育向来不足，对于只有中学程度的成人来说，公大可说是提供了社会流动的阶梯。

踏入 2000 年代，公大有新的发展，2001 年开办首个全日制副学位课程，2003 年加设首个全日制荣誉学位课程，2006 年加入"大学联合招生办法"（JUPAS），展望未来将有更多全日制学生在公大校园上课。遥距课程无须很多校舍设施，但提供全日制课程不同，首要条件是扩建校舍，校方于是筹划兴建第二期校园。

2006 年公大获政府拨款 1.2 亿港元兴建新校舍，校长梁智仁亲自筹募余下的经费，从社会上共筹得 2.8 亿港元[77]，其中 3,500 万港元来自郑裕彤基金的捐赠。

> 郑裕彤博士非常慷慨，捐助了 3,500 万港元。郑博士捐款很迅速，很多时候捐款者会提出很多条件，但郑博士不同，我觉得他对我们非常信任，相信我们需要这笔捐款，而且会用得很好。我们安排了一个午餐，有两三围宾客，他就坐在我旁边，饭后他从西装的里袋掏出一个信封，直接交给我，他捐款就是这样简单。[78]

公大将何文田校园高座命名为"郑裕彤楼"，梁智仁解释原因，是希望学生和市民都注意到，公大虽非前列的著名大学，但当公大做出成绩来，香港的富豪一样会捐助支持，冠名是要提醒公大的老师和学生继续为社会做出贡献。

2012 年成立的周大福慈善基金，是郑裕彤的子女继承了父亲关心社会公益的理想[79]，除了支援弱势社群，基金会亦关注香港和内地大专教育

郑裕彤捐赠香港公开大学兴建新校舍

公大于 2008 年 1 月 22 日举行"郑裕彤楼"命名典礼，梁智仁校长致送纪念品予郑裕彤（图片由香港公开大学提供）

的需要。例如，2013 年捐资予香港理工大学建设生物医药研究实验室；于 2008 年至 2012 年，向清华大学共捐赠 9,800 万人民币配对大学捐款兴建医学院大楼，大楼于 2014 年落成，命名为"郑裕彤医学楼"。

过去郑裕彤较多捐助硬件设施如兴建教学大楼，新一代继承人则直接针对人才培育方面，并将捐款投放到具创意的社会服务上。例如，2012 年起分别捐助港大和中大，鼓励大学生通过参与社会服务培养人文关怀的情操。2013 年捐助清华大学成立"郑裕彤法学发展基金"，鼓励法学院师生提升国际视野，并协助法学院毕业生到偏远贫困地区参与基层社区的法治工作。2016 年鼓励医、社、商界以跨学科模式支持专科医疗服务，纾解青少年的精神健康问题等。基金会亦继承郑裕彤的公益精神，不单只捐款了事，并以伙伴身份推动协同创效益的模式，鼓励不同持份者的参与和合作，共同应对社会的多元需要。

典礼致辞

慈善捐赠的典礼仪式上常有出席嘉宾致辞环节，听说郑裕彤最乐于出席与教育有关的典礼，以身教言教，向出席者尤其下一代传达他的理想和处世心得。我们从搜集到的郑裕彤演讲辞中理解他的社会伦理观，包括成功之道在毅力和恒心，自己对兴学的抱负是为社会和国家尽力，寄语学生也要回馈社会、报效国家。

以下是相关的节录片段。

> 世界上任何事成功，都要经过艰苦的尝试。我们做事，不要知难而退。只要有毅力和恒心，勇往直前，自然可以达到成功的希望。[80]

> 本人一直以兴办学校、培育人才为己任，希望可以为社会、为

国家略尽绵力。[81]

基金的工作重点一向以培养人才为首要目的,并深信借着提升医疗人才,可以加强医疗服务素质水平,进一步保卫国民的健康,使国家更富强兴盛。[82]

达至成功并没有任何捷径,也没有肯定的秘诀,最实际的答案就只有"努力"二字。"努力求上进"是我毕生遵行的格言,我不仅时常以此自勉,也经常以此教导年轻一辈。[83]

香港大学法律学院成立了39年,人才辈出,造就了无数法律专才。我今次的捐赠亦希望能帮助法律学院的发展,培育本地人才之余,更加为祖国的法治及繁荣做出贡献,为人类的和平进步共同努力。[84]

投资教育可以为国家培养优秀的领袖人才,为社会福祉做出贡献,意义重大。……我们希望为学生创造优越的书院环境和设施,让他们全力在知识的海洋里上下求索,学有所成,回馈社会,报效国家。[85]

周大福植根香港80多年,一直十分关注培训社会的下一代,故此积极资助内地与香港两地的教育项目。是次与香港科技大学合作兴建郑裕彤楼,希望能够为科大的学生提供更优良的学习环境及设施,让他们努力汲取知识,好好装备自己,发挥所长,继而实践"取诸社会,用诸社会"的理念,积极回馈社会。[86]

郑裕彤的
足迹

郑裕彤出身贫寒,当事业有成之时,秉承父亲的叮嘱兴学育才,故此,他的公益慈善多着眼于教育和人才培训。这亦可理解为他视公益为社会投资,他所追求的不是短期的济贫救苦,而是长远的社会效益。他希望自己少时无法得到的,青年一代能够得到。郑裕彤参与公益的态度并非捐钱了事,他乐意捐出非物质能换取的关心和爱护。郑裕彤亦不会有颐指气使的姿态,对于接受一方,他总以信任和鼓励的态度待之。他捐赠的,不单只是金钱,还有做人处世的榜样。

注释

[1] 冯景禧是香港商人，1963年与郭得胜和李兆基等共八人成立新鸿基企业有限公司（即新鸿基地产公司前身）；1969年离开新鸿基地产，成立新鸿基证券及新鸿基财务；1978年成立新鸿基（中国）有限公司，1982年获香港政府发出银行牌照，易名新鸿基银行。参考朱立群：《白手起家的十大富翁（连载八）："金融巨头"冯景禧》（1998年）。

[2] 参考马丽：《区域社会发展与商人社会责任的历史研究：基于明清徽商捐输活动的考察》（2012年）。

[3] "积善余庆"，来自《易经·坤》："积善之家，必有余庆；积不善之家，必有余殃。"

[4] 参考马丽：《区域社会发展与商人社会责任的历史研究：基于明清徽商捐输活动的考察》（2012年）。

[5] 参考吴玉伦：《清末实业教育兴办中的商人及商人组织》（2006年）。

[6] 参考 Sinn, 2003。

[7] 学校以圣母无原罪修女传教会的来华传教修女"地利亚"命名，以纪念艾文士先生年幼时曾接受传道会所办的教育。地利亚学校始创时校舍设于亚士厘道一幢十层高大厦，1970年创办人购入山林道一所书院旧址改建为分校，1971年在美孚吉利径设置女校，1972年于百老汇街设置男校，1973年亚士厘道的小学和幼稚园迁至百老汇街校舍，1975年创办人在观塘月华街自建设备完善的校舍。参考《地利亚修女纪念学校十五周年校庆特刊，1965—1980》，页7。

[8] 参考王惠玲、莫健伟：《梁志坚口述历史访谈》（2018年8月21日）。

[9] 战后初期（1946/1947年）就读私校的中小学生约有6万人，占全部学生60.7%，1956/1957年私校中小学生约18万，虽然官津学校数目增加了，但私校学生仍占全部学生60.2%；以上数字摘录自教育署年报。参考谭万钧：《香港的私立学校》（1999年）。

[10] 自1950年代中政府增建官立小学和津贴小学，私立小学学生占全部小学学生的比例逐渐下降，1958年占45%，1975年只有15%，1985年起一直保持在10%。参考同上。

[11] 参考同上。

[12] 参考香港教育委员会：《香港未来十年内之中等教育白皮书》，1974年10月。

[13]　1950年至1970年间，有被指责为"学店"的私立中学，办学人只为牟利，提供极低质素的教学，成绩差的学生在资源不足、办学人缺乏理想的学校就读，难有接受良好教育的机会。参考黄康显：《私校存在的需要》，《明报》，1987年1月22日。

[14]　参考王惠玲：《左筱霞口述历史访谈》（2019年1月16日）。

[15]　家长职业统计：

职业分类	百分比
专业、技术及相关人员	5.5
行政及管理人员	8.9
文职及相关人员	5.9
销售人员	9.7
服务业人员	12.7
农业、畜牧、渔业、林业人员	1.0
生产及相关人员及劳工	32.2
运输从业员	9.7
军人及其他（包括失业、退休）	14.4

参考《地利亚修女纪念学校十五周年校庆特刊，1965—1980》，页232。

[16]　参考王惠玲：《左筱霞口述历史访谈》（2019年1月16日）。

[17]　例如，于1986年停办的学校中有崇文书院，该校已有36年历史。参考黄康显：《私校存在的需要》，《明报》，1987年1月22日。

[18]　参考《私校成为地荒下猎物》，《信报》，1989年5月21日。

[19]　参考王惠玲：《左筱霞口述历史访谈》（2019年1月16日）。

[20]　参考同上。

[21]　设置的奖学金供考获两岸大学、香港副学士或高级文凭课程取录的学生完成学业。参考王惠玲：《左筱霞口述历史访谈》（2019年1月16日）。

[22]　款项于1980年捐出，县政府于华侨中学的原址扩建教学大楼、科学楼、礼堂等共四座楼宇，并修建了运动场，增添教学、实验室、图书室等设备，新校舍于1982年落成。

[23]　顺德华侨中学始创于1957年，由香港、澳门、柬埔寨、南非、新加坡、马来西亚等地的华侨筹集资金兴建，是顺德现代教育史上最早的两所设有高中级别的完整中学之一，目前学校被评为顺德区区属重点公办高级中学、广东省国家级示范性普通高中、广东省教学水平评估优秀学校、广东省一级学校、广东省教育技术实验学校、广东省绿色学校。《侨中历史》，顺德华侨中学，http://www.sdhqedu.net/content.aspx?page=qiaozhonglishi。

[24] 参考《顺德县华侨中学开幕礼郑裕彤先生致词草词》，1982年12月28日。顺德档案馆馆藏档案，档号：19-A12.16-033-008，第13页。

[25] 参考王惠玲：《罗国兴口述历史访谈》（2019年1月18日）。

[26] 参考郑敬诒职业技术学校，http://www.zjyzx.sdedu.net/；百度百科，https://baike.baidu.com/item/郑敬诒职业技术学校。

[27] 顺德职业技术学院位于广东省佛山市顺德德胜东路，是一所经教育部批准成立，广东省和顺德市政府共建的高级职业院校。顺德的技术训练始于1984年5月成立的广东广播电视大学顺德分校；1998年6月，顺德永强成人学院、顺德李伟强医护学校、顺德成人中专学校及顺德教师进修学校四校合并，筹建为顺德职业技术学院；1999年3月，教育部正式同意建立顺德职业技术学院；2002年，学校迁入位于德胜东路的新校园。参考百度百科，https://baike.baidu.com/item顺德职业技术学院。

[28] 1986年开始有所谓国家级贫困县的认定，由国务院扶贫开发领导小组办公室认定，1985年人均纯收入低于150元的县、低于200元的少数民族自治县、低于300元的老区县，都被认定为国家级贫困县，至1989年认定有331个。1994年首次做出调整，以1992年人均纯收入低于400元的县，全部纳入国家级贫困县，确定了592个贫困县。根据2012年国家扶贫开发工作重点县名单，全国592个重点县之中，西部地区有375个，中部地区有217个；其中少数民族省区有232个。重点县数目较多的有云南、陕西、贵州、甘肃、河北、四川、山西、内蒙古、河南等，参考国务院扶贫开发领导小组办公室，http://www.cpad.gov.cn/art/2012/3/19/art_343_42.html。

[29] 郑裕彤基金所到地区包括四川、甘肃、云南、贵州、陕西、江西、河北、内蒙古、广西、广东等地区。

[30] 参考王惠玲：《罗国兴口述历史访谈》（2019年1月18日）。

[31] 美国岭南基金会前身是岭南大学信托基金，1893年于美国纽约成立，目的是协助在中国广州设立一所高等学院，即后来的广州岭南大学。1949年后，岭南大学文学院和理学院合并入中山大学。1954年至1979年，岭南基金会支持新亚书院、崇基书院、联合书院在香港的设立和运作，这三所书院于1963年合并为香港中文大学，基金会继而支持香港的岭南学院，为香港的华人学生提供高等教育。参考美国岭南基金会，http://lingnanfoundation.org/history/。

[32] 参考 *Australian Institute of Business*, https://www.aib.edu.au/blog/mba/5-things-didnt-know-history-mba/; TopMBA, https://www.topmba.com/why-mba/history-mba-mba-friday-facts。

[33] 参考王惠玲、莫健伟：《李金汉口述历史访谈》（2019年3月26日）。

[34] 2005 年，中大出售尖沙咀的物业，在中环美国银行中心购入新的市区教学中心，使 MBA 教学中心得以设置于香港的金融商业心脏地带。时任中大校长刘遵义亲访郑裕彤，交代有关构思，郑裕彤亦深表赞同。刘遵义忆述此事时，认为这是互相尊重的做法，亦符合中国人重视信义的价值观。参考王惠玲：《刘遵义口述历史访谈》（2019 年 9 月 27 日）。

[35] MBA 顾问委员会成员包括：冯景禧担任副主席，李兆基和郭炳湘亦曾担任顾问，其他成员有商学院的老师和学生代表。

[36] 参考《中文大学兴建全港首间教学酒店》，《中大新闻发报》，2001 年 12 月 19 日。

[37] 参考王惠玲、莫健伟：《李金汉口述历史访谈》（2019 年 3 月 26 日）。

[38] 李金汉举了一个例子，学生在接待处与员工一起工作，但学生早已预备好五项检视标准，留心接待员接听电话时的表现，与检视标准做对比，例如有没有先讲早晨和部门名称，如何回答对方问题，学生便可将理论结合到现实中来学习。参考王惠玲、莫健伟：《李金汉口述历史访谈》（2019 年 3 月 26 日）。

[39] 参考王惠玲：《刘遵义口述历史访谈》（2019 年 9 月 27 日）。

[40] 教学酒店的地皮属于中文大学，落成后的香港沙田凯悦酒店拥有权属于中大，经营权和管理权属于新世界发展。新世界发展负责教学酒店和教学楼的建筑工程和建筑成本开支，教学酒店经营亏蚀由管理方承担，盈余达到预定水平，中大可享分红。因此，这项目含有捐助、商业经营和教商合作的元素。参考王惠玲、莫健伟：《李金汉口述历史访谈》（2019 年 3 月 26 日）。

[41] 完整的 24 字训言："守信用，重诺言，做事勤恳，处世谨慎，饮水思源，不应见利忘义。"

[42] 参考廖美香：《郑裕彤"爱国投资"的矛盾情怀》（2008 年）。

[43] 参考王惠玲：《孙耀江口述历史访谈》（2019 年 6 月 17 日）。

[44] 刘德培，著名医学分子生物学教授、中国工程院院士。安徽省蚌埠医学院本科课程毕业，湖南医学院硕士、1986 年获中国协和医科大学博士学位，1987 年至 1990 年在加州大学旧金山分校做博士后研究，历任中国医学科学院、中国协和医科大学副院长，2001 年至 2011 年出任北京协和医学院院长。参考中国医学科学院、中国协和医科大学，http://www.pumc.edu.cn/ 首页 / 院校概况 / 历任领导 –2/。

[45] 参考王惠玲：《梁智仁口述历史访谈》（2019 年 6 月 21 日）。

[46] 三位遴选委员包括管理委员会主席、孙耀江医生及一位委员到北京、上海等内地城市，面见经筛选的申请者。北京以中国协和医科大学、上海以复旦大学医学院为面见场地，申请者从全国各地前来应试。

[47] 参考香港大学医学院提供的资料。

[48] 吕维加教授是骨科生物学专家，于1995年加入港大矫形及创伤外科学系，推动设立骨科研究中心并担任中心主任至今，研究兴趣包括骨科生物学研究、骨科生物材料和生物纳米技术、临床生物工程教学与研究。参考《吕维加》，香港大学矫形及创伤外科学系，https://www.ortho.hku.hk/biography/lu-weijia-william/。

[49] 参考王惠玲：《梁智仁口述历史访谈》（2019年6月21日）。

[50] 参考王惠玲：《陈应城口述历史访谈》（2019年5月24日）。

[51] 参考同上。

[52] 例如，1990年中国卫生总经费的32.8%用于城市医院，12.5%用于县医院，10.6%用于乡镇卫生院；2004年用于城市医院的卫生总经费上升至53.5%，用于县医院和乡镇卫生院的比例分别下降至8.1%和7.2%。参考任玉岭：《中国医疗改革回顾与展望》（2014年）。

[53] 参考《10年推进社区医疗培训　借鉴香港社区医疗模式》，《南方日报》，2007年11月6日。

[54] 参考同上。

[55] 参考王惠玲：《孙耀江口述历史访谈》（2019年6月17日）。

[56] 方庄是北京第一个整体规划的住宅区域，其位于东南二环，属于丰台区，始建于1990年代。方庄地区有十条主要大街，分为芳古园、芳城园、芳群园、芳星园、紫芳园、芳城东里六个小区；除汉族外，还有蒙古、回、壮、侗、布依、朝鲜、满、苗、彝、纳西、瑶等民族，外来人口0.8万。方庄有成熟的医疗、教育、体育设施，由于建设得早、规划整齐，已经成为一个非常适合于居住的人文小区。参考百度百科，https://baike.baidu.com/item/方庄。

[57] 参考王惠玲：《孙耀江口述历史访谈》（2019年6月17日）。

[58] 三位创办人是胡百熙、黄景强及吴毓璘。胡百熙于1962年获得律师资格，父亲和姊姊亦是律师，1969年是远东交易所创办人之一；黄景强于1968年从香港大学工程学院毕业，1970年获香港大学土木工程学硕士学位，1972年获加拿大皇后大学哲学博士学位；吴毓璘于1958年获香港大学文学学士学位，1961年获香港大学文学硕士学位，1980年获美国加州佩珀代因大学（Pepperdine University）MBA学位。参考李向玉、谢安邦主编：《澳门现代高等教育的发轫——东亚大学的创立和发展（1981—1991）》（2017年）。

[59] 参考同上，页50—51。

[60] 参考《大学历史》，澳门大学，https://www.um.edu.mo/zh-hant/about-um/history-milestones/history.html。

[61] 2009年6月27日，在第十一届全国人民代表大会常务委员会第九次会议上通过了《国务院关于提请审议授权澳门特别行政区对横琴岛澳门大学新校区实施管辖的议案》。

[62] 参考王惠玲、莫健伟：《谢志伟口述历史访谈》（2019年6月10日）。

[63] 八位人士包括何鸿燊、曹光彪、霍英东、陈瑞球、吕志和、马万祺、郑裕彤、孔宪绍。孔宪绍并非澳门人士，他是浸会学院的主要捐赠人，与谢志伟熟稔。参考王惠玲、莫健伟：《谢志伟口述历史访谈》（2019年6月10日）。

[64] 参考同上。

[65] 当时主要研究项目有南中国社会文化之形成与变迁、上海之改革开放及其对香港广东之影响、改革开放时代之市政管理、广东企业精神，及广州地区之传播行为研究。参考吴伦霓霞：《迈进中的大学：香港中文大学三十年，1963—1993》（1993年）。

[66] 林思齐东西学术交流研究所于1991年11月成立，原名"香港东西文化经济交流中心"，1993年易名，其东西学术定位正好配合当时的浸会学院开办的中国研究和欧洲研究学位课程。参考黄嫣梨、黄文江编著：《笃信力行：香港浸会大学五十年》（2006年）。

[67] 基金会以筹募5亿港元本金为初步目标，以后借本金带来每年的利息收益，加上其他的捐助，支持港大的发展。参考《香港大学教研发展基金1996年报》，页4—6。

[68] 参考徐咏璇：《情义之都：由港大到香港的捐赠传奇》（2014年），页222。

[69] 创会会员共333人，捐款达500万港元或以上者属于荣誉会长，第一年筹得1.5亿港元捐款。参考《香港大学教研发展基金1996年报》。

[70] 参考王惠玲、莫健伟：《冯国经口述历史访谈》（2019年9月20日）。

[71] 郑裕彤对香港大学的捐助除了自1997年起在医学院设立的"郑裕彤博士奖助金"外，2002年至2004年捐赠1,000万人民币予香港大学与内地清华大学，设立"郑裕彤博士清华—港大医学教育基金"，支持两地教授交流，并供清华医科学生到香港学习和进修，亦设立"郑裕彤客座教授"职位，赞助港大教授到清华医学院讲学。此外，2005年捐赠500万港元予香港大学教研基金。

[72] 参考王惠玲、莫健伟：《冯国经口述历史访谈》（2019年9月20日）。

[73] 政府接纳教育统筹委员会的建议，于1987年宣布将成立公开进修学院，利用遥距教育方式，为本港提供更多高等教育的机会。1989年政府立法成立香港公开进修学院，1997年易名香港公开大学。参考《香港公开进修学院筹备委员会报告》，1989年9月；《创新教学二十年：香港公开大学二十周年校庆》。

[74] 通过印刷的教材、影音材料、电视节目、电子图书馆、网上资料、定期的导修课、学生之间的学习组等形式学习。参考《创新教学二十年：香港公开大学二十周年校庆》；《多元教育展潜能：香港公开大学25周年》。

[75] 以2007/2008年度为例，在职者占97.2%，当中经理及专业人士占42.4%，文员及秘书占20.2%，技术人员占9.3%，服务业占人员2.8%，通信、运输人员占2.2%，其他行业人员占20.3%。参考《香港公开大学2007—2008年报》。

[76] 香港公开大学于1993年获香港学术评审局评审，通过17个学位课程，1996年获政府赋予自我评审课程的资格；公开大学的资历包括证书、文凭、高级文凭、副学士或学士学位。参考《二十年大事记》，《创新教学二十年：香港公开大学二十周年校庆》，页16—23。

[77] 其他主要捐赠者有李兆基捐赠5,000万港元，郭得胜基金捐赠4,000万港元，何鸿燊捐赠1,500万港元，杨雪姬捐赠1,000万港元。参考《创新教学二十年：香港公开大学二十周年校庆》，页30。

[78] 参考王惠玲：《梁智仁口述历史访谈》（2019年6月21日）。

[79] 周大福慈善基金的宗旨是致力与不同的非牟利慈善团体合作，借着拨款支持慈善公益项目，为有需要的群体提供资源及发展机会，提升个人能力，累积社会资本，期望可推动社会持续发展。

[80] 1989年12月18日，顺德伦教镇十项教育福利工程建设开幕典礼，郑裕彤以主礼嘉宾身份讲话。参考顺德档案馆档案，编号82-A12.15-003-010，页33—34。

[81] 1997年，郑裕彤捐赠支持顺德联谊会兴办中学，新校定名为"顺德联谊会郑裕彤中学"。2007年，郑裕彤于十周年校庆出席主礼及献辞。参考《顺德联谊总会郑裕彤中学十周年校庆》，2007年9月7日，页3。

[82] 2007年11月2日，郑裕彤出席"社区医疗新世界"的合作备忘录签署仪式上致辞。参考《医院管理局签署备忘录　培训内地社区医疗专业人员》，《医管局新闻稿》，2007年11月2日。

[83] 香港公开大学将何文田校舍高座命名为"郑裕彤楼"，2008年1月22日郑裕彤出席命名典礼时致辞。参考《创新教学二十年：香港公开大学二十周年校庆》，页36。

[84] 郑裕彤捐助 4 亿港元支持香港大学兴建百周年校园，港大将法律学院大楼命名为"郑裕彤教学楼"。2008 年 3 月 19 日港大举行捐赠仪式，郑裕彤出席并致辞。《郑裕彤博士捐赠四亿港元予香港大学》，2008 年 3 月 19 日，https://www.hku.hk/press/press-releases/detail/c_5742.html。

[85] 2010 年 8 月 3 日，澳门大学发展基金会举行捐赠仪式，向郑裕彤捐助澳门大学兴建住宿式书院致谢。郑裕彤在仪式上发言。参考《周大福郑裕彤基金捐三千万澳门元予澳大发展住宿式书院培养优秀领袖人才》，https://www.gov.mo/zh-hant/news/83340/。

[86] 香港科技大学以"郑裕彤楼"命名新建的科学研究大楼。2012 年 4 月 25 日大楼进行动工仪式，郑裕彤出席并致辞。《香港科技大学举行郑裕彤楼动土典礼》，2012 年 4 月 25 日，https://www.ust.hk/zh-hant/news/major-events-campus/hkust-holds-groundbreaking-ceremony-cheng-yu-tung-building。

跋一：写在传记之后

《郑裕彤传：勤、诚、义的人生实践》的研究、书写及出版工作历时近四年之久。开始时，作者对郑裕彤的生平事迹认识极为肤浅，对他的印象只停留在媒体报道所展示的形象。通过细心研究，作者重新认识传记主人翁的人生历程，捕捉到书写的角度。对于两位作者来说，这次书写的经验就像走过了一趟发掘传主人生的探索之旅。

重新认识，是这趟旅程的关键所在。第一个认知层面的郑裕彤，是一位于香港战后崛起的商人、金饰珠宝业及地产业大亨、上市公司新世界发展的创办人、爱国商人和慈善家。这种坊间非常流行的叙述，无疑是郑裕彤营商致富的一个面貌。但一个成功商人的人生面貌是否就只有商业的部分，而没有其他的面相？即使关于他的营商之道，是否就只有成功这一个角度？我们认为需要追寻更多方面，才能确立传记人物的叙述角度。

作者的书写过程，就是重构郑裕彤人生经历的过程。我们追查郑裕彤走过的地方，在不同阶段做了什么事情，遗下哪些足迹；与其亲戚、朋友、合作伙伴、重要的员工、因工作际遇而认识的人进行访谈，记录他们对郑裕彤的印象和评价；探索郑裕彤的事业在怎样的社会环境下建立，又留下什么事迹和贡献供后人回忆。作者尝试从不同面向和主题重述郑裕彤的人生故事，在重述及书写过程中，作者对郑裕彤的为人及生平事迹有了更深入的认识，个中的体会及对郑裕彤的记述已融入书中各章节，于此不再赘言了。

传记完书，我们卸下作者的身份，换上读者的视角再细阅传记一遍，尝试追寻传记中所呈现的郑裕彤人生。

郑裕彤并非出身自大富之家，他幼年在乡下顺德伦教成长。时代的颠簸使他少时便要出外打工，离开家乡到澳门、香港开展他的谋生之旅。时局动荡、家族乡情深厚的联系，以及刻苦的生活伴着郑裕彤成长，并在他的人生旅程上留下印记，塑造了他的道德品行。郑裕彤的人生或许遇到一点幸运，父亲郑敬诒与周至元的友好情谊，推动他踏出了第一步。岳父周至元对他眷顾有加，促成了他的事业基础、婚姻和家庭。背负着长子身份的郑裕彤，事业有成后仍然敬孝父母，照顾晚年患病的岳父，家中几位弟弟也在他的庇荫下各展所长，在其逐步建立的事业王国中担当重要角色。郑裕彤对家中长辈、亲属、友好的爱护和眷顾，或许是其成长的时代背景和人生经历所糅合而成的个人性格。

郑裕彤的发迹故事与香港战后的发展也密切相关。战后香港的经济环境呈现生机，不少行业如黄金业、珠宝首饰业及地产市场，从1960年代至1970年代，虽然其间有起有跌，但总的来说，市场环境主要是高速发展，处处出现机会。郑裕彤能抓紧市场的动态，有时甚至赶在市场的浪头前，引领先端。在传统金铺业务，郑裕彤重新打造周大福金铺，让一众为金铺出力、共建江山的亲属、伙伴和员工成为股东，既为金铺做出贡献，也可共享努力的成果。他扩展金铺分行、设立金饰工场，使周大福顺着市场起伏适时扩张，此后他支持现代化管理，为周大福引入系统化的物流、生产和管理制度。他经营金铺的手法重诚信、以客为本、服务灵活多变，例如在金饰业界开拓销售9999金的先河，可说是改变了金饰业零售市场的规则。郑裕彤还看到珠宝首饰的前景，他大幅扩展周大福的钻石业务，甚至收购南非的钻石厂，打造周大福集团综合原料采购、首饰生产、批发出口、门市零售的业务，建立了整合的珠宝金饰业务，因而赢得"珠宝大王"的美誉。

于20世纪六七十年代,郑裕彤同时抓着香港战后地产市场方兴未艾的发展机会,积极投资房地产市场,逐步筑起他的地产王国。郑裕彤投资地产的取态谨慎但并不保守,从开始时的单个项目,到后来伙拍关系密切、值得信赖的伙伴,遇到合适的机会绝不轻易放过,投资的规模愈做愈大,最终创立新世界发展集团,开拓多个地产项目如碧瑶湾、新世界中心、丽晶酒店、会展中心等标志性项目。

营商及投资方面的成功,使郑裕彤建立了一个横跨多领域的事业王国。从金饰、珠宝、房地产、建筑到酒店及物业管理等不同行业,都有郑裕彤参与的足迹,可见他是个精力充沛、投资眼光广阔的投资者。不过,郑裕彤回顾他的商业成就时,绝少侃侃而谈其成功之道,是个低调而务实的商人。在郑裕彤的营商事迹里,他展示的个性和面貌并不限于一个模样,在挚友和伙伴的回忆里,他是个思考敏捷、头脑灵活、眼光独到、大胆却不乏谨慎,而且与人为善的决策者。在下属的记忆里,他是个重承诺、顾念情谊、乐意放权和赏识才干的领航人。这些忆记丰富了有关郑裕彤富人情味的叙述。

细读本传记,我们也领略到郑裕彤对家乡、社会和国家的观念。来自顺德伦教的郑裕彤,纵使香港是其发迹地,但他始终眷顾家乡。从中国改革开放之初,他对家乡的支持持续至今,在顺德设厂、建酒店,提升当地经济发展。家族基金持续支持顺德的教育事业、医疗和长者服务,以改善当地民生,这些贡献体现了郑裕彤对家乡的情谊。他在香港逐利,对香港始终满怀信心,爱惜年轻一代的人才,他的慈善事业从不缺乏对本地教育、栽培下一代的关怀。郑裕彤的家族虽受过政治磨难,但他对国家前景的信心和爱护并非单纯出于利益的算计,他重返内地以后,动辄以十数亿元投资到地方基础建设项目,为不同省市地区的现代化进程做出贡献。个中不单显示郑裕彤对国家前途的信心，还体现他尽力为中国现代化做出贡献的决心。郑裕彤在营商之路以外，为香港、家乡和国家留下的贡献，体现了其超越商人身份的宽怀胸襟和广阔的视野。

读者细阅这部传记可能会有不同的理解和演绎，体会之处也非必与我们上述的想法一致，但书中内容若能勾起读者的思绪，缅怀郑裕彤的事迹，甚至重新认识他的个性和面貌，我们相信这是纪念一位曾在香港有过举足轻重影响力的商人的最佳方式。

跋二：怀念老总郑裕彤先生

案头之上，陈列着《郑裕彤传：勤、诚、义的人生实践》（繁体字版），此书为昔日新世界发展同仁所赠之礼。封面之上，"老总"（我等惯用此尊称）神采飞扬、面带微笑，引发我无数思绪，追忆老总之风采与教诲，以及其对我成长过程中的扶持与指导。本书简体字版即将问世，我怀揣感恩之心，深深缅怀与老总之深情厚谊。

我父母于越战纷扰时期移居香港，我于此平凡家庭中成长，并于此地求学励志。我早年参加香港高级程度会考，幸而获得佳绩，遂得英国伦敦政治经济学院青睐，并获授本科奖学金修读金融经济学。我与老总结缘，乃因其为奖学金赞助人之一。当时老总不仅为商界翘楚，亦热心于教育事业之捐助。奖学金委员会安排我与赞助人见面，因而我有幸与老总结识，由此开启了一段终身受惠之主仆情谊。

留学英国期间，出于感激之情，我定期去信赞助人，汇报学习情况及所见所闻。未料，老总常亲自回函，有时甚至以毛笔书写。此举令我感动至深，一位地位崇高之商界巨人竟亲自回信给一名受助之普通学生。每逢暑假，老总均邀我至其办公室，言及对我未来的期望与关怀，彰显其栽培后进之热忱。

毕业之后，我于安达信审计事务所寻得工作。未几，老总约见我，恩赐更佳之机遇，故我转职至新世界发展中国部（简称"新中"），即1993年事也。在新中完成新世界基建上市之后，众多投资银行纷纷向我招揽。经老总指点，我得以外出增广见识。数年之后，老总致电，邀我自德意志证券返回其私人办公室，受托处理周大福企业之中国投资业务。自此，我依照老总之指示，严谨执行其诸多投资计划，提出的意见亦常获其鼓励与支持。在老总身旁辅佐的岁月里，我有幸学习到许多宝贵的商业知识及处世哲学，这成为了我人生中最珍贵的记忆。

《郑裕彤传：勤、诚、义的人生实践》一书详述了老总自成长至创业之历程，叙事至上世纪九十年代。而我于老总驰骋商场之中晚期步入其商业世界，与书中记述的时期重叠不多。然而，我有幸于其事业晚期协助老总较长时间，亲见其身教与言行，与书中所述极为吻合。我略举二三事以作说明。

老总素不好高谈阔论，实干果断是其行事之本。市井间有人赋予其"沙胆彤"之称，谓其勇于冒险，从事常人不敢为之投资，然而我认为此称过于放大了其进取特质。实则老总每次投资均经深思熟虑，并非盲目冲动，而是善于管理风险，总留有保守谨慎之余地。他处事量力而为，善于权衡利弊，精于分析，常亲力亲为，运用其信任的专业团队深入收集数据，于决策之际早已胸有成竹，从而能够迅速果断地作出决策。其营商态度既谨慎亦显前瞻。

投资态度之外，老总之才能、智慧和品德亦令人钦佩。老总以"计数快"著称于世，此事我亦有幸亲眼所见。在某次投资项目讨论中，我以繁复的数据和图表予以分析，老总却仅以心算便指出了我的计算错误。我不信，遂以计算机进行核对，而老总则随手从桌下抽出算盘复核，结果证明其心算更为迅速精确。

老总于营商之途上，常教导我关注民生之需，认为"衣、食、住、行"为社会基本需求，从中寻商机必无误。正因此等远见，令当年新中在基建投资上得以领先一步。此举不仅满足了祖国的需要，亦符合民生之所求，实现了商业与社会双赢之策略。

老总在商界之人脉极广，乐于与人合作，常教导我"做生意最紧要公平，股份大细都唔紧要"，又强调"只计自己条数，唔好计别人条数"。由此言中我领悟到，商道上的合作，应讲求公平公正、守信致远，不应计较他人得益。此等道理，需经岁月磨练，方能深刻理解其深层意义。

本书简体字版本之出版，旨在飨广大中文读者，使之从中领会老总之人格魅力和处世智慧，愿其精神和品格惠及后人，此乃对老总最诚挚之敬意。

郑建源

原郑裕彤先生私人助理

2024 年 6 月 23 日

附录一：口述历史受访者

	受访者	访谈日期	访谈时身份	引述章节
	一、郑裕彤家族成员			
1	周建姿	2017年10月4日	周氏家族成员	第二章、第四章
2	周桂昌	2018年12月18日 2018年12月31日 2019年5月8日	周氏家族成员 前周大福珠宝金行地产部员工 新世界发展有限公司前董事	第二章、第三章、 第四章、第五章
3	周翠英	2018年3月27日 2018年7月26日	郑裕彤太太	第二章
4	周　耀	2017年3月1日	周氏家族成员 周大福珠宝金行区域总监（澳门区）	第四章
5	林淑芳	2018年3月27日	郑氏家族成员	第一章、第六章
6	郑玉莺	2017年6月13日	郑氏家族成员	第一章
7	郑哲环	2017年10月17日 2018年2月1日	郑氏家族成员 周大福珠宝金行生产部经理	第一章、第四章
8	郑锦超	2016年5月4日	郑氏家族成员	第六章
9	郑锡鸿	2018年12月17日	郑氏家族成员 周大福珠宝金行董事	第三章、第四章
	二、金饰生意相关			
10	何伯陶	2016年12月19日 2017年1月6日	周大福珠宝金行有限公司董事会 名誉顾问	第一章、第二章、 第三章、第四章
11	何钟麟	2019年4月17日	福群珠宝首饰制造有限公司 镶石组组长	第四章
12	李杰麟	2017年12月12日	周大福珠宝金行原料采购部 （珠宝）经理	第四章
13	冼为坚博士	2016年8月19日 2018年10月10日 2019年5月10日	万雅珠宝有限公司董事长 协兴建筑有限公司荣誉主席	序四、第三章、 第五章、第六章
14	郭俭忠	2017年10月17日	周大福珠宝金行石房副经理	第四章
15	郭宝康	2019年1月4日	前周大福珠宝金行南非珠宝厂总经理	第四章
16	陈志坚	2017年12月12日	周大福珠宝金行原料采购部 （珠宝）经理	第四章

17	陈晓生	2017年10月11日	周大福珠宝集团执行董事	第四章
18	许爵荣	2017年9月5日	前香港钻石会主席 香港珠宝玉石厂商会永远名誉会董	第三章
19	黄大杰	2018年12月13日	前周大福珠宝金行营销经理	第三章
20	黄志明	2017年6月20日	前澳门福兴金铺金饰师傅 前澳门周生生金铺金饰师傅	第二章
21	黄绍基	2019年1月4日	周大福珠宝集团董事总经理	第四章
22	冯汉勋	2018年11月14日	周大福珠宝金行区域经理	第三章
23	郑志令	2018年10月29日	前万年珠宝公司经理	第一章、第四章
24	薛汝麟	2018年12月13日	前周大福珠宝金行营销经理	第三章
25	罗国兴	2019年1月18日	周大福珠宝金行退休顾问	第六章、第七章
	三、地产生意相关			
26	梁志坚	2018年8月21日 2018年10月25日	新世界发展有限公司前执行董事及集团总经理	第五章、第七章
27	梅景澄	2018年5月11日	协兴建筑有限公司前执行董事	第五章
	四、中国内地事业相关			
28	孙杏维	2017年4月20日	伦教小学退休教师	第一章、第六章
29	黎子流	2018年8月16日	广州市委原副书记兼市长	第六章
30	苏锷	2018年8月14日 2018年11月7日	新世界中国地产有限公司前执行董事	第六章
	五、社会公益事业相关			
31	左筱霞	2019年1月16日	地利亚教育机构行政总监	第七章
32	李金汉教授	2019年3月26日	香港中文大学商学院市场学荣休教授 香港中文大学酒店及旅游管理学院市场学讲座教授	第七章
33	孙耀江医生	2019年6月17日	联合医务集团有限公司主席兼行政总裁	第七章
34	梁智仁教授	2019年6月21日	医院管理局主席	第七章
35	陈应城教授	2019年5月24日	香港大学李嘉诚医学院副院长（学院发展及基建）	第七章
36	冯国经博士	2019年9月20日	冯氏集团主席	序五、第五章、第七章
37	刘遵义教授	2019年9月27日	香港中文大学前校长	第七章
38	谢志伟教授	2019年6月10日	澳门大学校董会前主席	第七章

附录二：参考资料

中文资料

香港历史档案馆馆藏
（依档案编号排序）

1. 档案编号 HKRS41-1-5107，*Gold Sales. Returns of .... by scheduled goldsmiths under the possession of Gold (Goldsmiths) Order, 1949*

2. 档案编号 HKRS41-1-6706，文件标题 *FLOATING SHEET Schedule" A", Schedule" B", Schedule" C"。Schedule "A"，"B"，"C"* 辖下金铺名单及地址

3. 档案编号 HKRS41-1-6708，*Gold Sales, 1951. Returns of...... by scheduled goldsmiths under the possession of Gold (Goldsmiths) Order, 1949*

4. 档案编号 HKRS156-1-1728，*Squatters at top end of Blue Pool Road just below Tai Hang Road - Removal of*

5. 档案编号 HKRS156-1-3770，*Blue Pool Road – Closing of Part of -*

6. 档案编号 HKRS163-1-309，文件编号 47，吕兴合长记银庄致函副财政司 K.M.A. Barnett, Esq. 回复有关该公司的背景和 1936 年至 1948 年间黄金买卖的记录

7. 档案编号 HKRS163-1-309，文件编号 104，《胡百全律师致函副财政司代大行珠宝行申请输入黄金的许可牌照》

8. 档案编号 HKRS163-1-309，文件编号 130，《周大福金铺致函财政司申请输入黄金的牌照》

9. 档案编号 HKRS163-1-309，文件编号 142，*Memo. From Colonial Secretariat. Sec. Ref. Sub-file "A" in 8/5001/46s. Continuation of my memo of 13th August: Importation of Gold: Fresh applications, p.2. (2) Chow Tai Fook Goldsmith & Jewellery Co.*（23rd August, 1949）

10. 档案编号 HKRS939-4-57，文件编号 20，《港九珠石玉器金银首饰业联会会员芳名录（中华民国三十六年度）》

顺德档案局馆藏
（依档案编号排序）

1. 案卷级档案编号 1-1-0231（民国三十五年）（1946 年），附档:《顺德县伦教镇商会章程草案》、《顺德伦教商会公会会员、商店会员人名总册》（民国三十五年十月十一日名单）、《顺德县伦教镇商会理监事略历表》

2. 档案编号 3-A3.12-029-002，页 13，1979 年 2 月 24 日,《受理华侨、外籍人、港澳同胞捐赠报批表》

3. 档案编号 12-A12.4-008-024，页 227，1999 年 1 月 28 日,《推荐广东省"热爱儿童"先进个人华侨、港澳台同胞名单》

4. 档案编号 18-A12.4-069-001，页 83，1998 年 2 月,《顺德市第十届政协委员基本情况登记表》

5. 档案编号 19-A12.16-033-008，页 13，1982 年 12 月 28 日,《顺德县华侨中学开幕礼郑裕彤先生致词草词》

6. 档案编号 38-A12.2-114-031，页 38，《原工商业者不区别为劳动者的人员审查表》

7. 档案编号 82-A12.5-009-008，页 48，《侨改户花名册》

8. 档案编号 82-A12.15-003-010，页 33—34，1989 年 12 月 18 日，《顺德伦教镇十项教育福利工程建设开幕典礼》

9. 档案编号 100-A12.2-046-004，页 42，约 2000 年，《华侨、港澳同胞捐赠情况统计表》

10. 档案编号 100-G1-2-1-108，《地籍档案袋：顺德区伦教镇大松坊 13 号》

11. 档案编号 136-FZ.3-28，页 27—51，李泰初：《广东丝业贸易概况》（民国十九年出版）

广东省档案馆馆藏
（依档案编号排序）

1. 档案编号 004-001-0235-053~062，1944 年 8 月 10 日，《国民政府经济部及财政部关于非常时期银楼业管理规则咨文》

2. 档案编号 004-001-0235-086~088，1939 年 2 月 3 日，《广东省政府关于财政部函知规定监督银楼业办法的训令》

3. 档案编号 004-001-0235 -112~113,15-140，1947 年 2 月 26 日，《广东省建设厅关于银楼业登记名册的公函》

4. 档案编号 006-002-2299-053,055，1946 年，《大成号申请发银楼业许可执照事项表》

书籍
（依出版日期排序）

1. 考活布士维：《南中国丝业调查报告书》（广州，岭南农科大学，1925 年）

2. 黎子云、何翼云编：《澳门游览指南》（澳门，何超龙发行，1939 年）

3. 姚启勋：《香港金融》（香港，姚启勋，1940 年）

4. 王敬羲：《香港亿万富豪列传》（香港，文艺书屋，1978 年）

5. 伍连炎：《香港英籍银行纸币流入广东史话》，《银海纵横：近代广东金融》。广东省文史资料研究委员会编：《广东文史资料》第 69 辑，页 26—37（广州，广东人民出版社，1992 年）

6. 吴伦霓霞：《迈进中的大学：香港中文大学三十年，1963—1993》（香港，香港中文大学出版社，1993 年）

7. 顺德市地方志办公室编：《顺德县志（1853 年）》（广州，中山大学出版社，1993 年）

8. 顺德市地方志办公室编：《顺德县续志（1929 年）》（广州，中山大学出版社，1993 年）

9. 夏衍：《广州在轰炸中》。广州市政协文史资料委员会编：《广州文史》第 48 辑，页 413—417（广州，广东人民出版社，1995 年）

10. 顺德市地方志编纂委员会编：《顺德县志》（北京，中华书局，1996 年）

11. 黄德鸿：《澳门新语》（澳门，澳门成人教育会，1996 年）

12. 蓝潮：《郑裕彤传（上、下）》（香港，名流出版社，1996年）

13. 龙炳颐：《香港的城市发展和建筑》。王赓武编：《香港史新编》，页211—279 [香港，三联书店（香港）有限公司，1997年]

14. 香港联合交易所：《百年溯源》（香港，香港联合交易所，1998年）

15. 谭万钧：《香港的私立学校》。顾明远、杜祖贻主编：《香港教育的过去与未来》，页547—565（北京，人民教育出版社，1999年）

16. 顾明远、杜祖贻主编：《香港教育的过去与未来》（北京，人民教育出版社，1999年）

17. 施其乐：《深水埗：从村落到工业城市的综合》。《历史的觉醒》，页197—233（香港，香港教育图书公司，1999年）

18. 冯邦彦：《香港地产业百年》[香港，三联书店（香港）有限公司，2001年]

19. 傅玉兰编：《抗战时期的澳门》（澳门，文化局澳门博物馆，2002年）

20. 冯邦彦：《香港金融业百年》[香港，三联书店（香港）有限公司，2002年]

21. 杨志云：《杨志云回忆录》（香港，杨氏家族，2002年）

22. 卢受采、卢冬青：《香港经济史》[香港，三联书店（香港）有限公司，2002年]

23. 王文达、刘羡冰、伍华佳：《澳门掌故》（澳门，澳门教育出版社，2003年）

24. 陈雨：《黄金岁月：郑裕彤传》（香港，经济日报出版社，2003年）

25. 何佩然：《地换山移：香港海港及土地发展160年》（香港，商务印书馆，2004年）

26. 植子卿：《广州的金铺和十足金叶》。林亚杰编：《广东文史资料存稿选编》第4卷，页627—633（广州，广东人民出版社，2005年）

27. 钱华：《因时而变：战后香港珠宝业之发展与转型（1945—2005）》（香港，香港中文大学哲学博士论文，2006年）

28. 黄嫣梨、黄文江编著：《笃信力行：香港浸会大学五十年》（香港，香港浸会大学，2006年）

29. 郑宏泰、黄绍伦：《香港股史1841—1977》[香港，三联书店（香港）有限公司，2006年]

30. 利冠棉、林发钦：《19—20世纪明信片中的澳门》（澳门，澳门历史教育学会，2008年）

31. 唐任伍、马骥著：《中国经济改革30年》（重庆，重庆大学出版社，2008年）

32. 杨继瑞编：《中国经济改革30年：房地产卷》（成都，西南财经大学出版社，2008年）

33. 金国平：《抗战期间澳门的几个史实探考》。吴志良、金国平、汤开建主编，《澳门史新编》第二册，页297—304（澳门，澳门基金会，2008年）

34. 吴志良、汤开建、金国平：《澳门编年史》第5卷（广州，广东人民出版社，2009年）

35. 周大福企业文化编制委员会编：《华：周大福八十年发展之旅》（香港，周大福，2011年）

36. 梁炳华：《深水埗风物志》（香港，深水埗区议会，2011年）

37. 穆志滨、柴娜：《"沙胆大亨"郑裕彤：从珠宝大王到地产大王》，《香港十大企业家创富传奇》，页193—228（台北，广达文化事业，2011年）

38. 张家伟：《六七暴动：香港战后历史的分水岭》（香港，香港大学出版社，2012年）

39. 欧阳伟廉编：《流金岁月：香港金业史百年解读》（香港，新人才文化，2013年）

40. 汤开建：《二十世纪二十至四十年代澳门工业的街区分布》。林广志、吕志鹏编：《澳门街道：城市纹脉与历史记忆学术研究会》，页14—45（澳门，民政总署文化康体部，2013年）

41. 徐咏璇：《情义之都：由港大到香港的捐赠传奇》（香港，天地图书，2014年）

42. 郑宝鸿：《默默向上游：香港五十年代社会影像》（香港，商务印书馆，2014年）

43. 梁操雅：《匠人·匠心·匠情系红磡——承传变易》（香港，商务印书馆，2015年）

44. 钟宝贤：《太古之道：太古在华一百五十年》[香港，三联书店（香港）有限公司，2016年]

45. 李向玉、谢安邦主编：《澳门现代高等教育的发轫——东亚大学的创立和发展（1981—1991）》（北京，高等教育出版社，2017年）

46. 赵稷华：《忆香港回归交接仪式背后的中英博弈》，《紫荆花开映香江——香港回归二十周年亲历记》[香港，三联书店（香港）有限公司，2017年]

47. 郑棣培编，傅厚泽记述：《傅德荫传》（香港，傅德荫基金有限公司，2018年）

期刊文章
（依出版日期排序）

1. 李振阮：《广东丝业概况及其复兴对策》，《农声汇刊》，第13卷第190期，1935年11月30日，页1—9

2. 本室调查股：《粤省沦陷区丝业概况》，《广东省银行季刊》，第1卷第1期，1941年3月31日，页187—194

3. 钟斐：《广东顺德纱绸织造业调查报告》，《广东建设研究》，第1卷第2期，1946年11月1日，页59—64

4. 《管制黄金令（四则）》，《一九四九年香港年鉴》，1949年，第三回中卷，《法令规章》，页19—20

5. 香港经济导报社：《珠宝玉石业》，《1960年香港经济年鉴》，第一篇，页118—119

6. 留津：《香港亿万富豪列传之八：珠宝大王——郑裕彤》，《南北极》，1977年，第84期，页40—44

7. 赵国安、梁润坚：《郑裕彤先生纵谈地产旅游股票投资》，《信报财经月刊》，1978年8月，第17期，页53—56

8. 《香港工商界的回归热潮》，《信报财经月刊》，1979年2月，第23期，页59—60

9. 张国雄：《香港的政治前途与投资前景——泰盛发展主席香植球访问记》，《信报财经月刊》，1982年12月，第69期，页6—9

10. 陈文鸿：《从上海的解放经验看香港回归中国的问题》，《信报财经月刊》，1983 年 1 月，第 70 期，页 4—7

11. 罗保：《解除束缚畅论港人对协议的期望》，《信报财经月刊》，1984 年 4 月，第 85 期，页 70—80

12. 李顺威：《怡和大撤退的今昔比较》，《信报财经月刊》，1984 年 5 月，第 86 期，页 29—31

13. 司马义：《荣耀全归邓小平的香港前途谈判》，《信报财经月刊》，1984 年 10 月，第 91 期，页 5—48

14. 孔铭：《中国大酒店怎样战胜东方宾馆》，《信报财经月刊》，1985 年 5 月，第 98 期，页 60—61

15. 《八九风波后看上市公司迁册热潮》，《信报财经月刊》，1989 年 8 月，第 149 期，页 28—31

16. 伍凤仪、蔡克：《香港人才及资金外流的现况》，《信报财经月刊》，1990 年 1 月，第 154 期，页 19—22

17. 沈鉴治：《从国际经济大气候评估六四前后的中国经济》，《信报财经月刊》，1990 年 6 月，第 159 期，页 40—46

18. 黎子流：《深化改革扩大开放千方百计把经济工作搞上去》，《开放时代》，1990 年第 1 期，页 13—16

19. 邹至庄：《中国经济——九十年代持续增长》，《信报财经月刊》，1991 年 6 月，第 171 期，页 96—98

20. 房乐章：《贯彻落实决定加快深化房改》，《北京房地产》，1994 年第 5 期，页 19—22

21. 黄勋拔：《广东的土地改革》，《当代中国史研究》，1995 年第 1 期，页 37—45

22. 朱立群：《白手起家的十大富翁（连载八）："金融巨头"冯景禧》，《农经》，1998 年第 3 期，页 46—47

23. 吴玉伦：《清末实业教育兴办中的商人及商人组织》，《史学月刊》，2006 年第 3 期，页 121—123

24. 廖美香：《郑裕彤"爱国投资"的矛盾情怀》，《信报财经月刊》，2008 年 7 月，第 376 期，页 30—35

25. 马丽：《区域社会发展与商人社会责任的历史研究：基于明清徽商捐输活动的考察》，《社科纵横》，2012 年 1 月，总第 27 卷第 1 期，页 136—139

26. 任玉岭：《中国医疗改革回顾与展望》，《中国市场》，2014 年第 36 期，总第 799 期，页 3—11

27. 《香港经济年鉴》（香港：经济导报社，历年）

新闻媒体资料
（依出版日期排序）

1. 《金银首饰商会议决　暂时停止营业四天　金饰售价及来源问题待请示》,《工商日报》, 1949 年 4 月 16 日

2. 《黄金的来源与销路》,《工商日报》, 1951 年 5 月 15 日

3. 《尖沙咀"地王之王"》,《工商日报》, 1971 年 12 月 4 日

4. 黄康显:《私校存在的需要》,《明报》, 1987 年 1 月 22 日

5. 《私校成为地荒下猎物》,《信报》, 1989 年 5 月 21 日

6. 《辉煌新世界——武汉常青花园　武汉新世界康居发展有限公司》,《市场报》, 2001 年 3 月 6 日

7. 《中文大学兴建全港首间教学酒店》,《中大新闻发报》, 2001 年 12 月 19 日

8. 《北京 10 年一商圈, 新世界 32 亿元投入北京旧城改造》,《21 世纪经济报道》, 2005 年 4 月 8 日

9. 《"新世界"的北京财富故事》,《北京日报》, 2005 年 6 月 6 日

10. 《印佣大厦星光熠熠》,《壹周刊》, 2005 年 11 月 10 日

11. 《郑裕彤不喜欢立刻就赚钱》,《市场报》, 2006 年 8 月 16 日

12. 《最后的爱国商人, 疍家仔变富豪商人之路》,《明报》, 2006 年 11 月 2 日

13. 《新世界中国地产:一颗中国心两条经营道》,《第一财经日报》, 2007 年 9 月 28 日

14. 《医院管理局签署备忘录　培训内地社区医疗专业人员》,《医管局新闻稿》, 2007 年 11 月 2 日

15. 《10 年推进社区医疗培训　借鉴香港社区医疗模式》,《南方日报》, 2007 年 11 月 6 日

16. 《新世界中国地产:不做单纯地产商, 要做城市建设者》,《羊城晚报》, 2007 年 11 月 23 日

17. 《陈锦灵先生 BBS 获追颁"法国最高荣誉骑士勋章"》,《新世界发展有限公司集团新闻》, 2010 年 1 月

18. 《"沉香大王"周树堂一生迷醉木中钻石》,《信报》, 2019 年 11 月 25 日

政府资料
（依出版日期排序）

1. 政府新闻处、天天日报有限公司:《香港一九七三：一九七二年的回顾》(香港, 政府印务局, 1973 年）

2. 香港教育委员会:《香港未来十年内之中等教育白皮书》, 1974 年 10 月

3. 《香港公开进修学院筹备委员会报告》, 1989 年 9 月

4. 公司注册处网上查册中心公司资料档案

5. 香港年报

6. 香港差饷物业估价署年报

7. 香港教育署年报

机构刊物
（依刊物笔画排序）

1.《多元教育展潜能：香港公开大学 25 周年》（香港：香港公开大学，2014 年）

2.《地利亚修女纪念学校十五周年校庆特刊，1965—1980》（香港：地利亚修女纪念学校，1980 年）

3.《玫瑰岗校刊 1966/67》

4.《协兴建筑有限公司》专刊，2001 年

5.《香港公开大学 2007—2008 年报》

6.《香港玉石制品厂商会 30 周年特刊》（香港：香港玉石制品厂商会，1995 年）

7.《创新教学二十年：香港公开大学二十周年校庆》（香港：香港公开大学，2009 年）

8.《顺德联谊总会郑裕彤中学十周年校庆》（香港：顺德联谊总会郑裕彤中学，2007 年）

9.《新世界中国地产有限公司年报》，历年

10.《新世界发展有限公司年报》，历年

网上资料
（依网页笔画排序）

1.《大学历史》，澳门大学，https://www.um.edu.mo/zh-hant/about-um/history-milestones/history.html

2. 中原地产，http://estate.centadata.com/

3. 中国医学科学院、中国协和医科大学，http://www.pumc.edu.cn/ 首页 / 院校概况 / 历任领导 -2/

4.《中国号称四省通衢，五省通衢，九省通衢，十省通衢的都是哪座城市》，http://k.sina.com.cn/article_5872927184_15e0dc1d0020001lxn.html

5.《方庄》，百度百科，https://baike.baidu.com/item/ 方庄

6.《吕明才基金回顾》，《基督教周报》，1999 年 5 月 16 日，http://christianweekly.net/1999/ta1723.htm

7.《周大福郑裕彤基金捐三千万澳门元予澳大发展住宿式书院培养优秀领袖人才》，澳门大学，https://www.gov.mo/zh-hant/news/83340/

8.《油麻地社区记忆》，香港记忆，http://www.hkmemory.org/ymt/text/index.php?p=home&catId=787&photoNo=0

9.《香港大学明德教授席》，香港大学，https://www.daao.hku.hk/ephku/cn/Professorship-Detail/105-Cheng-Yu-tung-Professorship-In-Sustainable-Development.html

10. 香港大学矫形及创伤外科学系，https://www.ortho.hku.hk/biography/lu-weijia-william/

11. 《香港科技大学举行郑裕彤楼动土典礼》，香港科技大学，https://www.ust.hk/zh-hant/news/major-events-campus/hkust-holds-groundbreaking-ceremony-cheng-yu-tung-building

12. 美国岭南基金会，http://lingnanfoundation.org/history/

13. 国务院扶贫开发领导小组办公室，http://www.cpad.gov.cn/art/2012/3/19/art_343_42.html

14. 集团历史，周大福珠宝集团，https://www.ctfjewellerygroup.com/tc/group/history.html

15. 《顺德职业技术学院》，百度百科，https://baike.baidu.com/item 顺德职业技术学院

16. 《侨中历史》，顺德华侨中学，http://www.sdhqedu.net/content.aspx?page=qiaozhonglishi

17. 《邓小平南方谈话》，中国共产党新闻，http://cpc.people.com.cn/BIG5/33837/2535034.html

18. 《郑裕彤博士捐赠四亿港元予香港大学》，香港大学，2008 年 3 月 19 日。https://www.hku.hk/press/press-releases/detail/c_5742.html

19. 《郑敬诒职业技术学校》，百度百科，https://baike.baidu.com/item/ 郑敬诒职业技术学校

20. 郑敬诒职业技术学校，http://www.zjyzx.sdedu.net/

英文资料

书籍
（依字母排序）

1. Abercrombie, Patrick (1948). *Hong Kong Preliminary Planning Report*, 1948. Hong Kong.

2. Braga, Stuart (2008). "Hong Kong 1945: Future Indefinite." *Journal of the Royal Asiatic Society Hong Kong Branch*, Vol. 48, pp.51-67.

3. Bristow, Roger (1984). *Land-use Planning in Hong Kong*. Hong Kong: Oxford University Press.

4. Johnson, David (1998). *Star Ferry: The Story of a Hong Kong Icon*. Auckland, New Zealand: Remarkable View Ltd.

5. Kann, Eduard (2011). *The Currencies of China: An Investigation of Silver and Gold Transaction Affecting China,* reprint of 1927 edition. New York: Ishi Press.

6. Kwok, Siu Tong (2003). *Co-prosperity in Cross-culturalism: Indians in Hong Kong*. Hong Kong: Chinese University Press.

7. Lai, Wai-chung Lawrence (1999). "Reflections on the Abercrombie Report 1948." *The Town Planning Review*, 1 January, Vol.70 (1), pp.61-87.

8. Leeming, Frank (1977). *Street Studies in Hong Kong*. Hong Kong: Oxford University Press.

9. Lo, York. (2019). "Yan Kow（甄球）and Hip Hing Construction（协兴建筑）." *The Industrial History of Hong Kong Group*, https://industrialhistoryhk.org/yan-kow-%e7%94%84%e7%90% 83-and-hip-hing-construction%e5%8d%94%e8%88%88%e5%bb% ba%e7%af%89/.

10. "New World Development Co. Ltd. (1972)." *Hong Kong Stock Market Archives & Artifacts Collection (HKSMAA),* Special Collections, The University of Hong Kong Libraries.

11. *New World Development Co. Ltd. (1972) Prospectus*.

12. Research Department, Hong Kong Trade Development Council (1987). *Hong Kong's Jewellery Industry and Exports*. Hong Kong : The Department.

13. Schenk, Catherine (2001). *Hong Kong as an International Financial Centre: Emergence and Development 1945-1965*. London; New York: Routledge.

14. Schenk, Catherine (1995). "Hong Kong Gold Market and the Southeast Asian Gold Trade 1950s." *Modern Asian Studies*, Vol.29(2), pp.387-402.

15. Sinn, Elizabeth (2003). *Power and Charity: A Chinese Merchant Elite in Colonial Hong Kong*. Hong Kong: Hong Kong University Press.

16. Sitt, Robert (1995). *The Hong Kong Gold Market*. London: Rosendale Press.

17. Szczepanik, E. (1958). *The Embargo Effect on China's Trade with Hong Kong.* Hong Kong: Hong Kong University Press; London: Oxford University Press.

18. Wong, Siu-lun (1988). *Emigrant Entrepreneurs: Shanghai Industrialists in Hong Kong*. Hong Kong; New York: Oxford University Press.

政府资料
（依字母排序）

1. Census and Statistics Department. *Hong Kong Annual Digest of Statistics*. Hong Kong: Government Printer.

2. Census and Statistics Department. *Hong Kong Statistics, 1946-67*. Hong Kong: Government Printer.

3. Census and Statistics Department. *Hong Kong Trade Returns*. Hong Kong: Government Printer.

网上资料
（依字母排序）

1. *Australian Institute of Business*, https://www.aib.edu.au/blog/mba/5-things-didnt-know-history-mba/

2. *TopMBA*, https://www.topmba.com/why-mba/history-mba-mba-friday-facts